Beck'sche Reihe
BsR 379

€ 1,–
454

D1865360

Barbara Bronnens Lesebuch bietet viele Anregungen, den unterschiedlichen Facetten des heutigen Mutterbildes nachzugehen. Große Literaten schildern ihre eigenen Erfahrungen mit der Mutter, Erfahrungen, die keine heile Mutterwelt zum Vorschein bringen, sondern die Suche nach einer aufrichtigen Begegnung mit der «wichtigsten Person» in unserem Leben. Die Texte geben Raum, die verschiedenen Dimensionen unseres eigenen Mutterbildes mit Distanz und Zuneigung auszuloten. Und sie machen deutlich, daß das Nachdenken über die Mutter immer auch ein Nachdenken über uns selbst ist.

Barbara Bronnen, Dr. phil., geb. 1938, lebt als freie Schriftstellerin in München.

Mamma mia

Geschichten über Mütter

Herausgegeben von
Barbara Bronnen

28. Mai '89

Mit lieben Geburtstagsgrüßen
und den besten Wünschen
für den neuen Lebensab-
schnitt!

Hannelore

VERLAG C.H.BECK MÜNCHEN

Meiner Mutter gewidmet

CIP-Titelaufnahme der Deutschen Bibliothek

Mamma mia : Geschichten über Mütter / hrsg. von Barbara Bronnen. – Orig.-Ausg. – München : Beck, 1989
(Beck'sche Reihe ; 379)
ISBN 3-406-33134-3

NE: Bronnen, Barbara [Hrsg.]; GT

Originalausgabe
ISBN 3 406 33134 3

Umschlagentwurf: Uwe Göbel, München
Umschlagbild: Pablo Picasso, Girl before a mirror (1932)
© VG Bild-Kunst, Bonn, 1988
© C. H. Beck'sche Verlagsbuchhandlung (Oscar Beck), München 1989
Satz und Druck: Appl, Wemding
Printed in Germany

Inhalt

IV. Der Abschied von der Mutter

Vorwort

Da ist etwas Neues. Etwas, das ich seit einiger Zeit spüre, beobachte, sammle. Eine langsame Veränderung.

Erst war da die Verklärung, das große Lob der Mutter, traditionell, reflexhaft, obligat, brav und zuckerfad, das neunzehnte und beginnende zwanzigste Jahrhundert waren voll davon; unsere Mütter haben es noch singen müssen, als sie Kinder waren. Dann kam es Knall auf Fall anders.

Die Frauen brachen aus. Sie tanzten, eroberten sich Berufe, wurden Künstlerinnen, schminkten sich erotisch und zeigten Bein, ein tanzendes Bein mit Stöckelschuh. Sie vermieden nicht mehr die Berührung, sie packten zu und packten an. Mit ihrer Bewegung begannen die Babies in ihren Bäuchen mitzuschwingen, sie wurden durchgerüttelt und auf ein anderes, beweglicheres, ausgesetzteres Leben vorbereitet.

Doch plötzlich ist es mit dem Tanz der Mütter vorbei: Krieg, Katastrophe, Flucht. Den ersten Weltkrieg hatten sie, Kinder noch, überstanden, doch der zweite, der ihnen die Flügel stutzt, beugt sie nieder in die Trümmer, duckt sie hinein in den Dreck. Viele überlisten die Kälte, den Hunger, andere tauchen im Luftschutzkeller unter, die meisten klauen, organisieren, tauschen, schmuggeln – und alles ohne Männer. Sie sind erfindungsreich, listig, couragiert – von anderer Stärke als Männer. Aus dem Nichts schaffen sie ein Heim, vier Wände, Buden, was auch immer, Brennesselsuppe, Zichorienkaffee, Rübenhonig. Abgeblättert längst der Nagellack, herausgewachsen die Dauerwelle – Tuch darüber, Kittel über den mageren Leib, Fetzen über die geschwollenen Füße. Sie erobern sich die vormals männlichen Berufe.

Klein und hilflos kehren die Männer in ihre Familien zurück, in ihre Berufe. Mühsam beruhigen die Frauen ihre Ängste. Zweimal ausgestoßen werden, wer überlebt das ohne Brüche?

Aufbau. Neuanfang. Neue Interessen. Neuerlicher Start in den Beruf. Wieder die Stimme erheben, endlich, ach, und schon gleich fünfzig, sechzig Jahre alt – vorbei. Ehen gehen in die Brüche, neuerlicher Anfang allein. Fremdes Gebiet erkunden. Konsequenz: Ängstlichkeit, Bewahrenwollen, vorwurfsvolle Stimmen, Verletzungen: ein Schritt zurück.

Da sehen die Töchter rot. Da ist ein Protest, ein Haß, ein wilder Ton, widersprüchlich, hin- und hergerissen zwischen Liebe und Verdammung; Ressentiments, Vorwürfe. Liebe Mutter, böse Mutter.

Töchter, die erstmals die Wahl haben: Muttersein oder nicht; auch damit wächst die Rebellion. Die Mütter sind ungeschützt. Sie lügen nicht, sie streiten nicht ab, sie können sich nicht wehren, gegen alles konnten sie es, doch dagegen nicht! Die Welt der Kinder ist scharf, grell, laut, schneidend, die Alten ausgemeindend und zum Verstummen bringend. Diese Kinder haben einen anderen Sittenkodex, andere Stimmen. Neuerliche Isolation, neuerliche Entwurzelung, neue Suche nach dem Ich.

Endlich geben die Großmütter, diese übermächtigen, willensstarken, wissenden Neunzig- und Hundertjährigen, den Weg frei und sterben. Jetzt sind die Mütter die nächsten, unsere Trümmermütter. Und das Seltsame geschieht: diese tollkühnen und zagen, hergeholten und weggeschobenen Frauen beginnen erneut, aufzuleben; wie durch ein Wunder spüren sie, daß nicht alles unangreifbar war, was ihre Mütter gelebt haben, nein, sie haben dieses Wissen in sich.

Nun plötzlich ihr Lächeln, diese kleinen Veränderungen, unhörbar fast, ein anderer Ton, das Neue; die Töchter werfen es zurück. Die Mütter erinnern sich. Ihr Widerspruch wird aufgenommen, er wird gelebt, er wird lebendig.

Und plötzlich hören sie zu, diese aggressiven Töchter, nehmen auf, kämpfen nicht mehr dagegen an, lassen ihre Mütter zu. Sie wollen nicht einfach Leben wiederholen, sie wollen lernen, wollen ihre eigene Geschichte kennenlernen, suchen die Verbindung zwischen ihrer Rebellion, dem Ausbruch der Mütter und dem Wissen der Großmütter. Frauen graben aus, vertiefen sich in die Quellen, schaufeln frei. In Büchern forschen sie nach den Schätzen der jüngsten Vergangenheit, fördern Tag für Tag mehr Neues; Komponistinnen werden entdeckt, Malerinnen, Tänzerinnen, Sängerinnen, Schauspielerinnen, Schriftstellerinnen, Lebenskünstlerinnen. Mütter, die nicht nach dem Schema lebten. Geliebte, Exzentrikerinnen.

Die Kinder haben ihre Mutter wieder, die reale, die widersprüchliche Mutter, eine, die zweifelt, einen Menschen. Schreibend denken sie sich durch ihre Mütter zurück, durch ihre Väter, suchen sich in ihren Schwestern.

Das ist eine gute Sache. Die Mutter ist vom Sockel gestürzt, sie ist ein Mensch geworden für ihre Töchter und Söhne. Aus der Mutter, ans Kreuz geschlagen, in den Himmel gehoben, wurde eine Frau mit Kind, mit Mann, ohne Mann, mit Beruf, eine Frau, die einen Weg sucht, die angreifbar ist, die ebenso geliebt wird wie ihre Kinder an ihr verzweifeln können.

Jetzt sind die Kinder Eltern, und ihre Kinder haben ein Kind geboren, es schläft. Vielleicht müssen sie jetzt zurückgehen, um ihre Mutter aufzuspüren, Schritt für Schritt. Um anzufangen, immer wieder anzufangen; anfangen ist Leben.

Keine heile Mutterwelt: dieses Lesebuch soll kritisch sein, will liebevoll den Blick lenken auf unsere Mütter, einen Teil unseres Selbst. Die Auswahl ist subjektiv und will als meine persönliche Annäherung gelesen werden.

Barbara Bronnen

I. GEBURT UND KINDHEIT

Oriana Fallaci
Brief an ein nie geborenes Kind

Heute nacht erfuhr ich, daß du da bist: ein Tropfen Leben, dem Nichts entkommen. Ich hatte die Augen weit in das Dunkel hinein aufgerissen, und plötzlich flammte in diesem Dunkel ein Strahl von Gewißheit auf: ja, du bist da. Es gibt dich. Es war, als würde einem eine Kugel in die Brust geschossen. Mein Herz stockte. Und als es wieder zu schlagen begann mit dumpfen betäubenden Schlägen des Staunens, war mir, als stürzte ich in einen Schacht, wo alles Unsicherheit und Schrecken ist. Hier bin ich nun, eingesperrt in eine Angst, bei der mir Gesicht, Haar und Gedanken naß werden. Und ich verliere mich in ihr. Vielleicht kannst du es verstehen: es ist nicht die Angst vor den andern. Die andern kümmern mich nicht. Es ist nicht die Angst vor Gott. An Gott glaube ich nicht. Nicht die Angst vor dem Schmerz. Den fürchte ich nicht. Es ist die Angst vor dir, vor dem Zufall, der dich aus dem Nichts gerissen hat, um dich an meinen Leib zu hängen. Ich war niemals darauf vorbereitet, dich aufzunehmen, obwohl ich dich sehr erwartet habe. Immer habe ich mir die schlimme Frage gestellt: wenn du nun gar nicht geboren werden möchtest? Wenn du es mir eines Tages zum Vorwurf machen und mich anschreien würdest: «Wer hat dich denn gebeten, mich zur Welt zu bringen, warum hast du mich überhaupt zur Welt gebracht?» Das Leben ist so eine Mühsal, Kind. Es ist ein Krieg, der sich Tag für Tag wiederholt, und seine Momente der Freude sind kurze Parenthesen, für die man einen schrecklichen Preis zahlt. Wie kann ich erfahren, daß es falsch wäre, dich wegzuwerfen, wie soll ich erraten, daß du dem Schweigen gar nicht wiedergegeben sein willst? Du kannst ja nicht mit mir reden. Dein Tropfen Leben ist erst ein Knäuel kaum begonnener Zellen. Vielleicht ist er noch gar kein Leben, aber Lebensmöglichkeit. Doch ich würde wer weiß was darum geben, wenn du mir mit einem Zeichen, einem Hinweis helfen könntest. Meine Mutter behauptet, ich hätte es getan und darum hätte sie mich zur Welt gebracht.

Weißt du, meine Mutter wollte mich nämlich gar nicht. Ich hatte aus Irrtum begonnen, in einem Augenblick der Unaufmerksamkeit anderer. Und damit ich nicht geboren würde, löste sie jeden Abend eine Medizin in Wasser auf und trank sie weinend. Trank sie bis zu dem Abend, als ich mich in ihrem Leib bewegte und ihr einen Fußtritt gab, um ihr zu bedeuten, daß sie mich nicht wegwerfen sollte. Sie war gerade dabei, das Glas Wasser an die Lippen zu führen. Sie nahm es augenblicklich weg und goß den Inhalt auf den Boden. Einige Monate danach kullerte ich mich siegreich in der Sonne, und ob das nun gut oder schlecht gewesen ist, weiß ich nicht. Wenn ich glücklich bin, denke ich, daß es gut gewesen ist, und wenn ich unglücklich bin, denke ich, daß es schlecht gewesen ist. Aber selbst wenn ich unglücklich bin, denke ich, daß ich es bedauern würde, nicht geboren worden zu sein, weil es nichts Schlimmeres gibt als das Nichts. Ich sage dir noch einmal, daß ich mich vor dem Schmerz nicht fürchte. Er entsteht mit uns, wächst mit uns, an ihn gewöhnt man sich wie an die Tatsache, zwei Arme und zwei Beine zu haben. Eigentlich fürchte ich mich auch nicht vor dem Sterben: wenn man stirbt, heißt das nämlich, daß man geboren worden ist, daß man aus dem Nichts herausgetreten ist. Das Nichts fürchte ich, das Nichtsein, sagen zu müssen, nicht dagewesen zu sein, und wenn auch nur durch Zufall, Irrtum, Unaufmerksamkeit. Viele Frauen stellen sich die Frage: warum eigentlich ein Kind in die Welt setzen? Damit es Hunger und Kälte leidet, damit es betrogen und beleidigt wird, damit es von Krieg oder Krankheit gemordet wird? Und leugnen die Aussicht, daß sein Hunger gestillt, sein Frieren erwärmt werden könnte, daß Treue und

Achtung ihm freundlich sein könnten, daß es lange leben und versuchen könnte, Krankheiten und Krieg zu tilgen. Möglicherweise haben sie auch recht. Aber soll man das Nichts dem Leben vorziehen? Sogar in Momenten, wenn ich über meine Mißerfolge, meine Enttäuschungen und Nöte weine, komme ich zu dem Ergebnis, daß leiden immer noch dem Nichts vorzuziehen ist. Und wenn ich das auf das Leben erweitere, auf das Dilemma, geboren oder nicht geboren zu werden, muß ich am Ende mit aller Bestimmtheit sagen, daß geboren werden doch besser ist als nicht geboren werden. Aber darf man auch dir eine solche Überlegung aufzwingen? Ist das nicht, als würde ich dich nur für mich selbst zur Welt bringen? Ich habe kein Interesse daran, dich nur meinetwegen zur Welt zu bringen. Um so weniger, als ich dich überhaupt nicht nötig habe.

Du hast mir keine Fußtritte gegeben und mir keine Antworten geschickt. Wie solltest du auch? Du bist erst so kurze Zeit da: würde ich den Arzt um eine Bestätigung bitten, er würde nur spöttisch lächeln. Aber ich habe mich für dich entschieden: du wirst geboren werden. Ich habe mich aufgrund deiner Fotografie entschieden. Nicht genau deiner Fotografie, natürlich nicht: es ist die Fotografie irgendeines drei Wochen alten Embryos, veröffentlicht in einer Zeitschrift zusammen mit einer Reportage über das werdende Leben. Und während ich sie ansah, verging mir die Angst: rasch wie sie gekommen war. Du siehst aus wie eine geheimnisvolle Blume, eine durchscheinende Orchidee. Oben erkennt man eine Art Kopf mit den beiden Protuberanzen, die sich zum Gehirn entwickeln werden. Weiter unten eine Art Vertiefung, die sich zum Mund entwickeln wird. Drei Wochen alt, bist du kaum zu sehen, erläutert die Bildunterschrift. Zweieinhalb Millimeter groß. Und doch wächst in dir eine Spur von Augen heran, etwas, das einem Rückgrat gleicht, einem Nervensystem, einem Magen, einer Leber, einem Darm und Lungen. Dein Herz ist schon ausgebildet und groß: neunmal so groß wie meines in der Proportion. Seit dem sechzehnten Tag pumpt es Blut und klopft regelmäßig: Könnte ich dich wegwerfen? Was spielt es für eine Rolle, ob du durch Zufall oder Irrtum begonnen hast.

Hat nicht auch die Welt, auf der wir leben, aus Zufall oder gar aus Irrtum begonnen? Einige sagen, daß im Anfang nichts als große Ruhe, großes regungsloses Schweigen war, dann gab es einen Funken, einen Riß, und was vorher nicht gewesen war, das wurde jetzt. Dem Riß folgten bald weitere Risse: zunehmend unerwartet, sinnlos, in Unkenntnis der Konsequenzen. Und unter diesen Konsequenzen tat sich eine Zelle auf, auch sie durch Zufall, womöglich durch Irrtum, die sich augenblicklich millionenfach, milliardenfach vermehrte, bis Bäume, Fische, Menschen entstanden. Glaubst du, jemand hätte sich vor dem Knall oder vor der Zelle die Frage gestellt? Glaubst du, er hätte sich gefragt, ob es ihnen paßt? Oder er hätte sich den Kopf zerbrochen, ob sie Hunger haben, frieren, unglücklich sein werden? Ich sage nein. Selbst wenn es diesen Jemand gegeben hätte, beispielsweise einen mit Anfang und Ende vergleichbaren, über Zeit und Raum stehenden Gott, so fürchte ich, er hätte sich um Gut und Böse nicht gekümmert. Alles geschah, weil es geschehen konnte, folglich geschehen mußte im Sinn einer Anmaßung, welche die einzige legitime Anmaßung war. Und für dich gilt die gleiche Überlegung. Ich übernehme die Verantwortung für die Wahl.

Ich übernehme sie ohne jeden Egoismus, Kind: dich zur Welt zu bringen, das schwöre ich dir, ist mir kein Vergnügen. Ich sehe mich nicht mit dickem Bauch auf der Straße gehen, sehe mich nicht, dir die Brust geben, dich baden, dir das Sprechen beibringen. Ich bin eine berufstätige Frau und habe eine Menge anderer Verpflichtungen und Interessen: ich sagte dir ja schon, daß ich dich nicht nötig habe. Trotzdem werde ich dich austragen, ob es dir paßt oder nicht. Trotzdem werde ich dich jene Anmaßung fühlen lassen, die auch ich und meine Eltern und meine Großeltern und die Großeltern meiner Großeltern zu fühlen bekamen: bis hin zum ersten menschlichen Wesen, das von einem menschlichen Wesen geboren wurde, ob es ihm paßte oder nicht. Hätte man dem – ihm oder ihr – die Freiheit der Wahl gelassen, wäre es wahrscheinlich erschrocken und hätte geantwortet: nein, ich will nicht geboren werden, nein. Doch niemand fragte es nach seiner Meinung, und so wurde es geboren und lebte und starb, nachdem es ein anderes menschliches Wesen geboren hatte, ohne es zu fragen, und dieses machte es ebenso, so durch Jahrmillionen bis hin zu uns, und jedesmal war es eine Anmaßung, ohne die wir nicht existieren würden. Hab Mut, Kind. Meinst du denn, ein Baumsamen braucht keinen Mut, wenn er in die Erde dringt und keimt? Ein einziger Windstoß kann ihn herauslösen, ein Mäusepfötchen kann ihn zerquetschen. Aber er keimt und hält stand und wächst und wirft andere Samen. Und wird ein Wald. Schreist du mich eines Tages an: «Warum hast du mich zur Welt gebracht?», dann antworte ich dir: «Ich habe nur getan, was die Bäume jahrmillionenlang schon vor mir taten, und ich dachte, es wäre recht so.»

Wichtig ist, seine Meinung nicht durch die Überlegung zu ändern, daß menschliche Wesen keine Bäume sind und das Leiden eines menschlichen Wesens tausendmal größer ist als das eines Baumes, weil es sich dessen bewußt ist, daß nicht alle Baumsamen auch Bäume hervorbringen: in ihrer übergroßen Mehrzahl gehen sie verloren. Eine solche Kehrtwendung ist möglich, Kind: unsere Logik steckt voller Widersprüche. Kaum hast du etwas behauptet, erkennst du auch schon das Gegenteil. Und merkst vielleicht, daß dieses Gegenteil ebenso gültig ist wie deine Behauptung. Demnach könnte mein Gedankengang von heute ohne weiteres, so im Handumdrehen, umgekehrt werden. Bitte: schon fühle ich mich verwirrt und durcheinandergebracht. Vielleicht, weil ich mich außer dir niemandem anvertrauen kann. Ich bin eine Frau, die sich entschieden hat, allein zu leben. Dein Vater ist nicht bei mir. Und das bedaure ich nicht, obwohl mein Blick zuweilen die Tür sucht, durch die er mit seinem festen Schritt hinausgegangen ist, ohne daß ich ihn zurückgehalten hätte, fast, als hätten wir uns nichts mehr zu sagen.

Ich habe dich zum Arzt gebracht. Mehr noch als die Bestätigung wollte ich ein paar gute Ratschläge. Als Erwiderung schüttelte er nur den Kopf und meinte, ich wäre ungeduldig, er könnte sich noch nicht äußern, ich sollte in vierzehn Tagen wiederkommen und mich auf die Entdeckung gefaßt machen, daß du nur ein Produkt meiner Einbildung gewesen wärst. Ich werde nur deshalb wiederkommen, weil ich ihm beweisen will, daß er ein Ignorant ist. Seine ganze Wissenschaft kann meine Intuition nicht aufwiegen, und wie soll auch ein Mann eine Frau verstehen können, die vor der Zeit behauptet, daß sie ein Kind erwartet? Ein Mann wird nicht schwanger, aber sag mal, weil wir gerade davon reden: ist das eine Bevorzugung oder eine Benachteiligung? Bis gestern hielt ich es für eine Bevorzugung, ja für ein Privileg. Heute halte ich es für eine Benachteiligung, geradezu für einen Mangel. Im eigenen Körper ein anderes Leben zu umschließen, sich zu zweit und nicht allein zu wissen, das hat schon etwas Glorreiches. Manchmal erfüllt einen sogar ein Gefühl des Triumphs, und in der Gelassenheit, die den Triumph begleitet, kann einen nichts beunruhigen: nicht der körperliche Schmerz, den man auf sich nehmen muß, nicht die Freiheit, die man aufgeben muß. Wirst du ein Mann oder eine Frau? Ich wünschte, eine Frau. Ich wünschte, du würdest eines Tages empfinden, was ich empfinde: ich teile keineswegs die Meinung meiner Mutter, die es für ein Unglück hält, als Frau auf die Welt zu kommen. Wenn meine Mutter sehr unglücklich ist, stöhnt sie: «Ach, wäre ich doch nur ein Mann!» Ich weiß: unsere Welt ist eine von Männern für Männern gemachte Welt, ihre Diktatur ist schon so uralt, daß sie sogar bis in die Sprache hineinreicht. Im Italienischen sagt man uomo (Mann, Mensch) und meint damit Mann und Frau, man sagt bambino und meint damit Junge und Mädchen, man sagt omicidio und meint damit die Ermordung eines Mannes und die einer Frau. In den von Männern erfundenen Legenden zur Erklärung des Lebens ist das erste Geschöpf nicht etwa eine Frau: es ist ein Mann mit Namen Adam. Eva kommt nachher, um ihn zu amüsieren und Unheil anzurichten. Auf den Gemälden, die ihre Kirchen zieren, ist Gott ein alter Mann mit einem Bart: niemals eine alte Frau mit weißem Haar. Und alle ihre Helden sind Männer: von jenem Prometheus, der das Feuer brachte, bis zu jenem Ikarus, der zu fliegen versuchte, und hin zu jenem Jesus, den sie als Sohn des Vaters und des Heiligen Geistes erklären: schon fast, als wäre jene Frau, die ihn geboren hat, ein Brutschrank oder eine Amme gewesen. Und trotzdem oder vielleicht gerade darum ist es so faszinierend, eine Frau zu sein. Es ist ein Abenteuer, das so viel Mut erfordert, eine Herausforderung, die einem nie zuviel wird. Du wirst so viel zu unternehmen haben, wenn du als Frau auf die Welt kommst. So wird dich, um gleich damit anzufangen, die Behauptung einen Kampf kosten, daß Gott, wenn es ihn gibt, ebensogut eine alte weißhaarige Frau oder ein schönes Mädchen sein könnte. Es wird dich auch einen Kampf kosten, darzulegen, daß die Sünde nicht an dem Tag entstand, als Eva einen Apfel pflückte: an dem Tag wurde eine wunderbare Tugend geboren, die Ungehorsam heißt. Schließlich wird es dich einen Kampf kosten, zu beweisen, daß in deinem glatten, gerundeten Körper eine Intelligenz existiert, die danach schreit, angehört zu werden. Mutter zu sein ist kein Beruf. Es ist nicht einmal eine Pflicht. Es ist nur ein Recht unter vielen anderen. Das hinauszuschreien wird sehr schwer für dich sein. Und du wirst oft, fast immer den kürzeren ziehen. Aber du darfst den Mut nicht verlieren. Kämpfen ist bedeutend schöner als siegen, reisen macht viel mehr Spaß als ankommen: wenn du angekommen bist oder wenn du gesiegt hast, fühlst du eine große Leere. Und um diese Leere zu überwinden, mußt du dich von neuem auf die Reise begeben, mußt dir neue Aufgaben stellen. Ja, ich hoffe, du bist eine Frau: mach dir nichts daraus, wenn ich Kind zu dir sage. Und ich hoffe auch, du wirst nie so sprechen wie meine Mutter. Ich habe es nie getan.

Aber wenn du als Mann geboren wirst, soll es mir auch recht sein. Vielleicht noch mehr, weil dir dann so viele Demütigungen, so viele Unterdrückungen, so viele Mißdeutungen erspart bleiben. Wenn du als Mann geboren wirst, brauchst du zum Beispiel keine Angst zu haben, auf dunkler Straße vergewaltigt zu werden. Brauchst dich keines hübschen Gesichts zu bedienen, um augenblicklich eingestellt zu werden, keines schönen Körpers, um deine Intelligenz zu kaschieren. Man wird nicht schlecht über dich reden, wenn du schläfst mit wem du magst, man wird nicht zu dir sagen, daß die Sünde an dem Tag entstand, als du einen Apfel pflücktest. Du wirst viel weniger Mühe haben. Du wirst einen leichteren Kampf haben mit der Behauptung, daß Gott, wenn es ihn gibt, ebensogut eine alte weißhaarige Frau oder auch ein schönes Mädchen sein könnte. Du wirst ungehorsam sein können, ohne verlacht zu werden, wirst lieben können, ohne eines Nachts mit dem Gefühl aufzuwachen, in einen Schacht zu stürzen, wirst dich wehren können, ohne beschimpft zu werden. Freilich erwarten dich andere Zwänge, andere Ungerechtigkeiten: auch für einen Mann ist das Leben nicht leicht, weißt du. Weil du stärkere Muskeln hast, werden sie von dir verlangen, daß du größere Bürden trägst, und werden dir willkürlich Verantwortung aufladen. Weil du einen Bart hast, werden sie lachen, wenn du weinst und sogar, wenn du Zärtlichkeit brauchst. Weil du einen Schwanz hast, werden sie dich dazu abkommandieren, im Krieg zu töten oder getötet zu werden, und deine Mittäterschaft bei der Fortführung der Tyrannei fordern, die sie einst in den Höhlen errichtet haben. Trotzdem oder gerade darum ist es ein ebenso wundervolles Abenteuer, Mann zu sein: ein Unternehmen, das dich nie enttäuschen wird. Jedenfalls hoffe ich es. Denn wenn du als Mann geboren wirst, hoffe ich, daß du so ein Mann wirst, wie ich ihn mir immer erträumt habe: freundlich zu den Schwachen, zornig zu den Überheblichen, großmütig zu denen, die dich gern haben, unversöhnlich zu denen, die dich herumkommandieren. Und schließlich ein Feind aller, die erzählen, der oder jener Jesus sei Sohn des Vaters und des Heiligen Geistes: nicht etwa der Frau, die ihn geboren hat.

Kind, ich gebe mir Mühe, dir zu erklären, daß Mann sein nicht bedeutet, einen Schwanz zu haben: es bedeutet, eine Person sein. Mir ist vor allem daran gelegen, daß du eine Person bist. Das Wort Person ist ein herrliches Wort, denn es legt einem Mann oder einer Frau keine Beschränkungen auf, errichtet keine Barrieren zwischen denen, die einen Schwanz haben, und denen, die keinen haben. Im übrigen ist die Unterscheidung zwischen denen, die einen Schwanz haben, und denen, die keinen haben, eine höchst fragwürdige: es handelt sich doch nur um die Fähigkeit, ein Geschöpf in seinem Körper heranreifen zu lassen oder nicht. Herz und Verstand kennen kein Geschlecht. Nicht einmal das Verhalten. Wenn du eine Person von Herz und Verstand wirst, dann vergiß nicht, daß ich bestimmt nicht zu denen gehöre, die dir Vorschriften machen werden, dich so oder so, wie ein Mann oder wie eine Frau zu verhalten. Nur um das eine werde ich dich bitten: das Wunder, geboren worden zu sein, wohl zu nutzen und dich nie von der Feigheit verleiten zu lassen. Sie ist eine ständig auf der Lauer liegende Bestie, diese Feigheit. Sie fällt uns alle an, Tag für Tag, und es gibt nur wenige, die sich nicht von ihr niedermachen lassen. Im Namen der Vorsicht, im Namen der Zweckmäßigkeit, bisweilen im Namen von Klugheit und Weisheit. Feige, solange sie von Gefahr bedroht sind, werden die Menschen übermütig, wenn die Gefahr vorüber ist. Du darfst der Gefahr nicht aus dem Wege gehen, niemals: auch nicht, wenn die Angst dich zurückhalten will. Schon auf die Welt zu kommen, birgt ein Risiko: später zu bereuen, daß man auf der Welt ist.

Vielleicht spreche ich dir allzu früh von solchen Dingen. Vielleicht sollte ich dir vorläufig noch Abscheulichkeiten und Trauriges verschweigen, dir lieber über eine Welt von unschuldigen und fröhlichen Dingen berichten. Doch das hieße, dich in eine Falle locken. Es hieße, dir vormachen, Kind, das Leben sei ein weicher Teppich, auf dem man barfuß laufen kann, und nicht eine Straße voller Steine. Steine, über die man stolpert und fällt, an denen man sich verletzt. Steine, vor denen man sich mit eisernen Schuhen schützen muß. Und nicht einmal das ist ausreichend, denn während du deine Füße schützt, gibt es immer irgendeinen, der einen Stein aufhebt, um ihn dir an den Kopf zu werfen. Nun, für heute bin ich am Ende, mein kleiner Sohn, meine kleine Tochter. Ist die Lektion bis zu dir gedrungen? Hätte mich jetzt jemand gehört, wer weiß, was er dazu sagen würde. Würde er mich für verrückt oder ganz einfach für grausam erklären? Ich habe mir deine letzte Fotografie angesehen; mit fünf Wochen bist du nicht einmal einen Zentimeter groß. Du veränderst dich ziemlich stark. Jetzt gleichst du nicht mehr so sehr einer geheimnisvollen Blüte, sondern eher einer ganz entzückenden Larve, nein, einem kleinen Fisch, dem eilig die Flossen sprießen. Vier Flossen, die Beine und Arme sein werden. Die Augen sind schon zwei winzige schwarze Krümelchen, umgeben von einem Kreis, und unten am Körper hast du ein Schwänzchen! Die Bildunterschrift erläutert, daß es in diesem Stadium fast unmöglich ist, dich von dem Embryo irgendeines andern Säugetiers zu unterscheiden: wärst du eine Katze, würdest du mehr oder weniger auch so aussehen, wie du jetzt bist. Es ist ja kein Gesicht da. Nicht einmal ein Gehirn. Ich rede mit dir, Kind, und du weißt es nicht. In der Dunkelheit, die dich umhüllt, weißt du nicht einmal, daß du existierst: ich könnte dich wegwerfen, und du würdest nie wissen, daß ich dich weggeworfen habe. Es wäre dir gar nicht möglich, jemals zu erkennen, ob ich dir nun ein Unrecht getan oder eine Wohltat erwiesen habe.

Gestern hatte ich einen Augenblick schlechter Stimmung. Du mußt das Gerede entschuldigen, daß ich dich wegwerfen könnte, ohne daß du überhaupt wüßtest, ob ich dir ein Unrecht getan oder eine Wohltat erwiesen hätte. Gerede, nichts weiter. Meine Entscheidung hat sich in keiner Weise geändert, auch wenn dies in meiner Umgebung Erstaunen auslöst. Heute nacht sprach ich mit deinem Vater. Ich sagte ihm, daß du bist. Ich sagte es ihm am Telefon, denn er ist weit weg; und gemessen an dem, was ich da hörte, habe ich ihm wohl keine gute Nachricht gebracht. Vor allem hörte ich ein langes Schweigen: gerade als ob die Verbindung abgebrochen wäre. Dann kam eine stotternde heisere Stimme: «Was braucht es denn?» Ich antwortete, ohne zu begreifen: «Ich denke neun Monate. Nein, nicht einmal mehr acht jetzt.» Da war die Stimme auf einmal nicht mehr heiser, sondern wurde schrill: «Ich rede von Geld.» – «Was für Geld?» fragte ich. «Das Geld, um es loszuwerden, was denn sonst?» Ja, er sagte wirklich «loszuwerden». Als wärst du irgendein Bündel. Und als ich ihm dann, so ruhig es ging, erklärte, daß ich etwas ganz anderes vorhätte, hielt er mir eine lange Rede, in der Bitten und Ratschläge, Ratschläge und Drohungen, Drohungen und Schmeichelworte einander abwechselten. «Denk doch an deine Karriere, überleg dir mal, was für eine Verantwortung, eines Tages könnte es dir leid tun, was werden denn die Leute sagen.» Er muß ein Vermögen für dieses Telefongespräch ausgegeben haben. Ab und zu schaltete sich das Fräulein vom Amt ein und fragte erstaunt: «Sprechen Sie noch?» Ich lächelte fast amüsiert. Aber ich fand es sehr viel weniger amüsant, als er dann, ermutigt durch mein schweigendes Zuhören, zum Schluß meinte, daß wir uns die Kosten teilen könnten: im Grunde genommen wären wir ja «beide schuld». Mich ekelte. Ich schämte mich für ihn. Ich legte den Hörer auf und dachte, daß ich ihn einst geliebt hatte.

Hatte ich ihn geliebt? Eines Tages werden wir uns, ich und du, ein wenig über diese Angelegenheit unterhalten müssen, die man Liebe nennt. Ich habe nämlich, ehrlich gesagt, noch nicht begriffen, um was es sich dabei handelt. Ich vermute, es handelt sich dabei um einen Riesenbetrug, den man sich ausgedacht hat, um die Leute bei Laune zu halten und sie abzulenken. Von Liebe reden Pfarrer, Werbeplakate, Literaten, Politiker, Leute, die zusammen schlafen, und indem sie von der Liebe reden und sie als Allheilmittel für jede Tragödie ausgeben, verwunden und betrügen und morden sie Seele und Körper. Ich hasse dieses Wort, das es überall und in allen Sprachen gibt. Ich-liebe-das-Gehen, ich-liebe-das-Trinken, ich-liebe-das-Rauchen, ich-liebe-die-Freiheit, ich-liebe-meinen-Geliebten, ich-liebe-mein-Kind. Ich bemühe mich, dieses Wort nie zu gebrauchen, mich nicht einmal zu fragen, ob das, was mir Verstand und Herz verwirrt, auch das ist, was man Liebe nennt. Tatsächlich weiß ich nicht, ob ich dich liebe. Ich denke nicht in Begriffen der Liebe an dich. Ich denke in Begriffen des Lebens an dich. Und dein Vater, ja weißt du: je länger ich nachdenke, um so fester glaube ich, daß ich ihn nie geliebt habe. Ich habe ihn bewundert und mich nach ihm gesehnt, aber ich habe ihn nicht geliebt. Ebensowenig die andern, die vor ihm waren, enttäuschende Spukgestalten einer stets gescheiterten Suche. Einer gescheiterten? Zu etwas war sie immerhin gut: begriffen zu haben, daß nichts die eigene Freiheit so sehr bedroht wie jenes rätselhaft überschwengliche Gefühl, das ein Geschöpf für ein anderes empfindet, ein Mann für eine Frau oder eine Frau für einen Mann. Keine Fesseln, keine Ketten, keine Gitter zwingen dich in eine so blinde Sklaverei, in eine so verzweifelte Ohnmacht. Wehe, du schenkst dich jemandem im Namen dieses Überschwangs an Empfindung: es führt nur dazu, dich selbst, deine Rechte, deine Würde, also deine Freiheit zu vergessen. Wie ein Hund, der sich im Wasser abstrampelt, bemühst du dich vergeblich, ein Ufer zu erreichen, das es gar nicht gibt, das Ufer mit Namen Liebe und Geliebtwerden, und am Ende bist du ausgeschaltet, verlacht, bitter enttäuscht. Allenfalls fragst du dich dann noch, was dich dazu getrieben hat, ins Wasser zu springen: die Unzufriedenheit mit dir selbst, die Hoffnung, in einem andern das zu finden, was du in dir selbst nicht gesehen hast? Die Angst vor Einsamkeit, Eintönigkeit, Schweigen? Das Bedürfnis, Besitz zu ergreifen und besessen zu werden? Einige meinen, dies sei die Liebe. Aber ich fürchte, sie ist bedeutend weniger: ein Hunger, der einem, wenn er einmal gestillt ist, eine Art Magenverstimmung zurückläßt. Ein Übergeben. Und doch, Kind, und doch muß ja irgend etwas imstande sein, mich über die Bedeutung dieses verdammten Wortes aufzuklären. Irgend etwas muß mich doch herausfinden lassen, was sie ist und daß es sie gibt. Ich habe sie so nötig, mich hungert so sehr nach ihr. Und in dieser Not und diesem Hunger denke ich mir: vielleicht ist es richtig, was meine Mutter immer behauptet hat, die Liebe sei das, was eine Frau für ihr Kind fühlt, wenn sie es in die Arme schließt und merkt, wie allein, wehrlos und schutzlos es ist. Solange es wehrlos und schutzlos ist, beschimpft es dich wenigstens nicht und enttäuscht dich nicht. Wenn es nun dir vorbehalten wäre, mich den Sinn dieser fünf absurden Buchstaben entdecken zu lassen? Gerade dir, der du mich mir selber entziehst und mein Blut saugst und meinen Atem atmest?

Eine Andeutung gibt es. Liebende, die einander fern sind,

trösten sich mit Fotografien. Und ich halte deine Fotografien immer in der Hand. Das ist jetzt schon zu einer Art Zwangshandlung geworden. Sowie ich nach Hause komme, greife ich nach jener Illustrierten, rechne die Tage, dein Alter nach und suche dich. Heute bist du sechs Wochen alt geworden. Ja, hier bist du mit sechs Wochen, von hinten fotografiert. Wie niedlich du geworden bist! Nicht mehr Fisch, nicht mehr Larve, nicht mehr ein unförmiges Etwas, sondern du gleichst schon einem Kind: mit diesem großen, kahlen, rosa Kopf. Das Rückgrat ist gut zu sehen, ein weißer, innen dunkler Strich, deine Arme sind keine ungewissen Auswüchse mehr, auch keine Flossen, sondern Flügel. Dir sind Flügel gewachsen! Man hat richtig Lust, sie zu streicheln. Wie fühlt man sich so in einem Ei? Die Fotografien zeigen dich schwebend in einem durchsichtigen Ei, und das läßt an eine Kristallkugel denken, in die man eine Rose legt. Du an Stelle der Rose. Vom Ei geht eine Schnur aus, die in einer fernen weißen Kugel mit roten Äderungen und blauen Flecken endet. Auf den ersten Blick scheint sie unsere Erde zu sein, aus einer Entfernung von Tausenden und Abertausenden von Meilen gesehen. Ja, es ist geradeso, als ginge von der Erde ein unendlich langer Faden aus, so lang wie der Gedanke des Lebens, und käme aus diesen abgelegenen Weiten bis zu dir. Auf eine so logische und vernünftige Weise. Wie kann man denn nur behaupten, das menschliche Wesen sei ein unglücklicher Zufall der Natur?

Der Arzt hatte gesagt, ich sollte nach sechs Wochen wiederkommen. Morgen gehe ich zu ihm. Nadeln der Unruhe bohren sich in meine Seele, wechseln mit Aufwallungen von Freude.

Mit einer Stimme, die halb feierlich halb fröhlich klang, sagte er und hielt dabei ein Kärtchen in die Höhe: «Meinen Glückwunsch, Signora.» Unwillkürlich berichtigte ich: «Signorina.» Es war, als hätte er eine Ohrfeige bekommen. Feierlichkeit und Fröhlichkeit waren weg. Er sah mich mit betonter Gleichgültigkeit an und erwiderte: «Ach!» Dann nahm er seinen Schreiber, strich die Signora durch und schrieb Signorina. So verkündete mir die Wissenschaft in einem kalten weißen Zimmer durch die Stimme eines weißgekleideten Mannes, daß du da bist. Das hat mich in keiner Weise gewundert, weil ich es ja schon viel früher wußte als sie. Doch hat es mich überrascht, daß man meinen Familienstand so sehr betonte und die Berichtigung auf dem Kärtchen vermerkte. Das sah nach einer Warnung aus, nach einer bevorstehenden Komplikation. Auch die Art, wie mir die Wissenschaft gleich danach bedeutete, mich auszuziehen und auf dem gynäkologischen Untersuchungsstuhl Platz zu nehmen, war nicht freundlich. Arzt und Helferin taten, als wäre ich ihnen unsympathisch. Sie sahen mir nicht ins Gesicht. Statt dessen wechselten sie Blicke, um sich wer weiß was zu sagen. Als ich auf dem Stuhl lag, regte sich die Helferin sogar auf, weil ich die Beine nicht auseinandergenommen und auf die beiden Metallstützen gelegt hatte. Sie legte sie mir dann unwillig darauf, mit einem: «Hierhin! Hierhin!» Ich kam mir lächerlich und irgendwie obszön vor. Ich war ihr dankbar, daß sie mir den Leib mit einem Handtuch zudeckte. Aber dann geschah das Schlimmste, denn der Arzt zog einen Gummihandschuh an und stieß seinen Finger grob hinein. Mit dem Finger da drin preßte und tastete er, preßte wieder und tat mir weh, und ich fürchtete, er wollte dich zerdrücken, weil ich nicht verheiratet bin. Schließlich zog er ihn heraus und befand: «Alles in Ordnung, alles normal.» Er gab mir auch einige Ratschläge, sagte, daß Schwangerschaft keine Krankheit, sondern ein natürlicher Zustand sei und daß ich gut daran täte, das weiterzumachen, was ich bisher auch getan hätte. Ich sollte nur nicht zu viel rauchen, mich nicht überanstrengen, mich nicht mit zu heißem Wasser waschen, mir keine kriminellen Abhilfen einfallen lassen. «Kriminelle Abhilfen?» fragte ich verblüfft. Und er: «Sie sind gesetzlich verboten. Merken Sie sich das!» Um seiner Drohung Nachdruck zu verleihen, verschrieb er mir auch noch einige Luteintabletten und forderte mich auf, alle vierzehn Tage zu ihm zu kommen. Er forderte mich ohne jedes Lächeln dazu auf, bevor er mir zu verstehen gab, daß sein Honorar an der Kasse zu begleichen sei. Die Helferin hatte nicht einmal einen Gruß für mich übrig. Als sie die Tür zumachte, hatte ich den Eindruck, daß sie mißbilligend den Kopf schüttelte.

Ich fürchte, daß ich mich an solche Dinge werde gewöhnen müssen. Auf der Welt, auf die zu kommen du dich anschickst, wird trotz aller Worte über die veränderten Zeiten eine unverheiratete schwangere Frau meistens als verantwortungslos angesehen. Im günstigsten Fall als überspannt, provozierend. Oder als heldenhaft. Aber nie als Mutter wie alle anderen. Der Apotheker, bei dem ich die Luteintabletten holte, kennt mich und weiß genau, daß ich unverheiratet bin. Als ich ihm das Rezept gab, sah er mich betroffen an. Danach ging ich zum Schneider, um einen Mantel in Auftrag zu geben. Es wird bald Winter, und ich möchte, daß du es warm hast. Lauter Nadeln zwischen die Lippen gepreßt, um das Modell an mir abzustekken, fing er an, die Maße zu nehmen. Als ich ihm erklärte, er solle sie sehr weit nehmen, weil ich schwanger sei und im Winter dick sein würde, errötete er heftig. Er riß den Mund auf, und ich hatte schon Angst, er würde die Nadeln verschlucken. Er hat sie nicht verschluckt, gottseidank, sie sind auf den Boden gefallen. Auch sein Zentimetermaß ist ihm heruntergefallen, und es tat mir beinahe leid, ihn so in Verlegenheit gebracht zu haben. Dasselbe beim Commendatore. Ob es uns paßt oder nicht, der Commendatore ist derjenige, der mir meine Arbeit abkauft und uns das notwendige Geld zum Leben verschafft: es wäre unehrlich gewesen, ihm nicht Bescheid zu sagen, daß ich nach einer gewissen Zeit nicht mehr werde arbeiten können. Also ging ich zu ihm ins Büro und sagte ihm Bescheid. Der Atem blieb ihm weg. Aber dann fing er sich doch wieder und meinte stockend, er würde ja meine Entscheidung respektieren, ja, er würde mich in höchstem Maße dafür bewundern, daß ich mich so entschieden hätte, und er hielte mich für sehr mutig, aber es wäre doch besser, nicht gerade mit allen Leuten darüber zu reden. «Ja, unter uns, die wir über eine gewisse Weltoffenheit verfügen, aber doch nicht mit solchen Leuten, die nicht imstande sind, so etwas zu begreifen. Und um so weniger, als Sie Ihre Meinung schließlich noch ändern könnten, oder?» Er insistierte sehr auf diesem Punkt einer Meinungsänderung. Er sagte, daß ich mindestens bis zum dritten Monat noch Zeit genug hätte, es mir anders zu überlegen, und das wäre dann nur ein Zeichen von Klugheit: ich sei doch beruflich so gut eingeführt, warum sollte ich da meine Karriere wegen einer Sentimentalität aufs Spiel setzen! Ich möge es mir gut überlegen, denn es handelte sich schließlich nicht nur um eine Unterbrechung von Monaten oder von einem Jahr: mein ganzes Leben würde eine neue Richtung nehmen. Ich würde nicht mehr über mich selbst verfügen können, und dann dürfte man ja auch nicht vergessen, daß mich das Unternehmen gerade darum so lanciert hätte, weil ich eben frei verfügbar sei. Er habe noch so viele schöne Projekte für mich in der Schublade. Wirklich: wenn ich es mir noch anders überlegen sollte, brauchte ich es ihm nur zu sagen. Er würde mir behilflich sein.

Dein Vater hat ein zweites Mal angerufen. Seine Stimme zitterte. Er wollte wissen, ob ich die Bestätigung erhalten hätte. Ich sagte ihm ja. Er fragte mich ein zweites Mal, wann ich «die Angelegenheit in Ordnung bringen» würde. Ich legte ein zweites Mal den Hörer auf, ohne ihm weiter zuzuhören. Eines verstehe ich nicht. Wenn eine verheiratete Frau bekanntgibt, daß sie in anderen Umständen ist, wird sie von aller Welt überschwenglich beglückwünscht, alle nehmen ihr die Päckchen aus der Hand, alle bitten sie, sich nicht zu überanstrengen und ruhig zu bleiben. Ach, wie schön, herzlichen Glückwunsch, nehmen Sie doch bitte Platz, ruhen Sie sich aus. Bei mir rühren sie sich nicht, bleiben stumm oder reden von Abtreibung. Du könntest es für ein Komplott halten, um uns zu trennen. Und es gibt Augenblicke, in denen ich voller Unruhe bin und mich frage, wer am Ende siegen wird: wir oder sie? Vielleicht kommt das von dem Telefongespräch. Er hat wieder bittere Dinge hervorgeholt, von denen ich dachte, sie wären vergessen, Kränkungen, von denen ich meinte, sie wären aus der Welt geschafft. Die mir jene zugefügt hatten, die mich begreifen ließen, daß die Liebe ein Schwindel ist. Die Wunden sind verheilt, die Narben kaum noch sichtbar, aber es braucht nur so ein Telefongespräch, und sie tun wieder weh. Wie alte gebrochene Knochen bei einem Wetterumschwung.

Dein Universum ist das Ei, in dem du seit sechseinhalb Wochen zusammengekauert, fast ohne Gewicht schwebst. Man nennt es den amniotischen Sack, und die Flüssigkeit, mit der er angefüllt ist, besteht aus einer Salzlösung; ihre Aufgabe ist es, dir den Kampf mit der Schwerkraft zu ersparen, dich vor Stößen zu schützen, die von meinen Bewegungen kommen, und schließlich auch, dich zu ernähren. Bis vor vier Tagen war sie sogar deine einzige Nahrungsquelle. Durch einen äußerst komplizierten und fast unbegreiflichen Prozeß hast du einen Teil davon geschluckt, einen anderen absorbiert, wieder einen andern von dir gegeben und einen neuen produziert. Aber seit vier Tagen bin jetzt ich deine Nahrungsquelle: mittels der Nabelschnur. In diesen Tagen ist so viel geschehen: ich bin ganz begeistert und voller Bewunderung für dich, wenn ich daran denke. Die Plazenta, die dein Ei wie eine warme Hülle umschließt, hat sich gekräftigt, die Zahl deiner Blutkörperchen hat sich vermehrt, und alles vollzieht sich mit einer ungeheueren Schnelligkeit: die Anlage deiner Venen ist jetzt zu sehen. Deutlich sichtbar sind auch die beiden Arterien sowie die Vene der Nabelschnur, die dir meinen Sauerstoff und die chemischen Substanzen zubringt, die du benötigst. Außerdem hat sich deine Leber ausgebildet, alle deine inneren Organe sind in der Anlage vorhanden: sogar dein Geschlecht und deine Fortpflanzungsorgane kommen schon! Du weißt bereits, ob du ein Mann oder eine Frau sein wirst. Am meisten entzückt mich aber, daß deine Händchen schon da sind, mein Kind. Man kann deine Finger gut erkennen. Und du hast jetzt auch einen kleinen Mund: mit richtigen Lippen! Und den Ansatz einer Zunge. Du besitzt die Kavitäten für zwanzig Zähne. Und hast Augen. Winzig wie du bist, nicht einmal eineinhalb Zentimeter groß, und so leicht, nicht einmal drei Gramm schwer, hast du schon Augen! Es kommt mir unfaßbar vor, daß sich all diese Dinge innerhalb weniger Wochen ereignet haben. Wie unwirklich. Und doch muß es bei der Entstehung der Welt, als sich jene Zelle bildete und alles andere, was entsteht und atmet und vergeht, um wiederzuerstehen, so vor sich gegangen sein, wie es nun in dir vor sich geht: ein Gewimmel, eine Aufschwemmung, eine Vermehrung von Leben, die immer komplizierter, schwieriger, schneller, geordneter und vollkommener wird. Wie du dich anstrengst, Kind! Wer will da behaupten, daß du sanft schläfst, in den Schlaf gewiegt von deinem Wasser? Du schläfst nie und ruhst dich nie aus. Wer will da behaupten, daß du ganz in Frieden lebst, mitten in einer Harmonie von Klängen, die nur sanft und gedämpft an deine Membrane rühren? Ich bin sicher, daß bei dir ein dauerndes Plätschern ist, ein dauerndes Pumpen, Wehen, Rauschen, eine Explosion von Lärm. Wer will da behaupten, daß du träge Materie bist, fast wie eine Pflanze, die man mit einem Löffel ausheben kann? Wenn ich mich deiner entledigen will, sagen sie, ist dies der richtige Moment. Ja, er setzt jetzt gerade ein. Anders ausgedrückt, ich hätte abwarten müssen, bis du zu einem menschlichen Wesen mit Augen, Fingern und Mund geworden bist, um dich umzubringen. Nicht früher. Früher warst du zu winzig, um wahrgenommen und ausgerissen zu werden. Sie sind wahnsinnig.

Peter Weiss
Abschied von den Eltern

Hinter dem Fenster lag der Garten, in tiefes Violett getaucht, das Fenster stand offen, der Garten dehnte sich und atmete, vom Graben her tönten die halb erstorbenen Schreie eines ertrinkenden Kindes. Die Tür zum Schlafzimmer meiner Eltern stand angelehnt, ich schob sie vorsichtig auf und trat ein. In ihrem großen Bett, das von der Wand abstand und sich mitten ins Zimmer hinein erstreckte, lagen meine Eltern, links mein Vater, leise schnarchend, rechts meine Mutter, ihr Gesicht von der Dunkelheit des Haares umrahmt. Beide lagen auf dem Rücken und über ihnen, an der Wand am Kopfende des Bettes, hingen drei Bilder, links ein Gemälde vom Gesicht meines Vaters, der Kopf wie abgeschnitten im Oval des Kartons, rechts der Kunstdruck vom Bild eines nackten Jünglings, der, im Profil gesehen, die Arme um die Knie und das Gesicht auf die Knie gelegt, hoch über einer einsamen Berglandschaft saß, und in der Mitte das Bild von der nackten Göttin, die, von Schaumflocken umflogen, steif vorgeneigt, ohne je das Gleichgewicht zu verlieren, mit der einen Hand die Brust bedeckend, mit der andern Hand eine Strähne des langen gewellten Haars vor den Schoß haltend, auf dem Rand einer großen Muschel stand. Auf den Stühlen neben den Nachttischen zur Seite meines Vaters und zur Seite meiner Mutter lagen die Kleidungsstücke sorgfältig übereinandergelegt, und unter den Stühlen verharrten die Schuhe dicht nebeneinander wie geduldige Tiere. Im Spiegel des großen Wäscheschranks, an der Wand gegenüber dem Bett, sah ich mich selbst, sah mich im violetten Mondlicht in der Tiefe des verstellten Zimmers. Meine Eltern versuchten, auf Anraten des Hausarztes, meinen nächtlichen Wanderungen ein Ende zu bereiten, sie umringten mein Bett mit großen Wasserschüsseln, die mich, beim Hineintreten mit dem Fuß, aus dem somnambulen Zustand wecken sollten. Diese Behandlungsmethode hatte zum Ergebnis, daß ich das Fliegen lernte. Das Grausen und Gruseln steigerte ich mit künstlich erzeugten Kälteschauern, die die Eigenschaft hatten, mich schwerelos zu machen, und unter denen ich, steif ausgestreckt, aus dem Bett emporschwebte, um dann, mit den Füßen voran, rücklings liegend, quer durchs Zimmer und durch das offene Fenster über den Garten zu fliegen. Ich steuerte mich mit leichten Regungen der Hände und Fußspitzen, in triumfierendem Glücksgefühl, mich senkend und hebend unter abgestuften Kälteschauern, so dicht glitt ich über den Gipfel der Blutbuche, daß ihre warmen, weichen Blätter mich streiften. Diese nächtlichen Ausflüge waren die Vorstufe zu schweren Fieberanfällen, die mich auf lange Zeit hin, in Abständen von etwa zwei Wochen, jeweils einige Tage überkamen. Ein Kollegium von Professoren umstand mein Bett, rückte die glitzernden Kneifer zurecht, griff sich bedächtig in den Bart, befühlte prüfend meinen Puls, drückte behaarte Mittelfinger in meinen Bauch, klopfte mit gebogenem Zeigefinger an meiner Brust an, telefonierte mit meinem Herzen, schlug mit kleinen, silbernen Hämmern an mein Knie und konnte nichts finden, was das Krankheitsbild erklärte. Schließlich stellte man die Theorie auf, daß eine Fliege Bazillen aus den Malariakulturen eines in der Nähe gelegenen Irrenhauses auf mich übertragen habe. Die Gedankenverbindung, daß meine Krankheit ihren Ursprung in einem Irrenhaus hatte, ließ mich glauben, daß ich dem Irrsinn nahe sei, ich studierte mein Gesicht im Spiegel, schnitt Grimassen, lallte und ließ meinen Speichel aus dem Mund tröpfeln, wie ich es zuweilen bei den Geistesgestörten, auf ihren Spaziergängen im Park, gesehen hatte. So lernte ich zu leben, ich weiß, etwas fehlt, ich tappe herum und suche, ich wimmere und schreie, und ich finde es nicht, ich wachse, ich reife, und die Bewegungsfreiheit wird mir immer mehr eingeengt, ich wage kaum mehr zu suchen, stoße mich überall an den Begrenzungen und verkrieche mich. Ich lerne Fliegen und ich lerne Fiebern. Ich mache es mir heimisch in dem großen Mangel, in der Krankheit der Enttäuschung, der Machtlosigkeit und des Mißtrauens. Und in der Tiefe leben die ungestillten Wünsche weiter fort. Wenn meine Mutter, herbeigerufen durch meinen Schrei, an mein Bett kam und mich aufrichtete und mich in die Arme schloß, verging das Unheimliche, zu dessen Erscheinen sie selbst beigetragen hatte. War sie meine Bedroherin, so war sie gleichzeitig meine Retterin, sie entzog mit der einen Hand und gab mit der anderen, und hielt mich dadurch in ständiger Spannung, fast war es, als ersehnte ich das Unheimliche, als fand ich einen gewissen Genuß an seinen Qualen, da ich hinterher die Erleichterung auskosten konnte.

Walter Benjamin
Berliner Kindheit um Neunzehnhundert

Meine Mutter hatte ein Schmuckstück von ovaler Form. Es war so groß, daß man es auf der Brust nicht tragen konnte, und so erschien es jedesmal, wenn sie es antat, an ihrem Gürtel. Sie trug es aber, wenn sie in Gesellschaft ging; zu Hause nur, wenn wir selber eine hatten. Es prunkte mit einem großen, blitzenden und gelben Stein, der die Mitte war, und einer Anzahl mäßig großer, die in vielen Farben – grün, blau, gelb, rosa, purpur – ihn umstanden. Dies Schmuckstück war, sooft ich es erblickte, mein Entzücken. Denn in den tausend kleinen Feuern, die aus seinen Rändern schossen, saß, vernehmlich, eine Tanzmusik. Die wichtige Minute, da die Mutter es der Schatulle, wo es lag, entnahm, ließ seine Doppelmacht zum Vorschein kommen. Es war mir die Gesellschaft, deren Sitz in Wahrheit auf der Schärpe meiner Mutter war; es war mir aber auch der Talisman, der sie vor allem schützte, was von draußen bedrohlich für sie werden konnte. In seinem Schutze war auch ich geborgen.

Nur konnte er nicht hindern, daß ich auch an jenen seltenen Abenden, an denen es ihn zu sehen gab, zu Bett gehen mußte. Doppelt verdroß mich das, wenn bei uns selbst Gesellschaft war. Doch drang sie mir über meine Schwelle, und ich stand in dauerndem Rapport mit ihr, sobald das erste Klingelzeichen erschollen war. Für eine Weile setzte nun die Klingel dem Korridor fast unablässig zu. Nicht weniger beängstigend, weil sie kürzer, präziser anschlug als an andern Tagen. Mich täuschte sie darüber nicht, daß sich ein Anspruch in ihr verlautbarte, der weiter ging als der, mit dem sie sonst sich geltend machte. Und dem entsprach es, daß das Öffnen diesmal im Augenblick und lautlos vor sich ging. Dann kam die Zeit, in welcher die Gesellschaft, kaum daß sie sich zu bilden begonnen hatte, schon wieder am Verenden schien. In Wahrheit hatte sie sich nur in die entfernteren Räume zurückgezogen, um dort im Brodeln und im Bodensatz der vielen Schritte und Gespräche zu verschwinden wie ein Ungeheuer, das, kaum hat es die Brandung angespült, im feuchten Schlamm der Küste Zuflucht sucht. Von dem, was jetzt die Zimmer füllte, spürte ich, daß es ungreifbar, glatt und stets bereit war, die zu erwürgen, die es jetzt umspielte. Das spiegelblanke Frackhemd, das mein Vater an diesem Abend hatte, kam mir nun wie ein Panzer vor, und in dem Blick, den er vor einer Stunde noch hatte über die menschenleeren Stühle schweifen lassen, entdeckte ich jetzt das Gewappnete.

Inzwischen war ein Rauschen bei mir eingebrochen; das Unsichtbare war erstarkt und ging daran, an allen Gliedern mit sich selbst sich zu bereden. Es horchte auf sein eigenes dumpfes Raunen, wie man in eine Muschel horcht, es ging wie Laub im Winde mit sich selbst zu Rate, es knisterte wie Scheite im Kamin und sank dann lautlos in sich selbst zusammen. Jetzt war der Augenblick gekommen, da ich es bereute, noch vor wenigen Stunden dem Unberechenbaren seinen Weg gebahnt zu haben. Das war mit einem Griff geschehen, durch den der Eßtisch sich auseinandertat und eine Platte drunter zum Vorschein kam, die, aufgeklappt, den Raum zwischen den Hälften derart überbrückte, daß alle Gäste unterkommen konnten. Dann hatte ich beim Decken helfen dürfen. Und nicht nur, daß Gerätschaften dabei durch meine Hände gingen, die mich ehrten, die Hummergabeln oder Austernmesser, auch die geläufigen des Alltags traten in feierlicher Spielart in Erscheinung. Die Gläser in Gestalt der grünen Römer, der kurzen, scharf geschliffnen Portweinkelche, der filigranbesäten Schalen für den Sekt; die Näpfe für das Salz als Silberfäßchen; die Pfropfen auf den Flaschen in Gestalt schwerer, metallner Gnomen oder Tiere. Endlich geschah es, daß ich auf das eine der vielen Gläser jedes Tischgedecks die Karte legen durfte, die dem Gast den Platz angab, der auf ihn wartete. Mit diesem Kärtchen hatte ich das Werk gekrönt; und wenn ich nun zuletzt bewundernd die Runde um die ganze Tafel machte, vor der nur noch die Stühle fehlten – dann erst durchdrang mich tief das kleine Friedenszeichen, das mir von allen ihren Tellern winkte. Kornblumen waren es, die das Service aus makellosem weißen Porzellan mit einem kleinen Muster überzogen: ein Friedenszeichen, dessen Süßigkeit allein der Blick ermessen konnte, der vertraut mit jenem kriegerischen war, das ich an allen anderen Tagen vor mir hatte.

Ich denke an das blaue Zwiebelmuster. Wie oft hatte ich es im Lauf der Fehden, die an dem Tische ausgetragen wurden, der jetzt so schimmernd vor mir lag, um Beistand angefleht. Unzählige Male war ich seinen Zweigen und Fädchen, Blüten und Voluten nachgegangen, hingebender als je dem schönsten Bild. Nie hatte man um Freundschaft rückhaltloser sich beworben als ich um die des blauen Zwiebelmusters. Ich hätte es so gerne zum Verbündeten in dem ungleichen Kampf gehabt, der mir das Mittagessen oft verbitterte. Doch das gelang mir nie. Denn dieses Muster war käuflich wie ein General aus China, welches denn auch an seiner Wiege gestanden hatte. Die Ehrungen, mit denen es von meiner Mutter überhäuft ward, die Paraden, zu denen sie die Mannschaft einberief, die Totenklagen, die aus der Küche jedem Glied der Truppe, das gefallen war, nachhallten, machten meine Werbung aussichtslos. Denn kalt und kriechend hielt das Zwiebelmuster meinen Blicken stand und hätte nicht das kleinste seiner Blättchen detachiert, um mich zu decken.

Der feierliche Anblick dieser Tafel befreite mich von der fatalen Zeichnung, und das allein hätte genügt, mich zu entzükken. Aber je näher der Abend rückte, desto mehr umflorte sich das Selige, Leuchtende, das er um Mittag mir versprochen hatte. Und wenn dann meine Mutter, trotzdem sie im Hause blieb, nur flüchtig kam, um mir Gute Nacht zu sagen, fühlte ich verdoppelt, welch Geschenk sie sonst mir um die Zeit aufs Deckbett legte: das Wissen um die Stunden, die für sie der Tag noch hatte, und die ich getrost, wie einst die Puppe, in den Schlummer mitnahm. Es waren diese Stunden, die mir heimlich, und ohne daß sie es wußte, in die Falten der Decke fielen, die sie mir zurechtzog, und eben diese Stunden, welche selbst an Abenden, da sie im Fortgehen war, mich trösteten, wenn sie in der Gestalt der schwarzen Spitzen ihres Kopftuchs, das sie schon umgenommen hatte, mich berührten. Ich liebte diese Nähe, und was sie an Duft mir zugab; jede Spanne Zeit, die ich im Schatten dieses Kopftuchs und in Nachbarschaft des gelben Steins gewann, beglückte mich mehr als die Knallbonbons, die mir im Kuß für morgenfrüh von ihr versprochen wurden. Wenn dann von draußen mein Vater nach ihr rief, erfüllte mich bei ihrem Aufbruch nur noch Stolz, so glänzend sie in die Gesellschaft zu entlassen. Und ohne es zu kennen, spürte ich in meinem Bette, kurz bevor ich einschlief, die Wahrheit eines kleinen Rätselworts: «Je später auf den Abend, desto schöner die Gäste.»

Sibilla Aleramo
Geschichte einer Frau

Wir verbrachten jetzt schon den dritten Sommer im Dorf; die Badesaison hatte sich in nichts von der vorangegangenen unterschieden, und mir ist keine besonders deutliche Erinnerung geblieben: Mir scheint nur, daß ich abwechselnd an immer längerem und waghalsigerem Schwimmen Gefallen fand oder an einer ebenso exzessiven Lektüre, nach der ich immer einen müden Kopf hatte und mich irgendwie unzufrieden fühlte.

Ich kann mich in diesem Sommer weder an Mama noch an die kleinen Geschwister noch an Bekannte erinnern, ja, nicht einmal an Papa! Warum wurde eines Abends in unserem Haus für einige Sommergäste und einige Familien aus dem Dorf eine Art Empfang gegeben? Die Initiative war von Papa ausgegangen; drei Zimmer unserer Wohnung waren umgeräumt und mit Pflanzen und Lichtern geschmückt worden. Es hatten sich etwa vierzig Personen eingefunden, Herrschaften aus Neapel und Rom, die uns Provinzler etwas ironisch betrachteten, ernste Männer, die Papa mit seinem vertrauten, jungenhaften Aussehen neugierig anblickten; dann waren noch einige Angestellte und die Lehrerinnen und Lehrer des Ortes mit ihren Familien anwesend. Ein kleines Orchester lud groß und klein zum Tanzen ein. In meiner Eigenschaft als Tochter des Hauses konnte ich mich nicht weigern, auch einige Runden zu drehen, aber ich tanzte ungern, es gefiel mir nicht und machte mir Kopfweh. Ich wurde beobachtet: die jungen Männer näherten sich mir mit einer Schüchternheit, die mich belustigte. Aber zwischen zwei Tänzen überraschte ich mich dabei, wie ich Papa und Mama unfreiwillig beobachtete. Papa, ein leidenschaftlicher und exzellenter Tänzer, schien wieder ein Jüngling geworden zu sein: seine Spontaneität und Natürlichkeit strahlten einen faszinierenden Charme aus, und seine hohe Gestalt, die sich so kunstvoll zwischen den anderen Paaren bewegte, verkörperte für mich noch einmal Schlichtheit, Freude und Lebenskraft. Aber meine Mutter, war sie an diesem vergnügten Abend auch glücklich? Sie trug ein schwarzes, mit schillernden Perlen besetztes Spitzenkleid, und das rief mir weit zurückliegende Jahre ins Gedächtnis, Abende, an denen ich sie am Arm von Papa hatte ausgehen sehen, schüchtern zwar, aber doch sicher in ihrer eleganten Kleidung. Ihr Gesicht hatte seine jugendliche Anmut bewahrt, sie schien an diesem Abend nicht älter als dreißig Jahre zu sein.

Offenbar gelang es ihr nicht, eine gewisse Nervosität zu verbergen, deren Ursache ich nicht kannte: ich fragte mich, ob die Gäste und Papa die Anstrengung bemerkten, zu der sie sich zwang, um der Unterhaltung und den Spielen zu folgen.

Kaum daß ich aufgestanden war, ging ich am nächsten Morgen gegen acht Uhr zum Zimmer von Mama; da ich annahm, sie sei noch im Bett, klopfte ich an, um zu fragen, was zu tun sei. Ihre schwache Stimme hieß mich eintreten, und ich bemerkte das der Tür zugewandte Profil von Papa, der noch schlief. Mamas Gesicht war kaum von den Kissen und Leintüchern zu unterscheiden. Ich schloß die Zimmertür und ging zu den kleinen Geschwistern, die schon frühstückten.

Wieviele Minuten waren vergangen? Ein Schrei, dann noch einer, und dann ein großes Raunen unten auf dem Platz ließen mich zusammenfahren. Ich war noch nicht am Fenster, als sich an der großen Eingangstreppe Lärm erhob; deswegen lief ich zur Haustür, gefolgt von unserem Hausmädchen und den kleinen Geschwistern. Von unten hörte ich erstaunte und erschreckte Ausrufe und ein Geräusch, als ob etwas Schweres getragen würde: das Hausmädchen, das zum Balkon gehastet war, trat zurück, um das Schauspiel zu verdecken und uns ins Haus zurückzudrängen. Und ich sah, wie Männer den Körper meiner Mutter trugen, einen halbnackten, bleichen Körper, über den irgendjemand ein weißes Kleidungsstück geworfen hatte, das über die Erde schleifte; ihre Beine, ihr Arm und ihr Haar baumelten herab. Eine Schar von Leuten folgte ihr. Ich glaubte, verrückt zu werden.

Nein! Es war wirklich Mama, mit geschlossenen Augen, im Gesicht weiß wie eine Tote, mit großen roten Flecken auf den Armen und an der Seite. Papa, der halb angekleidet aus seinem Zimmer kam, verstand nichts. Er preßte seine Hände an die Schläfen, sein Gesicht war verzerrt, und dann muß ich nichts mehr gehört und gesehen haben, denn ich erinnere mich an nichts mehr.

Frauenstimmen schreckten mich wieder auf. Sie erzählten sich, daß sie auf unserem Balkon eine weiße Gestalt gesehen hatten, die sie, von der Sonne geblendet, für eines von uns Mädchen gehalten hatten; sie hatten ihr Zeichen gegeben, zurückzutreten, aber die Gestalt hatte sich vorgebeugt, war einen Augenblick lang verschwunden gewesen und dann senkrecht hinunter auf die Erde gestürzt.

Der Arzt kam. Ich ging mit ihm zusammen in das Zimmer. Mama lag bewußtlos im Bett, Papa stand mit einem verlorenen Blick daneben und rang die Hände. Als er mich sah, schluchzte er schwer auf, das erste Mal, daß ich ihn weinen hörte; er fiel auf einen Stuhl nieder, zog mich auf seine Knie und versteckte sein Gesicht an meiner Schulter.

Ach, welche Verwirrung packte mich! Der Aufruhr, von dem mein Vater geschüttelt wurde, erschreckte mich und gleichzeitig beschlich mich eine Ahnung davon, daß noch andere Momente wie dieser kommen würden ...

Am liebsten hätte ich mich nie mehr aus dieser Umarmung gelöst: zum ersten Mal wollte ich die Augen schließen und verschwinden. Ich konnte keinen einzigen Gedanken mehr fassen, nicht einmal die Frage: «Lebt sie noch?»

Sie lebte. Der Kopf und der Körper waren wunderbarerweise unversehrt geblieben: nur der linke Arm war gebrochen. Drei Tage lang blieb sie ohne Bewußtsein. Sie konnte oder wollte kein Wort über den tragischen Vorfall verlieren: ich habe undeutlich in Erinnerung, daß Papa sie eines Abends auf Knien anflehte, zu reden, und daß er immer wieder nur dieselbe Antwort erhielt: «Vergib mir, vergib mir! ...» Wir Kinder waren auch im Zimmer, und ich weiß nicht, was mir mehr das Herz zerriß, seine Tränen oder die schwachen Worte der Kranken, die wie aus dem Dunkel kamen ... War es in einem Augenblick des Wahnsinns geschehen? Ich wollte es glauben, aber zugleich entsetzte mich dieser Gedanke auch. In Papas Stimme lag leidenschaftliche Aufrichtigkeit, wenn er sich im Halbdunkel des Zimmers mit leiser und zitternder Stimme fragte, was diese Verzweiflungstat hervorgerufen haben konnte. Mama blickte ihn schweigend an: ich hatte den seltsamen Eindruck, daß sie sich die Erklärung von ihm erwartete ... und zugleich fühlte ich mit innerer Gewißheit, daß mein Vater nicht wußte, was er sich vorzuwerfen hatte.

Mama blieb zwei Monate im Bett, von wechselnden Fieberanfällen befallen, die sie mit einem Gehirnschlag bedrohten. Sie war nie zuvor so gegenwärtig gewesen wie jetzt, aber zugleich auch niemals so abwesend, als habe sie endgültig auf etwas verzichtet.

Außer der angstvollen Unruhe über die Krankheit Mamas und trotz unser aller Widerstand dagegen spitzte sich in unserem Haus etwas Unheilvolles zu. Die Kleinen verstanden nichts, sie litten ganz einfach unter der Traurigkeit ihrer Umgebung. Ich bemerkte zuerst nur mit einiger Mühe, dann mit Entsetzen, daß bei dem langsamen Wiedererwachen Mamas eine gewisse Stumpfheit spürbar wurde, daß sich bei ihren Gefühlsäußerungen, bei der Zuneigung oder Ablehnung, die sie ihrer Umgebung gegenüber ausdrückte, Erinnerungslücken sowie bestimmte Übertreibungen zeigten. Aber da ich die Leitung des Haushaltes übernommen hatte und zudem während bestimmter Stunden auch meine Arbeit in der Fabrik weiterführte, denn ich wollte niemandem meine Lektüre oder Korrespondenz überlassen, war ich zu beschäftigt, um über die verschiedenartigen und neuen Empfindungen nachzudenken, die auf mich eindrangen. Ich bedauerte Papa, und für Mama fühlte ich eine Art wachsame Zärtlichkeit, als wollte ich die Äußerungen ihrer kranken Seele abwenden, die mich so ängstigten. Jetzt war ich mir sicher, beide zu lieben, doch durch eine neue Unruhe, die mehr und mehr in mir wuchs, fühlte ich mich allein; und ich wußte auch tatsächlich nichts von den beiden Menschen, mit denen ich litt und über die ich nicht zu urteilen wagte.

Am Ende des Winters war Mama fast wieder hergestellt. Nur der gebrochene Arm, der wegen der Unfähigkeit der Chirurgen zweimal operiert werden mußte, blieb behindert; die gelähmte Hand konnte nicht mehr richtig bewegt werden. Gealtert und abgespannt, sah sie noch gedrückter und vernachlässigter aus als früher, mit dieser kranken Hand, die meine kleine Schwester unablässig küßte, was sie oft zum Weinen brachte. Sie schien wieder ein Kind geworden zu sein, ein furchtsames Kind, das sich von der Erinnerung an einen Irrtum nicht freimachen kann.

Nachdem die Wochen der Gefahr vorbei waren, hatte Papa seine Verwirrung überwunden und schien wieder Herr seiner selbst zu sein. Ich wagte nicht, ihn während des langen Schweigens zu stören, in das er oft versank, und ich dachte zurück, suchte zum ersten Mal in der Vergangenheit, entdeckte Hinweise und verglich sie miteinander. Immer hatte ich intuitiv die Unstimmigkeit zwischen meinen Eltern erfaßt, und jetzt sah ich den Unterschied zu den Streitereien, die es manchmal zwischen Papa und mir gab. Ich begriff, daß es etwas viel Tiefergehendes geben mußte, etwas Unsagbares und Schicksalhaftes, so etwas wie meine Abneigung gegen bestimmte Personen oder Sachen. Papa mußte meine arme Mama einmal sehr geliebt haben, und jetzt, in seiner schweigenden Isolierung, rief er sich wer weiß welche Erinnerungen ins Gedächtnis zurück: aber ich fühlte, daß es bei diesen Erinnerungen bleiben mußte.

Ich konnte mir nicht vorstellen, wie sich zwischen ihnen und uns allen eine neue, stärkere Liebe festigen sollte.

Papa war Mama gegenüber voller Rücksichtnahme, war nachgiebig, geradezu liebevoll, und er vermied seine alten Wutausbrüche; doch ich bemerkte einen Hauch von Resignation in der Art, mit der er ihre ständige Melancholie akzeptierte. Bei Mama entdeckte ich eine gewisse Befangenheit, die von dem schüchternen und traurigen Wunsch herrührte, Papa wieder näherzukommen.

Eines Tages schien unser Haus voller Sonne zu sein, die beiden waren länger als eine Stunde in dem kleinen Zimmer geblieben, in dem Papa jetzt alleine schlief: als sie das Zimmer verließen, war das Gesicht meiner Mutter leicht gerötet, so wie ich sie schon lange nicht mehr gesehen hatte; und sie lächelte das unsichere Lächeln eines glücklichen Kindes. Sie blickte mich an, als ob sie mich nicht wiedererkennen würde. Papas Stirn dagegen war bewölkt, und er mied meinen Blick.

In den folgenden Wochen lehnte Mama ihren müden Kopf manchmal an die Schulter von Papa, was mich störte. Ich war davon überzeugt, daß Papa verhindern wollte, mit ihr alleine zu sein; er mied uns alle und das Haus mit einer fast schon verletzenden Offenheit.

Fabrizia Ramondino
Das Häuschen

Die drei Fenster unserer Wohnung gingen auf die Piazza hinaus. Man merkte sofort, daß die Wohnung ein Notbehelf war. Es fehlten jene kleinen Verschönerungen, wie man sie an einer Wohnung vornimmt, in der man lange gelebt hat und die man liebt. Es fehlten zum Beispiel die grellbunten, gestrichenen Fensterumrahmungen, es fehlten die Eisenträger für Blumentöpfe und Sukkulenten, es fehlten auch die Blumen; keiner machte sich die Mühe, die Levkojen und Löwenmäulchen aus den Mauerspalten oder den Ziegeln am Dachrand zu reißen. Die Scheiben selbst waren blind vor Staub. Es schien, wenn man jene Fenster ansah, als seien die Bewohner vor langer Zeit abgereist, oder als seien sie gerade erst eingezogen. In der Tat betrachtete unsere Mutter jene Wohnung all die Jahre über als Provisorium und wollte nie ein Zeichen darin hinterlassen, das auf eine endgültige Lösung hätte hindeuten können.

Spärlich und ärmlich war die Wohnung möbliert: schmale Eisenbetten, ein paar Stühle mit Strohgeflecht, zwei Tische, etwas Küchengerät, eine Nähmaschine, ein Schrank. Nie versuchte die Mama, jene Wohnung mit einem Bettüberwurf aus Kretonne, mit ein paar Blumen in der Vase, mit einer netten Kleinigkeit oder einem Teppich freundlicher zu gestalten, denn sie sollte immer wie eine Notunterkunft wirken, wie eine Wohnung von Evakuierten, in der man durch dramatische Umstände Unterschlupf zu suchen gezwungen war. In einem Zimmer standen die Betten von uns Kindern, in einem anderen der Schrank, das Bett unserer Mutter, dem sich ein weiteres, zusammenklappbares zugesellte, wenn unser Vater kam, und die Nähmaschine; schließlich gab es noch das Zimmer der Großmutter, das sich, wenn unser Vater da war, in ein Eßzimmer verwandelte; ein Korbsessel mit einem gelben Kissen mit violetten Rüschen, den die Mama aus der verkauften Villa mitgenommen hatte, war der einzige Schmuck des Zimmers und der Wohnung; darin saß die Großmutter und erzählte uns Märchen, und der Spitzenbesatz ihres Kleides und die Windungen des Korbgeflechts reichten bis in ihre Stimme hinein; darin saß zuweilen feierlich die Mama und erzählte uns, mit einem Fotoalbum auf den Knien, von unserer Vergangenheit und ermahnte uns, wir sollten nicht verwildern mit den Kindern auf der Piazza. Ein fast leerer Vorraum, weit weg von den Zimmern, war der einzige Ort, wo wir in Ruhe spielen und unsere Freunde empfangen konnten; in einer Ecke hatte die Großmutter dort einen kleinen Altar für den Heiligen Antonius errichtet. Man stieg vom Vorraum in ein großes Zimmer hinauf, das als Vorratskammer diente; hier hingen die Vogelbeeren, die Lorbeerzweige, die Knoblauch- und die Zwiebelzöpfe; hier waren auf Stroh die Äpfel von Sant'Agata, die Renetten und «Annurken» gelagert und die Kartoffeln; hier waren der Zucker, die Ölflaschen, ein paar Töpfe Schmalz und die Kerzen in einen Schrank eingeschlossen; hier stand das Bügelbrett. Hierher kam die Großmutter, um heimlich zu weinen, wenn ein Brief des gefangenen Enkels eintraf, und heimlich kam sie, um zu beten. Sie fürchtete nämlich den Spott unserer Mutter, für die Beten und Weinen eine Schande waren, eine Beleidigung der Vernunft.

Die Bezeichnungen für die Wohnung waren in der Familie verschieden. Die Mama nannte sie verächtlich das «Loch» oder den «Bunker»; unser Vater nannte sie, bemüht ironisch, das «Nest», die Großmutter dagegen nannte sie das «Häuschen», wie in der Szenerie der Lieder, die sie mir, im Korbstuhl sitzend, vorsang und in denen immer ein bonbonrosa Häuschen mit Laube vorkam.

Als wir nach Santa Maria del Mare kamen, war, so kann man sagen, zwischen mir und meinen Eltern schon alles geschehen. Die Mama hatte einen erbarmungslosen Realitätssinn. Als wir Porto Qui, die schöne Insel, auf der wir glücklich gelebt hatten, auf dem Kriegsschiff verließen, vergoß sie keine einzige Träne; mich, die Älteste, neben sich, trat sie an die Schiffsreling, zog den Schlüssel unseres Hauses aus der Handtasche und sagte, indem sie ihn ins Meer warf: «So glücklich, wie wir es hier gewesen sind, werden wir nie mehr sein!» Bei meinem Vater hatte ich nie begriffen, ob er es ernst meinte oder spielte. Auch die Mama sagte ihm stets, er solle nicht immer den Hanswurst spielen. Einmal wirkte er wie ein komischer, dann wieder wie ein dramatischer Schauspieler. Dieses Rätsel: Rezitiert er, meint er es ernst? Spielt er, spielt er nicht? war für mich faszinierend. Doch bei seiner Rückkehr aus dem Gefangenenlager von Tanger, als er zu uns nach Santa Maria zog, hatte sich der brillante Schauspieler in einen Statisten verwandelt. Vielleicht waren die sich überstürzenden Ereignisse jener Jahre daran schuld: der Niedergang des Faschismus und sein persönlicher Niedergang, die Öde des kleinen Angestelltendaseins im Ministerium und der möblierten Zimmer, in denen er in der Hauptstadt wohnte, der Tod der Mutter, an der er sehr hing. Es war also alles aus zwischen mir und ihnen, denn sie verweigerten mir die beiden einzigen Dinge, die mir im Leben Trost spendeten: das Märchen und das Theater.

Ich träumte zu jener Zeit, nicht die echte Tochter meines Vaters und meiner Mutter zu sein, daß Neugeborene vertauscht worden wären und meine echte Mutter eine Zigeunerin wäre. Im Traum glich die Zigeunerin Dida, meiner Amme auf Porto Qui. «Dummheiten!» sagte die Mama, als ich ihr jenen obsessiven Traum erzählte. Doch ich verglich noch tagelang die Weiße ihrer Haut mit der dunklen Tönung der meinen. Ich erzählte den Traum der Großmutter. «Ich auch, ich auch», sagte die Großmutter, «als ich ein Kind war, dachte ich das gleiche!» Zuweilen warf ich der Mama im Streit vor, sie liebe mich nicht wie eine Tochter; und um meinen Verdacht zu untermauern, sagte ich zu ihr, daß auch die Großmutter das gleiche von sich gedacht hätte. Da erboste sich die Mama: «Die Großmutter täte gut daran, deine Phantasien nicht noch zu nähren. Ich könnte das gleiche denken, wenn ich vergleiche, wie sie mich im Unterschied zu meiner Schwester behandelt hat!»

Während ihrer sehr langen Jugend hatte die Mama sechs Monate im Jahr mit ihrer Mutter in einer abgelegenen Villa auf dem Land gelebt. In jener Einsamkeit, die nur von Lektüre oder seltenen Besuchen von Freunden und Verwandten unterbrochen wurde, war sie zur Gefährtin der Natur geworden: der Wechsel der Himmel – denn wandelbar ist der Himmel bei uns, als habe der Schöpfer, ihre äußersten Härten abmildernd, alle Möglichkeiten der Natur in einem vollkommenen Mikrokosmos bergen wollen –, die Felsen, das Meer und die üppige mediterrane Vegetation, die sich auf den Bergen oberhalb der Villen mit nordischen Pflanzen vermischte, fast als wolle sie eine mögliche Gemeinschaft unter den Völkern und nicht nur unter den Pflanzenarten andeuten – und dort oben las die Mama auch gern die *Duineser Elegien.*

Sie erstieg die Berge jener Gegend, betrachtete die Sonnenuntergänge, zeigte Neugierde oder Ehrerbietung für das Leben der Insekten; sie genoß die Schönheit der Zweige und der Rinde an den Baumstämmen, ging, ohne eines Weckers zu bedürfen, den Sonnenaufgängen entgegen; sie beschleunigte ihren Schritt nicht während der Gewitter und tauchte mit durchnäßten Kleidern und nassem Gesicht in sie ein, die Augen von Blitzen geblendet; und lange, sehr lange blieb sie unter den bewölkten Himmeln liegen, aus denen die Sonne in steilen weißen Strahlen herabfällt, oder unter ganz leergefegten Himmeln, leer wie eine Seite, die noch vollgeschrieben werden muß, wie eine Zukunft, die sich noch erfüllen muß, wie das siebte der zu lebenden Leben.

Und dann bekam sie es, die arme Frau, mit sechsunddreißig jungfräuliche Braut, ihr siebtes Leben; und aus jener mineralischen und pflanzlichen Natur trat sie ein in die mit Blut, Körpersäften und Schweiß getränkte Natur der Liebesumarmungen, der Geburten, der Milch und der Schrunden. So war sie, von pflanzlichen Vorfahren geboren, zu deren Ohren sich das Venushaar neigte, mit Beinen wie Schilfrohr, in deren Augen sich das Blau der Blumen, das ganz feine Grau des Mooses und zuweilen sogar das eisige Smaragdgrün des Meeres spiegelte, in das dritte der Reiche hinabgestürzt: ins Tierreich.

Und schon flossen Blut, Milch, Körpersäfte, Schweiß. Und über allem lagerten die «Gedanken».

Die Vertrautheit mit diesen beiden Naturen hatte sie zu einem Teil vor den Riten und Manieren ihrer Gesellschaftsschicht bewahrt, vielleicht auch der Umstand, daß sie, das letzte der Kinder, weniger schön, weniger begabt und am meisten vernachlässigt worden war; oder vielleicht die Jahre des Mangels; oder das Andenken an die weitherzigen und noch heroischen Großeltern; und sogar die von ihr verlachte Frömmigkeit der Mutter. In jenen Nachkriegsjahren, allein mit uns Kindern, fast begraben in einem weiteren ländlichen Exil, der finanziellen Mittel und nunmehr auch der Zerstreuung durch ihre jugendliche Schönheit verlustig, kam das Beste an ihr zum Vorschein; fern vom Reich der Pflichten und der *bienséances* fanden ihre beiden Naturen, die pflanzliche und die tierische, zu einer Einheit. Oder zumindest stellte sie sich uns Kindern so dar.

In einem Jahr lernte ich in der Schule die Bedeutung und den Gebrauch der Klammern; mir schien, als habe sich die Mama, wer weiß wann, vielleicht, als wir die schöne Insel verlassen hatten, oder vielleicht schon früher, als ich noch nicht geboren war, in Klammern gesetzt. Es schlossen sie auch wie zwei Klammern die Mauern jener Wohnung ein, die aus Zeit zu bestehen schienen: auf der einen Seite die Mauer des Tages, an dem wir angekommen waren, auf der anderen Seite jene des Tages, an dem wir abreisen würden. Doch ab und zu trat sie daraus hervor.

Brachte ihr jemand eine Walnuß oder eine frische Mandel, einen kleinen Strauß Veilchen oder Narzissen oder einen Büschel Nußkraut, die ersten Saubohnen im Frühling oder eine Handvoll bei Annunziata gesammelten Feldsalat oder auch nur eine seltsam geformte Kartoffel oder einen Pinienzapfen, den man ins Feuer halten mußte, damit er die Pinienkerne freigebe, so bebten ihr Blick, ihre Nasenflügel, ihr Lächeln; ihre Hände griffen eilig nach der Frische jener Dinge, wie sie nie nach einer Neuheit in der Mode gegriffen hatten; sie enthüllte sich uns dann als eine Kind-Mutter, eine Spielgefährtin, weit weg von der anderen, der mit den Schweizer Handbüchern, die mit der Großmutter stritt und ewig Migräne hatte.

In den Wald von Schiazzano ging man im Herbst oder im Frühling zum Kastaniensammeln, zum Veilchen- und Zyklamenpflücken, zum Kaulquappenfischen. Sie schickten uns auch auf Schneckensuche, aber die sammelten wir ungern, weil wir sie nicht mochten. Am Bach zogen sich die Jungen aus bis auf die Unterhose, spritzten sich naß, badeten. Die Mädchen dagegen durften dies nicht tun, und wenn eine der Kleineren sich auszog, verwehrten die Größeren es ihr und zogen sie wieder an. Wir legten uns dann ins Gras. Auf der einen Seite die Sonne, die auf die Beine brannte, auf der anderen das Gras, das sie kühlte. Es gab Blumenstengel mit herben, schauerlichen Säften, die wir aussaugten wie taufrische Limonade; Blätter von Ackerminze, Bachminze und Nußkraut zum Kauen; Zyklamen mit Erdgeruch, deren kühle Blütenblätter wir uns nur ganz leicht auf die Zunge legten; unreife Kastanien, die einem den Mund zusammenzogen. Jenes ständige Kauen wurde unterbrochen durch Schwatzen und Gelächter. Oder Sprünge oder Purzelbäume. Es war ein einziges Sich-Verlieren der Körper, ein Sich-Wälzen im Licht und im Gras.

Auch in der Weihnachtszeit kamen wir her, um nach Ton zu graben, aus dem wir Hirten machten, und um Moos zu holen für die Krippe; das Moos mit kleinen Sternchen war für die Wiese, das fadenförmige für die Berge, es sollte die Rauheit der Vegetation darstellen. Zu jener Jahreszeit fand man auf dem Boden wenig, nur etwas trockenes Laub; die Bäume waren kahl, reglos, da kein Wind ging, filterten sie die laue, kraftlose Sonne. Jene ganze Seite des Dorfes war nordisch, und im Winter mieden wir sie. Die übrigen Ländereien rundum leuchteten von Zitrusfrüchten, hauptsächlich Orangen und Zitronen, die unter den Strohmatten glühten, fast als hätte die Sonne den Himmelskreis verlassen, um sich dort unten zu verstecken, zu wachsen und zu reifen; und im Februar hing der verzehrende Duft der Mimosen in der Luft; und überall wuchsen schon fleißig die Geranien. Sogar die Felsen bei Annunziata, obgleich vom letzten Regen feucht und noch wie betäubt von Donner und Blitz, glänzten im Mittagslicht. Und überall auf allen anderen Ländereien die dichten Terrassierungen und die Pfade, und hinter jedem Mäuerchen das Blühen von Rufen, von Bauernstimmen, von Kindern, bunt mit ihren Wollsachen und Bündeln. Und an den Fensterbalken hingen die Kakifrüchte.

Unserer Mutter dagegen gefiel der winterliche Wald. Vielleicht weil sie der Sommer, wegen einer beginnenden Arteriosklerose, erschreckte. Oder weil die Gluthitze der Sonne in ihr die Hitzewellen des Klimakteriums aufwirbelte. Im Sommer blieb sie hinter den geschlossenen Fensterläden auf dem Bett liegen, einen essiggetränkten Lappen auf der Stirn, und wartete auf den Abend. Vielleicht auch, weil der Sommer ihr die Sonnenbäder ihrer Jugend ins Gedächtnis rief, jetzt, da sie den gealterten Körper nicht mehr der Sonne auszusetzen wagte, vielleicht auch nur, weil sie, so fremd in jenem Dorf, jene fremde Landschaft liebte.

Doch im Winter oder vorzugsweise im späten Herbst oder zu Beginn des Frühjahrs war es dann, als vernähme sie den Lockruf der Spaziergänge ihrer Jugend. An bestimmten Sonntagen führte uns die Mama also in den Wald. Sonntags verlief sich in der Tat die Schar der Kinder von der Piazza bis zum späten Nachmittag: Ein jeder war damit beschäftigt, sich zu waschen, sich schön zu machen für die Messe oder die Besuche bei Verwandten; außerdem gab es auch das bedeutende Mittagessen mit Maccheroni und Fleisch; bei uns hingegen hatte der Sonntag keine Riten, das Mittagessen war wie alle Tage. Saßen wir alle am Bach, teilte sie Brot und hartgekochte Eier aus oder Brot mit Salami oder Brot mit Käse oder Stücke eines Maccheroniomelettes oder eines Kartoffelauflaufs; und als die große Hungerzeit des Krieges vorbei war, viele dieser Dinge zusammen. Während des Krieges hatte sich jeder Dorfbewohner, in Abwesenheit der Besitzer, ein Stück Wald angeeignet, wo er hinging, um Kastanien zu sammeln, die das Hauptnahrungsmittel jener Jahre waren. Wir, zuletzt gekommen und zur Oberschicht gehörig, hatten kein Stück Wald und mußten die Kastanien kaufen. Doch Agnese ließ mich heimlich mitsammeln, und ebenso machte es Totore mit unserem Bruder. Nach dem Essen blieb die Mama am Bach sitzen, um zu lesen oder zu nähen, und wir streiften mit den Körben umher. Die Mama las immer französische Bücher, denn außer der französischen gab es für sie keine Kultur. So erschuf sie sich im Wald wieder die enge Familiengemeinschaft, gefestigt durch die Erinnerungen an die kosmopolitische Glorie vergangener Tage, den Gebrauch der italienischen Sprache, den Abstand vom Dialekt und vor allem von den Freunden der Piazza. Frisch Gelerntes im Kopf – es war Herbst, und die Lehrerin hatte uns am Schuljahresanfang die Fabel vom Heiligen Franziskus und dem Wolf diktiert – fragten wir, ob sich in jenem Wald Wölfe herumtrieben; die Mama wehrte ab und sagte: «Ach was!» im selben Ton, in dem sie unsere Aufmerksamkeiten zurückwies, fast als sprächen wir von Märchen, wenn sie ein leichtes Unwohlsein überkam und wir uns nach ihrer Gesundheit erkundigten. Gezwungen, mit täglicher Sturheit das Leben zu verteidigen, war sie so prosaisch geworden, daß sie weder an Märchen noch an den Tod, noch an die Liebe glaubte.

Ihre Haut war weiß, am Puls und an den Beinen von blauen Adern durchzogen; ihr magerer Körper wurde an Bauch und Busen sanfter; und wäre nicht dieses Weiß um die Handgelenke gewesen, hätten ihre Hände gewirkt wie die eines jugendlichen Handwerkers: arbeitsam, aber fein, mit breiten, leuchtenden Fingernägeln; doch schon in jenen Jahren erahnte man in ihnen die grausame Reinheit des Skeletts, und das harte Azur, das den Handrücken zerfurchte, machte die Mühe und heimliche Qual des Blutes offenbar. Ihr Gesicht sah ich nicht fest gefügt und ganz, es bestand aus flüchtig darüberhuschenden Ausdrücken, Grimassen, Ornamenten. Doch sicher war immer etwas darin, was ihrem Körper widersprach. Wie konnte denn auch mit jenem sanften und dennoch hageren und fleißigen Körper das lächerliche braune Hütchen harmonieren, das sie, als der Krieg vorbei war, hervorzog und sich, wie aus einer bockigen Laune heraus, aufsetzte, wenn sie in die Stadt fuhr? Oder das Rot, das ihre Lippen verhärtete und unberührbar machte, wie ein Siegel im Halbschatten oder eine Versündigung gegen das Licht, und das sie unserem Gesicht entzog, denn sie mußte während der Gutenachtküsse von uns abrücken, wenn sie, was selten vorkam, Besuche machen wollte? Wir wiederum, die wir alles und alle brüderlich vereint haben wollten, empfanden jenen Lippenstift wie eine Arroganz, einen Abstand gegenüber den anderen Frauen des Dorfes. Allerdings gelangten in den letzten Jahren unseres Aufenthaltes die amerikanischen Liebesfilme auch bis dorthin, und die Töchter der Großgrundbesitzer kamen im Sommer wieder in die Villen und versteckten sich im Bikini hinter den Klippen; so daß sich auch manche Mädchen aus dem Dorf die Lippen anmalten, wenn sie zu den Festen der Heiligen in andere Ortschaften gingen. Und die großen orangefarbenen, violetten und karmesinroten Herzen wirkten wie ein momentanes, irres Spiel eines seltenen Schmetterlings, der sich auf jenen bäuerlichen Gesichtern niedergelassen hatte. Die Mädchen malten sich unterwegs an, erst am Dorfausgang, und kicherten dabei, einander mit den Ellbogen anstoßend; kam jemand vorbei, verbargen sie den Mund hinter der Hand oder hinter großen weißen, mit Ajourstich bestickten Taschentüchern; ihr Spiel glich dem von uns kleinen Mädchen, wenn wir uns die Blütenblätter der Geranien auf die Fingernägel pappten oder uns aus Stroh Perücken fabrizierten. Was die Mama tat, war kein Spiel, es war ein Ritus.

Weder harmonierte mit jenem Körper von durchscheinendem Weiß das Rot, das ihr die Wangen hochkroch bis zur Stirn und ihren ganzen Hals überflutete, bei Wutausbrüchen oder langen Migräneanfällen, noch die zerbrechliche Furcht, die sie zu unserer Tochter machte, wenn ein Schmetterling oder ein anderes Insekt sie umflog und ein Zucken der Wimpern, der Gesten, der Stimme, sogar des Kinns und der Wangen sie dann unbezwingbar überkam. Die Augen hingegen stimmten mit dem Körper überein, grün, groß und unbestimmt, weil sie kurzsichtig waren oder weil sich die Welt passiv und erstaunt in ihnen spiegelte; doch von den anderen beiden Farbnuancen ihrer Augen, Blau und Grau, überwog im

Lauf der Jahre immer mehr das Grau, zuweilen noch bläulich, öfter jedoch einzig und unerbittlich grau. Denn die Wechselfälle des Lebens hatten sie, eine zarte kraftvolle Diana, in Mutter und Dame, dann nur noch arme Frau verwandelt. Das Mitleid mit ihr bemächtigte sich meiner in jenem Wald. In der härtesten Zeit des Krieges bestürzte es mich, daß sie vom Kastaniensammeln ausgeschlossen war; sie konnte sich, um die Würde ihres Ranges zu wahren, nicht den anderen Frauen anschließen, die den Wald durchkämmten – der Wald gehörte ihrem Cousin –, und später, als der durch Hungersnot bedingte Andrang vorbei war, erbarmte es mich, daß sie mit den ärmsten Frauen des Dorfes zum Kastaniensammeln ging, den Frauen von Landarbeitern oder Tagelöhnern, oder mit der Frau des Schusters, deren Kinder Tuberkulose hatten.

Mehr als die Glorie der Vergangenheit festigte in jenem Wald die augenblickliche Bedürftigkeit unsere Bindungen. Im Vergleich zu den Familien der anderen Kinder hatten wir, da wir nichts selbst produzierten, weniger zu essen; deshalb und auch, weil die Mama nicht gläubig war, bekamen wir bei den Festen und Namenstagen keine Geschenke. Es gab bei uns weder die knisternden Sommerkleider, die die Bewegungen unserer Spielgefährtinnen an den Festtagen behinderten, noch die teuren Geschenke, die wohl weniger zur Freude der Kinder als vielmehr zur Bestätigung der sozialen Stellung der Väter gekauft worden waren. Dafür hatten wir den immerwährenden Reichtum der italienischen Sprache, die sich, im Angedenken an eine fremdländische Pracht, noch nicht aus der Befangenheit, die eine Fremdsprache mit sich bringt, gelöst hatte. Die allergrößte Bindung jedoch war jener Korb, aus dem das Essen an uns verteilt wurde, und jener große kindliche Hunger, der die Freude der Mutter ausmachte.

Bei uns zu Hause, und auch in den anderen Haushalten im Dorf, ließen uns verschiedene Zeichen ahnen, daß die Kinderschar eines Tages auseinanderfallen würde. Auf jeden von uns warfen die ehrgeizigen Wünsche und Pläne der Eltern ein zuweilen beruhigendes, dann wieder unheimliches Licht. Die ältere Schwester meiner Freundin Agnese war dazu bestimmt,

Lehrerin zu werden, Agnese aber war, da die Familie es sich nicht erlauben konnte, mehr als ein Kind studieren zu lassen, schon im Alter von acht Jahren dazu bestimmt, Schneiderin zu werden und den Cousin zu heiraten, der in Neuseeland Arbeiter war. Maruzzellas größerer Bruder würde Mozzarella-Käse herstellen; und der älteste Sohn des Bäckers, der doch so gerne Gitarre spielte - sogar aus Metamunno holten sie ihn bei Hochzeiten –, würde statt dessen weitermachen müssen mit dem Brotbacken. Und die junge Tochter der Haushälterin des Pfarrers war, zumindest wurde so gemunkelt, dazu bestimmt, dessen Geliebte zu werden. Ebenso war für uns Geschwister alles vorbestimmt. Der Junge sollte der Erbe des Namens und der Fortführer der Familienglorie werden. Ich dagegen, Vestalin der frustrierten Liebe meines Vaters zu historischen Studien und Inkunabeln und in späteren Jahren Krankenpflegerin seines gealterten Körpers. Unser Schwesterchen, die runde, die schöne, die blonde, würde man einem reichen und feinsinnigen Mann zur Frau geben, reich vor allem, denn Reichtum kann verfeinern, nie aber kann Feinsinnigkeit Reichtum hervorbringen.

So spielte in jenem Wald, unter den Augen der Mama, jeder die ihm zugewiesene Rolle. Unser Schwesterchen sprang über die Wiese und pflückte Farne, Venushaar und blasse Herbstblumen. Unser Bruder sammelte Insekten, ermutigt zur Beschäftigung mit der Naturwissenschaft, die seine Pflichten als Stammvater milderte. Und ich saß neben der Mama, schwatzte mit ihr über Begebenheiten und Belanglosigkeiten aus ihrer Vergangenheit und ließ mir ab und zu ein paar Zeilen aus der *Rôtisserie de la reine Pédauque* übersetzen, wobei ich Interesse heuchelte, ohne viel zu verstehen. Doch bald schlüpften wir durch verschiedene Maschen aus jenen Rollen heraus: Das Gesellschaftsspiel hatte ein Ende. Ich wälzte mich im Gras; auf dem Bauch liegend, betrachtete ich die Hinterseite meiner Unterhose voller Erd- und Grasflecken; da ermahnte mich die Mama dann, klagte, daß ich ohne Anmut, plump und flegelhaft sei. Unser Schwesterchen, der Blumen überdrüssig, folgte dem Bruder beim Insektensammeln und machte sich selbst ans

Werk, wenn er, gelangweilt, zu anderen Spielen überging. Wir sahen ihn im hohen Bogen pinkeln, in dem Versuch, mit dem Strahl das andere Bachufer zu treffen.

Bei Einbruch der Dämmerung zwang uns die Mama einen nach dem anderen, die Schalen der hartgekochten Eier, die angebratenen Omelettereste, die Orangenschalen aufzusammeln und in den Korb zu legen oder ein Loch zu graben, um sie zu verscharren. Es war nicht nur die Achtung vor der unbefleckten Natur, die ihr jenen Befehl, sauberzumachen, eingab; es schien auch, als wollte sie um sich herum jede Spur von Eßbarem beseitigen, als nistete rund um jene Abfälle eine Vorahnung von Verfall, eine geheimnisvolle, beunruhigende Warnung. Sie ermahnte uns dann, wir sollten uns nicht die Unordentlichkeit und Schmutzigkeit des niederen Volkes angewöhnen.

Und aufs Neue schloß sich bei diesen Worten der Kreis der Familiengemeinschaft um uns, schloß die anderen aus, von denen wir uns unterschieden.

Die Mama war sehr sparsam. Deshalb fanden wir am Dreikönigsmorgen [Am Dreikönigstag kommt in Italien die *Befana,* eine Hexe, zu den Kindern und bringt ihnen Süßigkeiten und kleine Geschenke, wenn sie das Jahr über brav waren. Der Brauch ist etwa unserem Nikolaus vergleichbar, allerdings kommt die *Befana* nachts und zeigt sich nie persönlich. (Anm. d. Übers.)] nur schwarze Hefte mit rotem Rand, Bleistifte oder ein paar Bonbons vor. Zu Weihnachten dagegen hatten wir bedeutendere Geschenke erhalten, die unser Vater uns in glänzenden Paketen aus der Hauptstadt mitbrachte. Während ich in meinem Bettchen vergeblich einzuschlafen versuchte, zerstoben die Schleifen und das Papier, in jenen Tagen in der Wohnung verstreut, zu Sternchen und leuchtend bunten Glasstückchen, die sich unter meinen Augenlidern bildeten, wenn ich die Augen zupreßte; doch ich hörte die Stimme der Mama unserem Vater vorwerfen, er sei verschwenderisch: «Wir werden das Gemälde verkaufen müssen», sagte sie, «wenn du so weitermachst.»

Das Dreikönigsfest war also ganz ein Fest der Mama. Generell ein Fest der Frauen. Es hätte auch ein Fest der Großmutter sein können, doch die Großmutter fuhr zu den Festtagen zu ihrer anderen Tochter, nach Althénopis. Entrüstet über das so ärmliche Dreikönigsfest der Mama fuhr sie davon.

Im ersten Jahr in Santa Maria del Mare geschah es, ein paar Tage vor Dreikönig, daß wir Geschwister den Pfad hinter dem Dorf entlang gingen, der an Onkel Alcestes Zitronengarten entlangführte. Genau auf der Höhe des Gartens war in einer Einbuchtung der Tuffsteinmauer ein Ziehbrunnen. Eine Frau schöpfte Wasser daraus. Sie war mager, groß, mit im Nacken zusammengebundenen Haaren und einem uralten, fröhlichen und beinahe unverschämten Gesicht. Der Pfad war schmal, ließ keinen Platz für zwei Personen. Die Frau war im Profil. Sie hatte einen riesigen, hochgewölbten Bauch. Verschüchtert machten wir kehrt, um sie nicht zu stören.

Als ich der Mama von jener Alten mit dem Bauch erzählte, errötete sie. «Sie hat sich ein Kissen unter die Kleider gebunden», sagte sie und tauchte mit den Augen in dem Mantel unter, den sie gerade wendete.

Ich wußte, daß in jenem Bauch ein Kind war, doch das Verbot der Mama hielt mich davon ab, es zu glauben.

Vielleicht schwor ich auch deshalb, am Morgen des sechsten, allen, zu Hause und auf der Piazza, ich hätte in jener Nacht die Befana gesehen. Ich erzählte, sie gliche einem grauen Storch, trüge ein Kostüm wie das von Mama, und ihr Sack sei rund wie ein Bauch.

Die seltenen, kurzen Besuche unseres Vaters in jenen Jahren waren ein ständiger Hinweis auf die Pflichten unserer Gesellschaftsklasse. Die *mo'* und die *jamme* [Althénopeischer Dialekt: *mo',* «jetzt», *jamme* (vermutlich spaniolesken Ursprungs), «los, gehen wir». (Anm. d. Übers.)], die in Gegenwart der Mama geduldet wurden, blieben uns ihm gegenüber im Halse stecken wie in der Küche gestohlene Fleischküchlein.

Wenn unser Vater bei uns war, mußten wir alle zusammen im Eßzimmer essen, einem Zimmer, das in jenen Kriegszeiten nur bei Besuchen oder an Feiertagen diesem Gebrauch vorbehalten war und das die Großmutter, von unserer Mutter gedrängt, ein paar Tage vorher von ihren Damastschnipseln, den Vogelbeeren, den Äpfeln, den Knoblauch- und Zwiebelbüscheln und den Feigen, die dort drinnen nachts zum Trocknen ausgebreitet wurden, um sie nicht der Feuchtigkeit auszusetzen, die sich auf die Loggia niedersenkte, befreite; und die Feigen, die nahm die Großmutter an den Tagen, an denen das Zimmer wieder zum Eßzimmer wurde, mit in ihr Schlafzimmer, wo sie die Marmorplatte der Kommode, die Oberseite des Schrankes und, schon auf Brettern ausgebreitet, die extra zusammengerückten Stühle überschwemmten; und dort schlief sie dann ein in dem bittersüßen Duft.

Wenn unser Vater nicht da war, fritierten die Mama oder die Großmutter Kartoffeln, und unser Ungestüm, mit dem wir sie hinunterschlangen, war ebenso groß wie das der Mama bei ihrer Zubereitung; im Dunst des Fettes, alle vier in freudigem Gedränge, denn Pommes frites machte die Mama, wenn sie guter Laune war, fast als wäre es ihre Art, mit uns zu spielen, stürzten wir uns gierig auf das Knusperfest, und unsere Freude über die Lustigkeit der Mama, über jenes mit Salz vermischte Brennen im Mund, verschmolz nach und nach mit einem gemesseneren, beständigeren Wohlgefühl, wenn das Innere der Kartoffel im Mund zerging, der Bauch voll und zufrieden war, die Geste, mit der wir danach griffen, vorsichtiger wurde, bis sie uns schließlich mit scherzhaften Drohungen verjagte, damit nicht der ganze Inhalt der Schüssel schon vor dem Abendessen verschwände. Während der Besuche unseres Vaters waren wir aus der Küche ausgeschlossen, und die Kartoffeln, die bei Tisch auf der ovalen Platte neben den gedünsteten Broccoli angerichtet waren, waren nicht mehr knusprig, sondern weich und ölig, als seien auch sie des Wartens müde, sie waren kein Fest mehr und paßten sich, abstrakt, in die Beilage ein.

War unsere Mutter allein, ermahnte sie uns, wenn einer von uns außerhalb der Mahlzeiten ein Stück Obst von der Schale nahm: «Eßt nicht alles auf, sonst bleibt nichts für die anderen», oder «für heute abend». Für unseren Vater dagegen war es ein Diebstahl, wenn man Obst nahm: «Stiehl kein Obst», sagte er. Und wurden wir auf frischer Tat ertappt, so mußten wir eine zerknirschte Miene aufsetzen, die Augen niederschlagen und, nachdem wir den Vorwurf über uns hatten ergehen lassen, still das Zimmer verlassen. Es war ein Ritus der Demütigung.

Während seiner Abwesenheit konnten wir den *Travaso* durchblättern, den er bei seinem letzten Besuch dagelassen hatte, oder das *Grand Hotel* der Dienstmagd oder einen heimlich von mir gekauften *Tarzan.* In den Augen unseres Vaters hingegen wurde es zu einer Schuld, solche Zeitschriften zu lesen, es war eher unwürdig als unerlaubt; betrübt und vorwurfsvoll sah er uns lange an, damit wir uns unserer Verworfenheit bewußt würden.

Einmal wurden wir durch die Kinder der Zigeuner, die bei der Annunziata ihre Zelte aufgeschlagen hatten, verleitet, der Mama Geld zu stehlen. Sie ließen magische Gegenstände und Süßigkeiten vor unseren Augen aufblitzen, die gleich wieder in ihren Taschen verschwanden, wenn wir nichts hatten, womit wir sie bezahlen konnten: Kettchen, bunte Steinchen, Medaillen der Schwarzen Madonna, Pappröhren, auf deren Grund man, wenn man sie hin und herschüttelte, das Schicksal sehen konnte, und überaus harte, mit weißem oder rosa Zuckerguß überzogene Brezeln, die auf Schnüre aufgefädelt waren; auch eine Salbe, die dazu diente, Fliegen und Wespen fernzuhalten, boten sie uns an, doch die reizte uns wenig; und unserer Spiele kundig, lockten sie uns mit einer Pomade, die einem dazu verhalf, riesige Scheißhaufen zu produzieren, und mit der man sich zu dem Zweck, sagten sie, den Arsch einreiben mußte vor dem Scheißen. Sie boten ihre Ware nicht allen gleichzeitig an, sondern jedem einzeln, wobei sie einem ihre Vorzüge ins Ohr flüsterten. In unserer Bande machte Agnese die größten Scheißhaufen, und zufrieden und sicher lächelnd schüttelte sie die blonden, schweren Zöpfe wie die Heilige Genoveva, Bewohnerin der Wälder. Ihre Scheißhaufen waren mit den Hülsen weißer Bohnen und Kichererbsen garniert, denn fast nur davon ernährte sich ihre Familie, oder von sommerlichen Salaten aus Kartoffeln, Tomaten und Zwiebeln. Doch einmal erlebte auch ich meinen Triumph, denn ich entdeckte in meinem Scheißhaufen ein Stück Bandwurm, und alle kamen, um zuzusehen, wie es sich bewegte und sich herauswinden wollte aus dem noch dampfenden Element, sich wie ein engelsgleiches Gespenst erhob, merkwürdig, von der Luft poliert. Und ich empfand ein unsägliches Glück bei dem Gedanken, daß ich, ausgerechnet ich, jenem bleichen, beweglichen Wesen ans Licht verholfen hatte.

Wer konnte, ging, um jene Wunderdinge zu kaufen, die Eltern bestehlen. Für uns war die Sache kompliziert, denn in jenen Tagen war unser Vater zu Hause.

Im Verlauf einer Woche kam er dahinter, daß nicht die kleine Dienstmagd, sondern wir die Diebe waren; mit gewinnender Nachsicht brachte er unsere kleine Schwester dazu, die Wahrheit zu sagen, das heißt, uns zu verpetzen, denn bei der Aufteilung der wundervollen Einkäufe hatten wir es unterlassen, ihr ihren Teil zuzuweisen. Das lächelnde Antlitz wurde daraufhin entsetzlich, und die schmeichlerische Stimme verfiel in strenges Schweigen. Als unser Bruder und ich uns in Reichweite befanden – nie ließ er sich herab, uns nachzulaufen –, packte er uns, entblößte uns, sicher und maßvoll, und verabreichte einem jeden von uns zehn Schläge auf den Hintern, vielleicht als Huldigung an die väterlichen Züchtigungen, nicht elf und nicht neun, zehn. Aufgebracht war er, wir wußten nicht, ob mehr wegen des Diebstahls oder wegen des Umstands, daß wir die kleine Schwester bei der Aufteilung der Schätze vergessen hatten, doch dies war vielleicht nur eine Phantasie von uns, denn eine schlimmere Missetat als der Diebstahl erschien uns diese Ungerechtigkeit zu ihrem Schaden. Dann, eingedenk nicht der in seiner Kindheit erhaltenen Strafen, sondern der Erziehung, die, wie er glaubte, den Kindern der Herrschaft zuteil werden mußte – er war und blieb ein *Parvenu* –, urteilte er mit Donnerstimme: «Und zehn Tage werdet ihr kein Obst bekommen!», ohne zu wissen, der arme Mann, daß wir das Obst auf den Feldern stahlen und daß die einzig wirkliche Bestrafung gewesen wäre, uns das Vorgericht zu entziehen, oder, wenn es ein solches gab, das Hauptgericht. Doch daran war die Mama schuld, denn an den Tagen, an denen unser Vater anwesend war, versuchte sie um den Preis undurchsichtiger Anstrengungen, ein herrschaftliches Essen (Vorgericht, Hauptgericht, Beilagen und Obst) auf den Tisch zu bringen, das sonst im gewöhnlichen Alltag durch die Entbehrungen des Krieges verstümmelt war (und schamerfüllt flüsterte sie mir zuweilen zu, ihr bei der Rückkehr von unseren Streifzügen einen Apfel oder eine Walnuß oder eine Orange mitzubringen, beinahe, als sei es nicht der Hunger, der ihr die Bitte eingab, sondern ein unvernünftiges Gelüst, eine Liebkosung der Erinnerung, eine noch aus der Kindheit stammende Naschhaftigkeit). Dann mühte sie sich ab, für jene drei Tage ehelicher und väterlicher Freude die Abfolge der Mahlzeit wiederherzustellen!

Die lächerliche Demütigung durch die Schläge auf den Hintern trug dazu bei, mich begreifen zu lassen, daß wir Geschwister anders waren als die Kinder von der Piazza. Ich wagte nicht, meinen Freundinnen von der Züchtigung zu erzählen, eben weil sie lächerlich, grotesk war. Kurz, solche Schläge waren keine Schläge, sie waren ein Ritus der guten Manieren. Wurden dagegen die anderen Kinder geschlagen, so war es ernst, und sie kamen dann zu uns, verschwollen, voller blauer Flecken, mit schreckensgeweiteten Augen; doch sofort wieder bereit zu lachen und zu spielen; und nachdem sie uns durch die Ärmel oder den Hemdausschnitt die roten und lila Striemen auf der weißen Haut gezeigt hatten, zogen sie aus einer zerschlissenen Tasche die Murmeln hervor und sagten: «Spielen wir?»

Die Väter der anderen Kinder hatten auch deutlichere Züge, die sie von den Frauen unterschieden; sie repräsentierten Kraft und Gewalttätigkeit, zuweilen Fülle, denn nur sie gewährten Überflüssiges. Jene Väter nahmen sich bei Tisch immer zuerst, nahmen sich das beste und größte Stück, hatten rundum die Frauen und Mädchen zu ihrer Bedienung; sie prügelten die Söhne, und bei Tisch gaben sie fettigen, lachenden Mundes dem kleinsten der Kinder einen Leckerbissen in die Hand oder steckten ihn der zahnlosen Mutter oder der beschämt abwehrenden Ehefrau direkt in den Mund.

Doch über allen gesellschaftlichen Pflichten, die unser Vater uns einschärfte, stand das Gebot, daß wir lernen sollten, uns von den anderen zu unterscheiden. Die Mama milderte in jenen Jahren die Schärfe dieses und anderer Gebote. Und die gestrengen väterlichen Lehren konnten eher Weissagungen denn Ermahnungen bleiben, weil er wegen seiner langen Abwesenheit nicht, wie er gewollt hätte, ein *Stundenbuch* für uns schreiben konnte; das Buch war schon geschrieben, und er konnte nur den Kommentar dazu sprechen.

Wenn er nach Santa Maria kam, nahm unser Vater uns gelegentlich auf Spaziergänge mit.

Die Villa von Murat war sein Lieblingsziel. Ein gespenstischer Ort in jenen Jahren, stets verschlossen; Bougainvillea-Sträucher umwuchsen sie, wanden sich um Türen und Fenster. Eine Marmortafel erinnerte an Helden und gesichtete Schiffe. In jener sonnenbeschienenen Einsamkeit erstrahlte sie im Glanze des 18. Jahrhunderts. Unser Vater las uns vor, was auf der Tafel stand, oder verlangte, daß mein Bruder sie, mühsam buchstabierend, lesen solle.

Vor jener Tafel redete mir mein Vater zu, ich solle doch, wenn ich groß sei, Bibliothekarin werden und Geschichte studieren, und noch unverrückbarer verfestigte sich in mir die Ablehnung einer solchen Zukunft als Hüterin von Gespenstern und Steinen. Wie war nur – so dachte ich – die hohe, ganz blasse Stirn unseres Vaters, der schöne, schwarz-silberne Bogen des Haares, die leichte Adlernase vereinbar mit der seichten Ironie seiner Augen und vor allem mit seinem aufgeblähten, beinahe schlaffen Bauch und mit jener Geste, bei der ich ihn flüchtig gesehen hatte, nämlich in einen kleinen Nachttopf zu pinkeln, nur mit der Schlafanzugjacke bekleidet, unter der das Wollunterhemd hervorhing!

Und wenn er mir von Murat im Feuerrauch der Schlachten oder im Glanz des Königshofes von Althénopis erzählte, schob sich das Bild eines Herrn in Unterwäsche darüber, der unbeholfen pißte. Wenn Mama pinkelte, war es mir nicht unangenehm, es rührte mich sogar, wenn ich an ihre Pflege und den warmen kindlichen Urinstrahl zwischen den Beinen dachte. Im Klo blieben, nachdem mein Vater dortgewesen war – allerdings passierte das auch bei anderen Männern der Familie –, Urinspuren auf der Schüssel zurück; der Geruch der Scheiße vermischte sich mit dem der Zigarette, auf dem Boden lagen feuchte, fleckige Zeitungen herum. Bei Tisch sprach unser Vater von Karl V. oder dem großen Karl III. von Bourbon, der später König von Spanien wurde; doch ständig unterbrach er jene Schilderungen mit kleinlichen Regungen der Ungeduld, wenn die Nudeln nicht genau richtig gekocht waren, die Peperoni mit zuviel Öl angemacht waren oder der Fisch zu viele Gräten hatte.

Einmal, nach einem seiner Besuche, der länger und verdrießlicher gewesen war als sonst (Wenn mein Vater ankam, war es schön, nicht wenn er da war, und traurig war es, wenn er abfuhr. Zwischen der Freude bei der Ankunft und der Traurigkeit bei der Abfahrt lag ein langer Verdruß.), bei dem er uns seine historischen Erzählungen und seine Pläne für meine und der Geschwister Zukunft aufgezwungen hatte, führte ich eine Expedition zur Villa von Murat an. Wir gingen los mit Kohlen- und Holzkohlenstückchen, mit denen wir gewöhnlich auf die Mauern oder aufs Pflaster schrieben bei unseren Spielen. Wir kletterten über die Mauer, kratzten und stachen uns an den Dornen der Bougainvillea, nutzten die Gelegenheit, um unreife Äpfel zu stehlen und zu essen; in unserer Profanisierungsgier zerschnitten wir mit Messern aus Schilfrohr die Blätter der Kaktusfeigen, um den Saft daraus hervorquellen zu sehen; wir zertrampelten die wilden Erdbeerpflänzchen und verschonten in unserer Zerstörungswut nicht einmal die Kapernsträucher. Wir gingen um das Haus herum und blieben verblüfft vor einem Fenster stehen, dessen Fensterläden geöffnet waren. Nur die Scheiben schützten das Haus noch. Lange verweilten wir stumm, perplex. Wir begannen zu rufen: «Muratte, Murattiello!» Niemand zeigte sich. Vorsichtig bewegten wir uns auf die Scheibe zu. An der weißen Wand sah man Fotografien eines Herrn zu Pferd. Der

Herr ähnelte dem ersten Freund unserer Mutter, den ich im Familienalbum gesehen hatte. Er trug Reithosen, ein etwas weitgeschnittenes weißes Hemd und einen Mittelscheitel. Wir wagten nicht, die Scheiben einzuschlagen. Mariarosa sagte, die Bilder im Schlafzimmer ihrer Mutter seien schöner, goldgerahmt, mit Putten und rosigen Madonnen. Die eisige Pracht der Villa enttäuschte uns; man konnte auch eine Jugendstilkonsole erkennen, die wie eine Libelle aussah. Mit erhobenen Stöcken nahmen wir unseren Lauf um die Villa wieder auf. Links vom Portal, unter die Gedenktafel, kritzelten wir unser Schlachtsymbol: ein obszönes Zeichen, das wir damals für ein Kriegszeichen hielten. Ein Junge zeichnete, die Profanisierungsabsichten vergessend, seinen Hund. Doch ein anderer kam und malte unter den Hund die Hoden. Und rasch gingen wir davon. Wir hatten Angst, von Augusto oder Onkel Alceste gesehen zu werden.

Augusto war ein junger Mann und wohnte in einem Privatflügel des Gebäudes, in dem sich das Priesterseminar befand, zusammen mit seiner alten Mutter und einer Reihe alter Tanten. Er stammte aus einer reichen, nunmehr heruntergekommenen Familie, die einstmals das ganze Gebäude besessen hatte, die aber vor über fünfzig Jahren den Teil, den das Seminar einnahm, an die Priester verkauft hatte. Der Teil dagegen, der als Altersheim vorgesehen war, war zur Zeit Garibaldis beschlagnahmt worden, weil er zur Toten Hand gehörte, war dann aber von der Gemeinde für eine symbolische Miete an die Nonnen zurückgegeben worden. Augusto war einer der wenigen jungen Männer, die nicht in den Krieg gezogen waren, weil er, so sagte man, als er klein war, Meningitis gehabt hatte. Man sagte auch, er studiere in Althénopis seit einer undenklichen Anzahl von Jahren, denn inzwischen war er fünfunddreißig, doch in der Kriegszeit hatte er das Studium unterbrochen. Er war ein regelmäßiger Besucher der Villa von Murat. Er kam mit einem Buch und brachte einen zusammenklappbaren Hocker mit. Er setzte sich auf den Hocker in die Sonne und las. Uns war unbegreiflich, warum er sich nicht auf einen Stein oder ein Mäuerchen setzte. Einmal vergaß er den Hocker dort, und wir setzten ihm einen Scheißhaufen darauf.

Auch Onkel Alceste ging zu Murats Villa. Aber er kam erst nach dem Krieg, denn davor hatte er wie alle Großgrundbesitzer und Herrschaften der Gegend das Dorf verlassen. Man fürchtete in der Tat die Landung von Kriegsschiffen, und außerdem konnten die Herrschaften nicht so lange Zeit eingesperrt leben, also gaben sie sich alle in der Weltstadt Corénto ein Stelldichein. So waren die Villen all die Jahre über verschlossen. Die Herrschaften fürchteten auch, daß in den Kriegswirren die sozialen Wirren zunehmen könnten und die Armen der Gegend sie, von ihren Verwaltern aufgehetzt, bestehlen oder ermorden würden. Tatsächlich kamen in jenen Jahren mehrmals Diebe in das Haus des Onkels, um das ganze frischgepreßte Öl zu stehlen, wobei sie die kostbaren Nippesfiguren, die Bilder und das Silber verschmähten, deren Wert sie nicht ahnten oder die leicht zu ihrer Entdeckung hätten führen können. Der Onkel machte sich also auf den Weg, um von einem Belvedere der Villa aus dem 18. Jahrhundert den Sonnenuntergang zu erleben. Bevor er aus dem Haus ging, sagte er der Mutter Bescheid, die ihm, hoch über ihm aus dem Fenster gebeugt, zerbrechlich und schrecklich, mit Stimme und Gebärde einen Gruß nachschickte. Wir belauerten ihn hinter einem Busch, während er den Sonnenuntergang betrachtete; diese Betrachtung erschien uns recht seltsam: Wie konnten unsere doch so kleinen Augen sehen und nicht gesehen werden von einem so riesengroßen Auge wie dem der Sonne, das verloren und starr im Wasser und am Himmel schwamm!

Unsere Respektlosigkeit äußerte sich nicht nur in feindseligem Schweigen, sondern auch in rohen Taten. Es geschah zum Beispiel, daß wir, hatte der Onkel sich langsamen Schrittes vom Dorf entfernt, um sich zum Belvedere zu begeben, wie Pfeile vorausschossen, dabei querfeldein sprangen und an den Felsen entlangkletterten, um vor ihm dortzusein und die anmutig geschwungene Brüstung mit Scheißhaufen vollzumachen, so daß er voller Abscheu, nach einem verstörten Blick in die Runde, nicht anders konnte, als auf dem Absatz kehrtzumachen.

Virginia Woolf

Augenblicke

Gewiß ist, daß sie genau im Mittelpunkt dieser großen Kathedrale stand, die sich Kindheit nennt, und dort stand sie von Anfang an. Meine erste Erinnerung an sie ist ihr Schoß, und dabei fällt mir das Kratzen der Glasperlen an ihrem Kleid wieder ein, wenn ich meine Wange dagegenpreßte. Dann sehe ich sie in ihrem weißen Morgenrock auf dem Balkon, und die Passionsblume mit dem violetten Stern auf ihren Blütenblättern. Ihre Stimme ist mir noch ganz entfernt im Ohr – entschieden und lebhaft, und besonders die drei kurzen «ha-haha . . .», mit denen ihr Lachen endete. Auch ich ende zuweilen ein Lachen in der gleichen Weise. Und ich sehe ihre Hände vor mir, wie Adrians; mit den ganz charakteristischen breiten Fingerspitzen – jeder Finger hatte eine schmale Stelle in der Mitte –, deren Nägel nach oben breiter wurden. (Meine Finger haben alle die gleiche Stärke, so daß ich auch einen Ring an meinen Daumen stecken kann.) Sie hatte drei Ringe: einen Brillantring, einen Smaragdring und einen Opalring. Meine Augen starrten gewöhnlich fasziniert auf die irisierenden Reflexe in dem Opal, während er über die Seite des Lehrbuchs glitt, wenn sie uns unterrichtete, und ich war glücklich, daß sie ihn mir vererbt hatte (ich habe ihn dann Leonard geschenkt). Auch höre ich noch immer das Klirren ihrer geflochtenen silbernen Armreifen, wenn sie im Hause umherging, die Mr. Lowell ihr geschenkt hatte; ganz besonders, wenn sie abends mit einer Kerze, die sie mit der Hand abschirmte, heraufkam, um zu sehen, ob wir schliefen. Das ist eine besonders lebhafte Erinnerung, weil ich manchmal wach blieb und sie herbeisehnte. Dann riet sie mir, an alle schönen Dinge zu denken, die mir in den Sinn kämen – Regenbogen, Glockengeläute . . . Aber wie kam mir, neben diesen kleinen Einzelheiten, zum ersten Mal das zum Bewußtsein, was schon immer dagewesen war – ihre Schönheit? Vielleicht ist sie mir auch niemals bewußt geworden – ich glaube fast, ich habe ihre Schönheit als das natürliche Attribut hingenommen, das einer Mutter gebührte – die als solche zwar typisch und universal, aber hier in erster Linie doch unsere eigene war –, weil sie den Vorzug hatte, unsere Mutter zu sein. Es gehörte einfach zu ihr. Ich glaube auch nicht, daß ich ihr Gesicht je von dieser Gestalt und ihrem ganzen Wesen getrennt habe. Dabei drängt sich mir gerade jetzt ein Bild von ihr auf, wie sie den Weg neben dem Rasen in St. Ives entlangkam, schlank und ebenmäßig. Sie hielt sich sehr gerade. Ich spielte, und ich hörte auf, um mit ihr zu sprechen. Doch sie wendete sich halb von uns ab und senkte den Blick. Dieser unbeschreiblich traurigen Bewegung entnahm ich, daß Philips, der Mann, der überfahren worden war und den sie besucht hatte, gestorben war. Es ist vorbei, schien sie zu sagen. Ich verstand, und der Gedanke an den Tod bedrückte mich. Gleichzeitig aber empfand ich, daß ihre Bewegung als Ganzes wunderschön war. Sehr früh schon mußte ich durch Kinderschwestern oder gelegentliche Besucher gehört haben, daß sie als sehr schön galt. Doch dieser Stolz war snobistisch, kein reines, persönliches Gefühl; er mischte sich mit dem Stolz auf die Bewunderung anderer Leute und ähnelte entschieden dem noch snobistischeren Stolz, der eines Abends von den Kinderschwestern in mir geweckt wurde, die sich unterhielten, während wir unser Abendbrot aßen: «Sie sind aus sehr guter Familie ...»

Aber wie war sie selbst, abgesehen von ihrer Schönheit, falls man beides überhaupt trennen kann? Sehr schlagfertig, sehr direkt, praktisch und amüsant, sage ich spontan. Sie konnte scharf sein, denn Affektiertheit war ihr ein Greuel. Ich erinnere mich, daß sie einmal zu mir sagte, als wir am Wagen vor einem Haus hielten: «Wenn du deinen Kopf so schief hältst wie jetzt, kommst du nicht mit auf die Party.» Sie war ernst, mit einem Hintergrund von Erfahrung, der sie traurig machte. Sie hatte ihr persönliches Leid, das auf sie wartete, dem sie sich im stillen hingab. Einmal, als sie uns Schulaufgaben machen ließ, schaute ich von meiner Arbeit auf und sah sie lesen – die Bibel, möglicherweise; und von dem Ernst ihres Gesichts betroffen, stellte ich mir vor, daß ihr erster Mann ja ein Geistlicher gewesen sei, und daß sie, während sie las, was er gelesen hatte, an ihn dachte. Das war nur eine Erfindung meinerseits, die aber zeigt, daß sie sehr traurig aussah, wenn sie nicht sprach.

Aber kann ich ihr denn auf andere Weise näherkommen, als die Schilderungen und Anekdoten zu benutzen, die sich meinem Bild von ihr nach ihrem Tode aufdrängten? Sehr flink, sehr entschieden und sehr aufrichtig, und hinter der Aktivität die Trauer und das Schweigen. Und sie war natürlich Mittelpunkt. Ich schätze, das Wort «Mittelpunkt» kommt dem Gefühl am nächsten, das ich gewöhnlich hatte, so absolut in ihrer Atmosphäre zu leben, daß man sich nie weit genug von ihr entfernen konnte, um sie als Person zu sehen. (Das ist auch ein Grund, weshalb ich die Gibbses und die Beadles und die Clarkes soviel schärfer sehe.) Sie war alles: Talland House war voll von ihr, die Hyde Park Gate war voll von ihr. Jetzt sehe ich auch, wenngleich diese Feststellung übereilt, vage und nicht sehr verständlich ist, weshalb sie bei einem Kinde keinen sehr persönlichen und besonderen Eindruck hinterlassen konnte. Ich möchte fast sagen, sie hielt ihren lebendigen Schutz wie einen Baldachin ständig über uns gebreitet, unter dem wir alle zusammen lebten. Ich sehe jetzt, daß sie einen so ausgedehnten Wirkungskreis und deshalb weder die Zeit noch die Kraft hatte – außer für einen Augenblick, wenn man krank oder sonst in einer kindlichen Krise war –, sich besonders um mich oder irgendeinen von uns zu kümmern – falls es nicht Adrian war. Ihn liebte sie besonders zärtlich. Sie nannte ihn «Meine Freude». Die spätere Einsicht, das Verständnis, das ich jetzt für ihre Stellung habe, muß zu Wort kommen und hat mir klargemacht, daß eine Frau von Vierzig, mit sieben Kindern – von denen drei schon als Erwachsene behandelt werden mußten und vier noch im Kindesalter waren –, dazu noch ein achtes, Laura, eine Idiotin, die dennoch mit uns lebte; und dann mit einem Gatten, der fünfzehn Jahre älter, schwierig, anspruchsvoll und auf sie angewiesen war, daß eine solche Frau, die das alles aufrechterhalten und kontrollieren mußte, für ein sieben- oder achtjähriges Kind eher so etwas wie eine Institution als eine private Person gewesen sein mußte. Kann ich mich überhaupt erinnern, je mehr als ein paar Minuten mit ihr allein gewesen zu sein? Irgend jemand kam immer dazwischen. Wenn ich unverhofft an sie denke, ist sie immer in einem Raum voller Menschen: Stella, George und Gerald sind da, mein Vater sitzt mit übergeschlagenen Beinen da und liest und dreht eine Haarsträhne um seinen Finger. «Geh, und nimm den Krümel aus seinem Bart», flüsterte sie mir zu, und schon trottete ich los. Es sind Besucher da, junge Männer wie Jack Hill, der Stella liebt, viele junge Leute, Georges und Geralds Freunde aus Cambridge, alte Herren, die um den Teetisch herumsitzen und sich unterhalten – Vaters Freunde, darunter Henry James, J.A.Symonds (ich sehe ihn noch unten an der breiten Treppe in St.Ives, mit seinem nervösen, gelblichweißen Gesicht und einer aus einer gelben Kordel bestehenden Krawatte, mit zwei Plüschpompons an den Enden, zu mir hinaufspähen), Stellas Freunde, die Lushingtons und die Stillmans; ich sehe sie am oberen Ende des Tisches unter der blau kolorierten Radierung der Beatrice sitzen, das Geschenk einer alten Erzieherin; ich höre Witze, Gelächter, Stimmengewirr, man neckt mich, ich sage etwas Komisches, sie lacht, das macht mich froh, ich werde furchtbar rot, sie sieht es, jemand lacht über Nessa, als sie sagt, daß Ida Milman ihr B.F. sei; und Mutter sagt beschwichtigend und gütig: «Das soll beste Freundin heißen.» Ich sehe sie mit ihrem Einkaufskorb in die Stadt gehen, und Arthur Davies begleitet sie; ich sehe sie strickend auf den Eingangsstufen sitzen, während wir Kricket spielen; ich sehe sie mit ausgestreckten Armen auf Mrs. Williams zugehen, als der Gerichtsvollzieher Besitz von ihrem Haus ergriff und der Hauptmann am Fenster stand und brüllend Krüge, Schüsseln und Nachttöpfe auf den Kies hinunterschleuderte – «Kommen Sie zu uns, Mrs. Williams»; «Nein, Mrs. Stephen», schluchzte Mrs. Williams, «ich lasse meinen Mann nicht im Stich.» – Ich sehe sie in London schreibend an ihrem Tisch sitzen, die Silberleuchter und den hochlehnigen, geschnitzten Stuhl mit den Klauen und dem rosa Sitz und das dreieckige Tintenfaß aus Bronze; ich schaue verstohlen unter den Rouleaus hindurch und warte verzweifelt, daß sie die Straße herunterkommt, wenn sie sich verspätet hat und die Laternen schon angezündet sind, und ich bin überzeugt, daß sie überfahren worden ist. (Mein Vater überraschte mich einmal dabei und fragte mich und sagte etwas besorgt, aber vorwurfsvoll: «Du solltest nicht so nervös sein, Jinny.») Und dann sehe ich sie zum letzten Mal – sie lag im Sterben, ich kam, um sie zu küssen, und als ich aus dem Zimmer schlich, sagte sie: «Halt dich gerade, mein Zicklein.» ... Was für ein Durcheinander von Erinnerungen an meine Mutter mir so durch den Kopf gehen, wenn ich meinen Gedanken freien Lauf lasse – aber ich sehe sie immer in Gesellschaft, immer umringt, immer der Allgemeinheit gehörend, immer für alle da, allgegenwärtig, die Schöpferin dieser von Menschen wimmelnden, amüsanten Welt, die sich so fröhlich im Mittelpunkt meiner Kindheit drehte. Es ist wahr, daß ich jene Welt mit einer andern umschloß, die mein eigener Charakter sich schuf; es ist wahr, daß ich von Anfang an viele Erlebnisse außerhalb jener Welt hatte und mich oft weit von ihr entfernte und ihr vieles vorenthielt; aber da war sie immer, in dem gemeinsamen, sehr amüsanten, sehr stimulierenden und von Menschen wimmelnden Familienleben, und sie war der Mittelpunkt, sie war jene Welt. Das zeigte sich am 5. Mai 1895. Denn nach diesem Tag war von dieser Welt nichts mehr geblieben. An dem Morgen, als sie starb, lehnte ich mich aus dem Kinderzimmerfenster. Es war ungefähr sechs Uhr, glaube ich. Ich sah Dr. Seton fortgehen. Er ging mit gesenktem Kopf, die Hände auf dem Rücken verschränkt. Ich sah die Tauben niedergleiten und sich setzen. Ein Gefühl der Ruhe, der Trauer und der Endgültigkeit überkam mich. Es war ein wunderschöner, blauer Frühlingsmorgen und sehr still. Das läßt das Gefühl wieder aufleben, daß alles an ein Ende gekommen war.

Simone de Beauvoir
Memoiren einer Tochter aus gutem Hause

Meine Mutter war in Verdun im Schoße einer frommen und reichen Familie auf die Welt gekommen; ihr Vater, der Bankier war, hatte seine Schulzeit bei den Jesuiten verbracht, ihre Mutter im Kloster. Françoise hatte einen Bruder und eine Schwester, die beide jünger waren als sie. Mit Leib und Seele ihrem Gatten ergeben, bezeugte Großmama ihren Kindern eine Zuneigung, die immer etwas Distanziertes behielt; Großpapa aber war mehr für Lili, die Jüngere; Mama litt unter der Kälte der Eltern. Als Halbpensionärin im Kloster ‹Les Oiseaux› fand sie Trost in der Wärme und Achtung, mit der dort die Schwestern sie umgaben; sie verlegte sich ganz aufs Lernen und auf die Frömmigkeit; nachdem sie ihr erstes Examen bestanden hatte, vervollkommnete sie ihre Bildung unter Leitung der Oberin. Weitere Enttäuschungen warfen einen Schatten auf ihre Jugendzeit. Kindheit und Jungmädchenjahre hinterließen in ihrem Herzen eine Art von Groll, der sich nie ganz beschwichtigte. Mit zwanzig Jahren, in einen fischbeingesteiften Kragen gezwängt, daran gewöhnt, spontane Regungen zu unterdrücken und bittere Geheimnisse in Schweigen zu begraben, kam sie sich einsam und unverstanden vor; trotz ihrer Schönheit fehlte es ihr an Sicherheit und an Frohsinn. Ohne Begeisterung ging sie nach Houlgate, wo ein unbekannter junger Mann ihr begegnen sollte. Sie gefielen einander. Von Papas Überschwang mitgerissen, gestärkt durch die Gefühle, die er ihr entgegenbrachte, blühte Mama nun förmlich auf. Meine ersten Erinnerungen an sie sind die an eine lachende, heitere junge Frau. Es lag in ihr jedoch auch etwas Unverbrüchliches und durchaus Bestimmtes, das nach der Heirat zum Durchbruch kam. Mein Vater besaß in ihren Augen ein unbedingtes Prestige, und sie war der Meinung, die

Frau müsse dem Manne gehorchen. Doch unserer Louise, meiner Schwester und mir gegenüber trat sie sehr entschieden, zuweilen sogar heftig auf. Wenn einer der intimen Freunde des Hauses ihr widersprach oder sie verletzte, reagierte sie häufig mit Zorn und übergroßer Freimütigkeit. In größerer Gesellschaft aber blieb sie zeitlebens schüchtern. Ohne Übergang in einen Kreis versetzt, der sich stark von ihrem Provinzmilieu unterschied, paßte sie sich nur mühsam an. Ihre Jugend und Unerfahrenheit, ihre Liebe zu meinem Vater machten sie verwundbar; sie fürchtete kritische Äußerungen, und um sie zu vermeiden, gab sie sich große Mühe, es ‹so zu machen wie alle Welt›. Ihr neues Milieu lebte nur halb und halb nach der Moral von ‹Les Oiseaux›. Sie wollte nicht als prüde gelten und verzichtete darauf, die anderen nach ihrem eigenen Sittenkodex zu richten; sie war entschlossen, sich dem anzugleichen, was nun einmal üblich war. Papas bester Freund lebte mit einer Frau, ‹als ob sie verheiratet wären›, also in der Sünde; das hinderte ihn aber nicht, häufig zu uns zu kommen; seine Konkubine freilich wurde nicht eingeladen. Meine Mutter dachte niemals daran – weder im einen noch im anderen Sinne –, gegen eine Inkonsequenz Einspruch zu erheben, die von der Gesellschaft sanktioniert worden war. Sie fand sich mit noch vielen anderen Kompromissen ab, die ihre Grundsätze nicht berührten; vielleicht um derartige Zugeständnisse dadurch zu kompensieren, bewahrte sie im Inneren strenge Unnachsichtigkeit. Obwohl sie ohne jeden Zweifel eine glückliche junge Frau gewesen war, machte sie kaum einen Unterschied zwischen Laster und Sexualität: immer blieb für sie die Vorstellung alles Körperlichen eng mit dem Begriff der Sünde verknüpft. Da der Brauch sie zwang, den Männern gewisse Extratouren zugute zu halten, konzentrierte sie ihre Strenge ausschließlich auf die Frauen; zwischen ‹anständigen Frauen› und ‹Lebedamen› gab es für sie kaum ein Zwischending. Alles, was ‹das Körperliche› betraf, widerstrebte ihr so sehr, daß sie die entsprechenden Fragen vor mir nie berührte; sie machte mich nicht einmal im voraus auf die Überraschungen aufmerksam, die an der Schwelle der Pubertät meiner harrten.

Auf allen anderen Gebieten hatte sie sich die Ideen meines Vaters zu eigen gemacht, ohne daß es ihr offenbar Schwierigkeiten bereitete, sie mit der Religion in Einklang zu bringen. Mein Vater wunderte sich über die Paradoxe des menschlichen Herzens, der Erblichkeit, der Bizarrerien des Traumes; ich habe nie erlebt, daß meine Mutter über etwas staunte.

Ebensosehr vom Gefühl ihrer Verantwortung durchdrungen, wie Papa frei davon war, ließ sie sich ihre Aufgabe als Erzieherin überaus angelegen sein. Sie bat um Ratschläge bei der Kongregation der ‹Christlichen Mütter› und konferierte häufig mit den Damen des Cours Désir. Sie brachte mich persönlich zur Schule, nahm an meinem Unterricht teil und überwachte Hausaufgaben und mündliche Lektionen; sie lernte Englisch und sogar die Anfangsgründe des Lateinischen, um meiner Ausbildung folgen zu können. Sie nahm Einfluß auf meine Lektüre, führte mich zur Messe und zum Abendsegen; sie, meine Schwester und ich verrichteten gemeinsam das Morgen- und Abendgebet. In jedem Augenblick war sie noch im Innersten meines Herzens als Zeuge da, und ich machte kaum einen Unterschied zwischen ihrem und Gottes Auge über mir. Keine meiner Tanten – nicht einmal Tante Marguerite, die im Sacré-Cœur erzogen war – übte die Pflichten der Religion mit solchem Eifer aus; sie ging häufig zur Kommunion, betete mit Inbrunst und las viele fromme Andachtsbücher. Ihr Verhalten paßte sich ihren Glaubensüberzeugungen an; immer bereit, sich aufzuopfern, weihte sie ihr Leben vollkommen den Ihrigen. Ich sah sie nicht als eine Heilige an, weil sie mir zu vertraut war und zudem leicht in Zorn geriet; aber ihr Beispiel wurde dadurch für mich nur um so überzeugender: ich konnte – und mußte demgemäß – ihr an Frömmigkeit und Tugend nacheifern. Die Wärme ihrer Zuneigung machte ihre Unwillensausbrüche wieder wett. Wäre sie unfehlbarer und dadurch mir ferner gewesen, hätte sie niemals so stark auf mich eingewirkt.

Ihr Einfluß erklärte sich tatsächlich großenteils aus unserem innigen Zusammenleben. Mein Vater behandelte mich wie eine Erwachsene. Meine Mutter verwendete alle Sorge auf das

Kind, das ich war. Sie bewies mir mehr Nachsicht als er: sie fand es natürlich, daß ich herumalberte, während ich ihn dadurch reizte. Sie amüsierte sich über Einfälle oder kleine Schreibereien, an denen er nichts Komisches fand. Ich legte Wert auf die Achtung der anderen, aber ich wollte vor allem so genommen werden, wie ich war, mit allen Mängeln meiner noch jungen Jahre; meine Mutter gab mir durch ihre Zärtlichkeit für mein Wesen volle Rechtfertigung. Das schmeichelhafteste Lob jedoch war für mich das, das ich von meinem Vater erhielt; wenn er jedoch schalt, weil ich in seinem Arbeitszimmer Unordnung gemacht hatte, oder ausrief: «Diese dummen Kinder!» nahm ich solche Reden leicht, da er ihnen selbst offenbar wenig Gewicht beilegte; umgekehrt stellte jeder Vorwurf meiner Mutter, ein bloßes Brauenrunzeln schon, die Sicherheit meiner Welt in Frage; ohne ihre Billigung meinte ich keinerlei Daseinsberechtigung mehr zu haben.

Wenn ihr Tadel mich so tief traf, so vor allem deswegen, weil ich auf ihr Wohlwollen baute. Als ich sieben oder acht Jahre alt war, tat ich mir ihr gegenüber keinen Zwang an, ich äußerte mich in aller Freimütigkeit. Eine ganz bestimmte Erinnerung läßt mich in dieser Hinsicht ganz sicher sein. Ich litt nach den Masern an einer leichten Rückgratverkrümmung; ein Arzt zog mit dem Finger an meiner Wirbelsäule entlang eine Linie, als ob mein Rücken eine Schultafel sei, und verschrieb mir schwedische Gymnastik. Ich nahm ein paar Privatstunden bei einem großen, blonden Lehrer. Als ich eines Nachmittags auf ihn wartete, übte ich mich an der Stange; oben angekommen, verspürte ich eine sonderbare Reizung zwischen den Beinen; es war angenehm und enttäuschend zugleich; ich versuchte es noch einmal, die gleiche Erscheinung stellte sich ein. «Das ist doch merkwürdig», sagte ich zu Mama; ich beschrieb ihr, was ich empfunden hatte. Mit gleichgültiger Miene sprach sie von etwas anderem, und ich glaubte, eine jener überflüssigen Bemerkungen gemacht zu haben, die einfach keiner Antwort bedürfen.

In der Folge erst änderte ich meine Haltung. Als ich mich ein oder zwei Jahre später nach den ‹Banden des Blutes› fragte, von denen in Büchern so oft die Rede ist, und nach der ‹Frucht deines Leibes› aus dem *Gegrüßt seist du, Maria,* teilte ich meiner Mutter meine Vermutungen nicht mit. Es mag sein, daß sie inzwischen einigen meiner Fragen Widerstände entgegengesetzt hatte, an die ich mich nicht mehr erinnere. Aber mein Schweigen war die Folge einer Parole allgemeinerer Art; von nun an paßte ich auf mich auf. Meine Mutter strafte mich selten, und wenn sie auch gelegentlich eine lose Hand hatte, so taten ihre Ohrfeigen doch nicht besonders weh. Indessen begann ich, ohne sie deswegen weniger zu lieben, sie allmählich zu fürchten. Es gab da ein Wort, das sie gern gebrauchte und das auf meine Schwester und mich völlig lähmend wirkte: «Das ist ja lächerlich!» Wir hörten sie dieses Verdikt häufig aussprechen, wenn sie mit Papa zusammen das Verhalten eines Dritten kritisierte; richtete es sich gegen uns, so stürzte es uns aus dem Familienempyreum in den Abgrund hinab, in dem die übrige Menschheit ihr Dasein fristete. Unfähig vorauszusehen, welche Geste, welcher Ausspruch es entfesselte, sahen wir in jeder eigenmächtigen Äußerung in dieser Hinsicht eine Gefahr; es schien ein Gebot der Klugheit zu sein, sich einfach still zu verhalten. Ich erinnere mich noch an unser Staunen, als wir Mama um die Erlaubnis gebeten hatten, unsere Puppen mit in die Ferien zu nehmen, und sie ganz einfach antwortete: «Warum nicht?» Jahre hindurch hatten wir diesen Wunsch immer wieder in unseren Herzen begraben. Gewiß war der erste Grund meiner Schüchternheit, daß ich Nichtachtung fürchtete. Aber ich glaube, daß ich, wenn ihre Augen einen gewittrigen Glanz bekamen oder sie auch nur mißbilligend die Lippen verzog, ebensosehr wie meine eigene Niederlage die heftige Wallung fürchtete, die ich in ihrem Herzen hervorrief. Hätte sie mich bei einer Lüge ertappt, so hätte ich ihre Empörung stärker empfunden als meine eigene Schmach: die Vorstellung war mir so unerträglich, daß ich immer die Wahrheit sprach. Offenbar machte ich mir nicht klar, daß meine Mutter, indem sie so eilfertig jede Abweichung oder Neuerung verdammte, dem Aufruhr zuvorzukommen wünschte, den in ihr alles In-Frage-Stellen des Gewohnten hervorrief; wohl aber fühlte ich deutlich, daß ungewohnte Äußerungen, unvorhergesehene Pläne ihre heitere Seelenruhe trübten. Meine Verantwortung in dieser Hinsicht verdoppelte meine Abhängigkeit.

So lebten wir, sie und ich, in einer Art von Symbiose, und ohne daß ich sie zu kopieren trachtete, wurde ich doch von ihr geformt. Sie impfte mir Pflichtgefühl sowie Parolen der Selbstlosigkeit und der Sittenstrenge ein. Mein Vater hatte nichts dagegen, sich in den Vordergrund zu lavieren, von Mama aber lernte ich zurückzutreten, meine Worte zu wägen, meine Wünsche im Zaum zu halten, genau das zu sagen und zu tun, was gesagt und getan werden mußte. Ich verlangte für mich nichts und wagte mich nur wenig hervor.

Die Eintracht, die zwischen meinen Eltern bestand, bestärkte mich in der Hochachtung, die ich ihnen entgegenbrachte. Sie erlaubte mir, eine Schwierigkeit zu umgehen, die mich in beträchtliche Verlegenheit hätte bringen können; Papa ging nicht zur Messe, er lächelte, wenn Tante Marguerite die Wunder von Lourdes kommentierte; er glaubte nicht. Diese Skepsis berührte mich nicht, so sehr fühlte ich mich selbst von der Gegenwart Gottes umhegt; dennoch irrte mein Vater sich nie: wie sollte man sich erklären, daß er der evidentesten aller Wahrheiten völlig blind gegenüberstand? Wenn man den Dingen ins Auge sah, schien es freilich ein unlösbares Dilemma zu sein. Immerhin fand ich mich, da meine so fromme Mutter sie natürlich zu finden schien, mit Papas Haltung ab. Die Folge war, daß ich mich gewöhnte, das – durch meinen Vater vertretene – Leben des Geistes und mein – durch meine Mutter bestimmtes – seelisches Dasein als zwei völlig heterogene Sphären zu betrachten, zwischen denen es keinen möglichen Austausch gab. Heiligkeit gehörte einer anderen Ordnung an als Geist, und die menschlichen Dinge – Kultur, Politik, Geschäftsleben, Sitten und Bräuche – entstammten nicht der Religion. Auf diese Weise verbannte ich Gott aus der Welt, was meine Weiterentwicklung aufs tiefste beeinflussen sollte.

Meine Lage in der Familie erinnerte durchaus an die einstige meines Vaters: wie er seinerzeit zwischen dem unbekümmerten Skeptizismus meines Großvaters und dem bourgeoisen Ernst meiner Großmutter gestanden hatte, kontrastierte in meinem Fall der Individualismus meines Vaters und seine weltlich bestimmte Ethik mit der strengen, traditionalistischen Moral, die meine Mutter mich lehrte. Diese Unausgewogenheit, die mich zur Auflehnung treiben mußte, erklärt zum großen Teil, daß eine Intellektuelle aus mir geworden ist.

II. ENTDECKUNG UND REBELLION

Oskar Maria Graf
Die Entdeckung der Mutter

«Gestochen hat er sie! ... Von hinten ... Sein Messer soll giftig gewesen sein», sagt der Wagner Neuner zum Schmalzer-Hans, während er sein Werkzeug zusammenräumte. Er klopfte mit den flachen Händen den Holzstaub von seinem grobleinenen blauen Arbeitsschurz und brummte mehr für sich: «So, der Tag ist auch wieder vorbei ... Mein Gott, ich möcht' keine Fürstlichkeit sein! Nicht geschenkt! ... Es ist auch ein recht unsicheres Leben! ... Was hat sie jetzt, samt dem, daß sie Kaiserin gewesen ist? Gar nichts! Jetzt ist sie auch tot wie unsereins ...»

Wir Kinder standen dabei, schnappten jedes Wort auf und schauten ab und zu staunend zu den zwei Männern empor.

«Jaja», meinte der Schmalzer-Hans durchaus gleichgültig und fing gemächlich zu erzählen an: «Beim Klostermaier droben haben sie schon gesagt, der Stich selber soll gar nicht so arg gewesen sein, aber das Gift! ... Da hat nichts mehr geholfen ... Ich hab' sie seinerzeit, wie unser König noch gelebt hat, oft gesehen im Schloß drunten ... Eine hochnoble, bildsaubere Person ist sie gewesen. Eine Kaiserin, wie man nicht leicht eine findet ... Sie hat unserm König auch gleichgesehen.»

Der Wagner Neuner nahm den «Land- und Seeboten» von der Hobelbank und gab ihn dem Hans: «Da, in der Zeitung steht schon alles genau drinnen.» Er schneuzte sich. Dann schnupftc cr rasselnd.

Der Hans, der nie etwas las, warf einen flüchtigen Blick auf die Zeitung, und wir reckten neugierig die Hälse. Die ganze erste Seite war umrahmt von einem breiten schwarzen Trauerrand, und unter den dicken Lettern der Überschrift sahen wir das Bild einer Frau mit hoher Frisur, einer geraden Nase und ernsten, stolzen Augen.

«Jaja, genauso hat sie ausgeschaut, ganz genau so», sagte der Schmalzer-Hans, «eine stramme Person! ... Und couragiert, mein Lieber! ... Reiten hat sie können, besser als jedes Mannsbild.» Er und wir Kinder gingen etwas auf die Seite, denn der Wagner trat jetzt aus seiner hohen, gewölbten Werkstatt, drückte das Tor zu und riegelte ab.

«So, Kinder, marsch! Macht, daß ihr heimkommt! Nacht wird's!» rief er. Es dämmerte schon. Die laue Luft hatte sich fühlbar abgekühlt, und sie roch nach Herbst. Über der Straße, um den heckenumsäumten Obstgarten vom Schatzl, der sich über den sogenannten «kleinen Berg» hinaufzog, wisperten noch vereinzelte späte Vögel.

«Wer ist denn die Frau?» fragte mein Bruder Maurus, auf die Zeitung deutend, und wir drängten uns um den Hans.

«Das? ... Die Kaiserin Elisabeth von Österreich! Die ist erstochen worden», erklärte uns der Wagner Neuner und wurde leicht ungeduldig, «so jetzt aber marsch! Weiter! Heim jetzt! ... Eure Mutter ist doch krank!» Die letzten Worte überhörten wir. Wir bekamen wichtige Mienen, liefen den kleinen Berg hinauf und schrien gleicherzeit, als wir in die Wohnkuchl kamen: «Vater! Die Kaiserin Elisabeth haben sie erstochen!» Ein fast wohliges Gruseln durchlief uns dabei. Wir schnaubten und hatten hochrote Backen.

«Jaja!» sagte unser Vater brummig, «machts keinen solchen Lärm ... Die Mutter ist doch krank!» Jetzt erst sahen wir sein besorgtes Gesicht, bemerkten den Zwerg, die «alte Resl» in der Kanapee-Ecke, sahen unsere älteren Geschwister stumm herumsitzen, und es stieg uns auch wieder der penetrante Lysolgeruch in die Nase, der schon seit Wochen das Haus erfüllte. Enttäuscht schwiegen wir ebenfalls und machten ernste Gesichter, aber die Kaiserin Elisabeth ließ uns keine Ruhe.

«Der Wagner Neuner hat gesagt, mit einem giftigen Messer hat sie ein Lump gestochen», fing der Maurus von neuem an, und auf einmal entdeckten wir die ausgebreitete Zeitung auf dem Tisch, sprangen auf die Holzbänke und beugten uns über das Bild mit dem Trauerrand.

«Jaja, die ist's! Jaja!» riefen wir alle, drückten und verdrängten einander, der Vater wies uns zurecht, wir beruhigten uns ein wenig, und dann fing der Maurus buchstabierend zu lesen an: «R-u-u-ch-l-o-oser M-e-eeu-ch-» ... Er stockte, das «e-u» irritierte ihn. Es klang zu fremdartig. Er und wir überlegten.

«Es heißt doch eu! ... Meuchelmord! Schafskopf, saudummer!» fuhr ihn unsere zwölfjährige Schwester Theres an. Dieses Wort verstanden wir erst recht nicht, dennoch machte sich der Maurus sofort wieder unverzagt ans Weiterlesen: «Meu-Meuchel-mo-rd a-n I-h-r-e-r K-a-i-s-e-r-l-i-ch-chen M-a-je-st--»

Die Tür ging auf. Vater und Geschwister hoben die Gesichter. Maurus schwieg. Der Zwerg malmte gleichgültig mit dem Unterkiefer. Die rundliche braunhaarige Hebamme blieb kurz stehen, sah auf unseren Vater und sagte kopfschüttelnd: «Ob das Kind noch durchkommt? ... Ich weiß nicht.»

«Und die Resl? Wie geht's der?» fragte er.

«Naja!» wich die Hebamme aus und zuckte dabei mit den Achseln, «mit einundvierzig Jahren! ... Und das elfte Kindbett! ... So einfach ist das nicht mehr.» Sie ging mit einem Bündel blutbeschmutzter Windeln auf den Herd zu und warf sie in den dampfenden Wassertopf.

«Soll vielleicht der Doktor noch mal kommen?» fragte er wieder.

«Sie ist jetzt eingeschlafen ... Recht matt ist sie», meinte sie statt einer Antwort. «Ich glaub', es ist besser, wenn ich das Kind in die Kuchl bring'. Da kann's schreien.» Und während sie mit dem langen Holzlöffel die Windeln in das brodelnde Wasser stieß, fügte sie dazu, daß für den Doktor bis morgen auch noch Zeit sei.

Als sie aus der Kuchl gegangen war, blieb es eine Weile still.

«Vater? ... Muß unsere Mutter sterben?» fragte der Maurus auf einmal, und die Kaiserin Elisabeth interessierte uns nicht mehr.

«Setzt euch ordentlich hin», sagte der Vater und schluckte ein wenig. Wir folgten wortlos und falteten, da er und die ältesten Geschwister dies taten, unsere Hände. Niemand aber fing laut zu beten an. Es kam uns vor, als rieche das Lysol auf einmal viel stärker. Der Geruch vermischte sich mit dem Dampf des Seifenwassers. «Krank» – «sterben» – «Tod» fiel uns von ungefähr ein, und wir dachten an unsere Mutter. Eine sonderbare, unbestimmte Bangigkeit überkam uns nach und nach. Wir sahen unverwandt auf unseren Vater, der einen leeren Blick hatte. Es wurde allmählich ganz dunkel in dem niederen, dämpfigen Raum. Die Pendeluhr tickte, und das Wasser brodelte. Endlich, als die Hebamme mit dem schreienden Kind über die Stiege herunterkam, stand der Vater rasch auf und zündete die Petroleumlampe an. Dabei zitterten seine Hände. –

Dieses elfte von uns Kindern wurde nur etliche Monate alt. Es hatte schon kurz nach der Taufe zu kränkeln angefangen. Es hieß Maria, und nun, nach einer Woche, starb es. Vaters Schwester, die Kathl, nähte ein winziges weißes Spitzenhemdchen. Die Leichenfrau und sie machten die kleine Leiche zurecht. Wir schauten den beiden zu, aber es graute uns davor.

«Jaja, das Marei kommt jetzt in den Himmel! Drum machen wir es so schön. Da schauts!» sagte die Leichenfrau lächelnd und hob das starre, leblose Ding aus dem Sarg. Wie eine Puppe sah es aus. Wir glotzten benommen und wichen zurück.

«Geh! So was tut man doch nicht!» rief die Kathl, wütend über die Leichenfrau. Da rannten wir erschrocken auf und davon und ließen uns in der Kuchl nicht mehr blicken. Nur manchmal drückten wir draußen unsere Gesichter scheu an die Fensterscheiben.

Als die Leichenfrau mit dem kleinen weißen Sarg unter dem Arm aus der Kuchl ging, machte ihr die «alte Resl» eine Faust nach. Der Zwerg nämlich konnte aus irgendeinem unaufgeklärten Grund alles, was mit dem Tod zusammenhing, nicht leiden. Särge und schwarzgekleidete Menschen waren ihm zuwider, und das Wort «sterben» machte ihn wütend. Da er aber ziemlich ungelenk war, hatte er die ganze Zeit in der Kuchl zubringen müssen. Noch lang, nachdem der Vater, die Kathl mit ihren zwei Kindern und unsere älteren Geschwister fortgegangen waren, stieß die «alte Resl» unverständliche, schimpfende Laute aus sich heraus und gestikulierte heftig mit ihren kurzen, dicken Armen. Wir Jüngsten – Anna und ich – waren daheimgelassen worden und wichen nicht von ihrer Seite. Wir gingen nicht zu unserer kranken Mutter hinauf und wollten überhaupt nicht an sie denken. Wir empfanden wohl ein stumpfes Mitleid, doch das scheue Grauen überwog. Wir fürchteten uns vor der Stille und stachelten die «alte Resl» immer wieder an, indem wir ihr Geplapper nachahmten. Das gefiel ihr stets. Sie polterte derart, daß sie ganz außer Atem kam, hielt erschöpft inne, schaute uns mit ihren flachen, wässerigen Froschaugen an und lachte ein wenig. Das erleichterte uns.

Später, als alle heimkamen, fiel es dem Vater ein, gerade uns zwei Kleinsten mit zur Mutter hinaufzunehmen. Er begriff nicht, weshalb wir uns dagegen wehrten, und wurde leicht ärgerlich.

Unsere Mutter hatte, als wir in die Kammer kamen, die Augen geschlossen, den schwarzen, kleinperligen Rosenkranz um die Hände gewunden, ihre Lippen bewegten sich, und flüsternd betete sie. Eine starke Hitze ging von ihr aus. Ihr knochiges Gesicht war ungesund rot, und als sie uns anschaute, war in ihren Augen ein weher, zugleich unruhiger Glanz. Sie tastete mit ihren zerarbeiteten, heißen Händen nach uns. Wir wagten nicht auszuweichen, ließen es mit uns geschehen und starrten furchtsam auf sie. Nebenher fragte der Vater, wie es ihr ginge, erzählte vom Begräbnis, und wer dabeigewesen sei. Unsere Mutter schien das alles kaum zu hören und gab nur hin und wieder gleichgültige Antworten. Sie hatte uns Kinder zu sich ans Bett herangezogen, streichelte und liebkoste uns mit ungewohnter Zärtlichkeit. Sie bekam Tränen in die Augen, wischte sie aber immer wieder schnell weg, nach und nach wurde ihr Gesicht erlöster, und auch sie sagte etwas davon, daß das kleine «Marei» jetzt schon bei den Engeln im Himmel droben sei. Wir erinnerten uns an das leblose Ding in dem weißen Spitzenhemdchen, und uns kamen die Engel und das In-den-Himmel-Kommen unheimlich, ja grausig vor.

«Der Doktor wird bald kommen», sagte der Vater. Unsere Mutter dagegen meinte, es sei ihr schon besser, der Doktor koste bloß einen Haufen Geld, und wenn es «wem aufgesetzt sei, der müsse eben sterben, da helfe alles Kurieren nichts mehr». Wir hörten nur das Wort «sterben».

Beim Hinausgehen aus der Kammer hob uns der Vater empor, damit wir die Finger in den am Türstock hängenden Weihwasserkessel stecken konnten. Halblaut und schmeichelnd sagte er: «So, jetzt macht ein schönes Kreuz.» Wir aber waren so verstört, daß wir nur die nassen Händchen auf unseren Gesichtern abwischten ...

Der Doktor, ein großer, starker Mann mit einem zerzausten Vollbartgesicht und einer Brille, dem wir alle mit scheuer Ehrfurcht begegneten, sagte nach einigen Besuchen zum Vater: »Sarg- und Leichenkosten, Herr Graf, die brauchen Sie jetzt nicht mehr zu fürchten ... Ich bin mit der Patientin zufrieden, nur, sie darf mir nicht wieder zu früh aufstehen.»

«Naja, Gott sei Dank!» meinte mein Vater. Gerade weil der Doktor stets alles so derb und unverblümt heraussagte, hatten die Leute Vertrauen zu ihm. Unser Vater überhaupt, der mochte studierte Menschen, die nichts aus sich machten, besonders gern.

«Aber jetzt, glaub' ich, langt Ihnen der ewige Familienzuwachs. Wie alt sind Sie? ... Fünfzig oder so was? ... Da könnten Sie doch einmal an was anderes denken», warf der Doktor gutmütig hin.

»Jaja, einundfünfzig bin ich jetzt», verbesserte ihn der Vater und lächelte schmal, «ich denk' schon lang an was anderes, aber die Resl muß erst gesund sein.» Der Doktor fragte nicht weiter und verabschiedete sich, nachdem er noch einmal wiederholt hatte: «Also, sie nicht zu früh aus dem Bett lassen!»

Als er nach ungefähr fünf Tagen wiederkam, war eine große Aufregung, denn unsere Mutter stand schon wieder am Herd in der Kuchl. Alles Dawiderreden und Schimpfen des Vaters hatte nichts geholfen. «So leg dich doch wenigstens jetzt, solang der Doktor da ist, ins Bett!» bedrängten sie alle. Vergeblich. Der Doktor kam draußen an den Fenstern vorüber und tauchte in der offenen Kuchltüre auf. Er blieb verdutzt stehen. Alle schauten fast schuldbewußt auf ihn.

«Ja-ja! Frau Graf?» fing der vollbärtige Mann zu poltern an, «was glauben Sie denn eigentlich? ... Wenn Sie jetzt wegsterben, bin ich schuld! Auf der Stell' gehen Sie ins Bett, marsch!»

«Ja, freilich!» rief meine Mutter und drehte sich mit leichtem Lächeln um, «freilich! ... Sterben tut man nicht so schnell! ... Wo käm' denn da das Hauswesen hin?»

«Wenn Ihnen das Hauswesen lieber ist als Ihr Leben, gut!» meinte der Doktor schon um einige Grade ruhiger, denn er mochte empfindliche Menschen nicht, und vielleicht war er sogar ein bißchen zufrieden. Er ging ganz in die Kuchl und sagte halb spöttisch zu unserem Vater: «Ich hab' immer gemeint, daß Sie regieren, Herr Graf? ... Fluchen können Sie doch so schön!»

«Tja, da machen Sie was gegen so einen katholischen Dickkopf!» hielt ihm der entgegen.

«Na gut ... Schauen wir einmal, wie lang Sie's aushalten, Frau Graf», wandte sich der Doktor an unsere Mutter, die sich die nassen, mageren Arme abtrocknete. Wir mußten alle aus der Kuchl gehen. Nur der Vater blieb.

Wir gingen hinten beim Haus hinaus und kamen ins kleine Häusl, zur Kathl. Es war kaum Platz für uns alle in ihrer winzigen Nähstube. «Ja», sagte die Kathl, «eure Mutter, die hat eine eiserne Natur, aber sie treibt ja Schindluder mit ihrer Gesundheit und verläßt sich bloß auf unseren Herrgott ... Das ist ja schön und recht, aber einmal mag auch der nicht mehr.»

Die Kathl nämlich hatte ein ganz sonderbares Verhältnis zum Herrgott und unterhielt sich, wenn sie allein in ihrer Stube saß, oft lange laut sprechend mit ihm, als stehe er leibhaftig vor ihr. Je nachdem ihr etwas geglückt oder mißlungen war, lobte oder schimpfte sie ihn, gleichsam als wäre sie mit ihm verheiratet. Sie, die von den zwei Vätern ihrer Kinder stehengelassen worden war, führte ein enges, armes Leben, aber sie blieb unverbittert. Ihre Schrullenhaftigkeit heimelte uns an, insbesondere schon deswegen, weil sie meistens heiter war und viele Geschichten von früher zu erzählen wußte.

Nachdem der Doktor weggefahren war, ließ sich unsere Mutter – wahrscheinlich, weil sie sich noch schwach fühlte – doch überreden, ab und zu während des Tages zu schlafen. Nach etlichen Wochen aber arbeitete sie wie immer. Die Krankheit schien langsam aus ihrem Körper zu weichen, und sie bekam für uns Kinder wieder das gewohnte Aussehen. Wir Jüngsten waren den ganzen Tag um sie und quengelten in sie hinein. Sie wurde wieder etwas für uns, das wir aus unserem Leben nicht mehr wegdenken konnten. Am Abend setzte sie sich auf das Kanapee, nahm die Binden von ihrem rot angelaufenen, offenen «Kindsfuß», wusch die Wunde mit warmen Wasser, schmierte Butter um die Ränder und preßte – genau wie einst ihre Mutter – ein kühles Huflattichblatt darauf. Dann wickelte sie den Fuß wieder ein und ging zu Bett. Wir standen dabei um sie herum, die Älteren machten ihr ab und zu einen Handgriff, für uns Jüngste aber hatte dieser wunde Fuß nichts Erschreckendes. Unsere Mutter rührte sich ja, redete, ging jeden Tag herum und arbeitete – das verscheuchte jedes Gefühl von Kranksein oder Sterben . . .

Der Vater gewann wieder seine Unternehmungslust. Er hatte dem Doktor nebenher eine Andeutung gemacht, daß er, sobald unsere Mutter gesund sei, «an was anderes denke als an Familienzuwachs». Er war gut gelaunt und fuhr öfter ohne recht ersichtlichen Grund mit dem Fuhrwerk nach Starnberg hinüber. Dabei durfte ihn unser ältesten Bruder, der sechzehnjährige Max, auf den er sehr stolz war, manchmal begleiten. Der war groß, hager, eckig und breitschulterig, hatte dasselbe längliche Gesicht wie Vater und kam sich wegen seines winzigen Bartansatzes zuweilen bereits als junger Mann vor. Er half auch schon nachts in der Bäckerei mit, was aber jetzt in dieser stillen Herbstzeit kaum nötig war. Obgleich er aber schon ein

Jahr aus der «Sonn- und Feiertagsschule» war, konnte er zum Leidwesen des Vaters im Gegensatz zu allen anderen Geschwistern nur schlecht rechnen und immer noch nicht richtig lesen und schreiben. An manchen Tagen gab ihm der pensionierte, spitzbärtige Lehrer Strasser, der erst kürzlich ein kleines Häuschen in Berg bezogen hatte, Nachhilfestunden. Doch Max folgte ihm nicht. Er hielt den alten, zappligen Mann nur zum Narren, stieg lieber auf den hohen Bäumen des Gartens herum und lernte nichts. Eines Tages kam der Lehrer Strasser wütend daher und fauchte: «Wenn Ihr Lausbub so gern klettert, dann lassen Sie ihn lieber Dachdecker werden. Ich habe diese Impertinenz jetzt satt!» Impertinenz? Unserem Vater gefiel das Wort. Offenbar witterte er eine gute Eigenschaft Maxens dahinter. Er lachte und meinte: «Naja, wenn es so ist, gut. Er wird schon werden.» Krachend schlug der Lehrer die Ladentüre zu.

Nach dem Mittagessen fuhren Vater und Max fort, und erst bei Hereinbruch der Nacht kamen sie wieder zurück. Wir warteten stets gespannt auf sie, denn meistens brachte der Vater dünne Würste mit, auf die wir sehr gierig waren. Vier davon gab er der Mutter. Den Rest, der verteilt wurde, rauften die älteren Geschwister untereinander mit solchem Ungestüm aus, daß wir Jüngsten nie etwas davon bekamen. Der Vater fing schließlich bellend zu schimpfen an, und die Mutter war so unglücklich über den Streit, daß sie Anna und mir die ihr zugedachten Würste gab.

Schließlich schmatzten wir alle, und es war Ruhe.

«Was tust du denn jetzt so oft in Starnberg?» fragte die Mutter den Vater. Er erzählte allerhand und wich aus.

«So», warf die Mutter hin und fragte nicht mehr weiter, aber hin und wieder sah sie schräg auf ihn.

Der Mehlreisende Irlinger aus München kam wieder öfter. Mit ihm besprach unser Vater seit jeher schwierige geschäftliche Dinge. Mit einem verborgenen, fast hilflosen Mißtrauen musterte unsere Mutter den altgewordenen, zaundürren Mann, lächelte zweiflerisch, wenn er einige freundliche, lustige Worte sagte, und meinte: «Wenn ich dich schon so oft sehe, da ist mir gar nicht wohl dabei ... Was wird euch wieder alles einfallen, dem Maxl und dir! Was Gescheites gewiß nicht, du Feinspinner!»

«Also Gräfin! Bäckerin! ... Ich komm' nur, wenn der Maxl mich braucht», deutete der listige Reisende geheimnisvoll an und lobte den Vater; aber unsere Mutter bekam kein besseres Gesicht davon. Die zwei Männer saßen in der nebenan liegenden Stube, redeten und rechneten. Die Mutter werkelte weiter, fragte nicht und kümmerte sich um nichts. Hin und wieder aber seufzte sie unvermerkt, und es schien uns, als sei sie unruhig.

Kurz nach Weihnachten erzählte der Vater, der Irlinger habe für den Max eine gute Lehrstelle als Konditor bei einem «Hoflieferanten Zech» ausfindig gemacht. Deutlich merkten wir, wie die Mutter aufatmete. «Soso, deswegen», sagte sie erleichtert und redete nicht dawider. Wir saßen alle friedlich um den großen eschenen Tisch in der warm geheizten Kuchl. Jeder schaute auf den Max, der eine ernsthafte Miene machte. Sicher bewunderten ihn die älteren Geschwister, weil er über das In-die-Fremde-Gehen gar nicht geschreckt war. Unsere Mutter war wohl traurig, aber sie fand Irlingers diesmalige Ratschläge einleuchtend. Nach acht Tagen fuhr der Vater mit Max nach München und kam erst am anderen Tag wieder.

«Der Bub ist recht standhaft geblieben», sagte er zufrieden, «das Geschäft vom Zech ist gut ... Da lernt er was ... Wenn er Kuchen und Konfekt machen kann und kommt heim, das hat Zukunft. Die Herrschaften im Sommer wollen so was.»

Unsere Mutter fand sich darein, obgleich sie meinte, die Bäckerei sei auch schon Arbeit genug. Wir alle vermißten Max nicht weiter.

Indessen – sonderbar – der Irlinger kam immer wieder, den ganzen Winter hindurch. Die Mehlkammer war doch voll. Auf irgendeine Bestellung konnte er also nicht rechnen. Dennoch blieb er manchmal sogar über Nacht, und das Besprechen zwischen ihm und dem Vater ging weiter. Hin und wieder gingen sie zum Bier ins Hotel Leoni hinaus oder zum

Wiesmaier hinunter und kamen dann leicht betrunken tief in der Nacht heim.

An einem Nachmittag, als die älteren Geschwister noch nicht von der Schule heimgekommen waren, saß der Vater allein in der Stube am Schreibtisch. Anna und ich spielten in der Kuchl auf dem Boden mit den zerbrochenen Spielsachen von Weihnachten her. Unsere Mutter saß neben der «alten Resl» auf dem Kanapee und stopfte zerrissene Socken und Strümpfe. Ab und zu stand sie auf, ging an den Herd und stocherte mit dem Holzlöffel im Saufutter, das auf dem Herd kochte. Draußen bleichte der Tag. Im Vorgarten schmolz der Schnee, und eintönig tropfte es von den Dächern.

«Resl?» rief der Vater.

«Ja», gab Mutter an.

«Geh einmal her», sagte er und machte die Stubentüre weit auf. Er hatte ein großes, steifes, auseinandergefaltetes Papier in der Hand, und als jetzt die Mutter in der Stube war, sagte er: «Schau her, das ist der Plan.»

«Plan? ... Was für ein Plan?» fragte sie und bekam ein unglückliches Gesicht, «willst du vielleicht wieder bauen?»

«Ja, es geht nicht mehr so», antwortete er, «gleich wenn's Frühjahr da ist, wird angefangen ... Der Fischhaber von Starnberg übernimmt den Bau ... Da, so wird's.» Er wollte ihr den Plan zeigen. Sie aber schaute nicht hin. Sie wurde nur noch trauriger und fing wehmütig und verdrossen zu jammern an, wo er denn das Geld hernehmen wolle und ob die Schulden noch größer werden sollten.

«Mit deinem falschen Irlinger!» hörten wir sie sagen, «mir wird nichts gesagt ... Ich sag' ja, hm, ich sag' ja!»

Der Vater wurde dringlicher, wurde lauter, und auf einmal fing er sein besessenes Fluchen an. Wir liefen in die Stube. Weinend stand die Mutter da und rief immerzu in dieses Wüten hinein: «Max! Aber Max, um Gottes Himmels Christi willen, Max!» Wir rannten entsetzt auf sie zu und klammerten uns an ihren Rock. Dabei merkten wir, daß ihre Beine stark zitterten. Ihr ganzer Körper zitterte.

«Max, so laß doch reden mit dir! Max! Du ruinierst uns

doch! Max?!» schrie sie flehend, und auch wir fingen jetzt schreiend zu weinen an. Unser Vater aber bellte immer furchtbarer. Meine Schwester preßte ihren Kopf in Mutters Faltenrock und zog und zerrte daran. Ich starrte auf den Vater, der alle Fassung verloren zu haben schien. Er war kreidebleich, fuchtelte mit dem steifen Plan-Papier herum, schrie und bekam schließlich sogar dünnen Schaum vor dem Mund. «Dir kann man nichts sagen! ... Du hast ja nichts wie immer Angst, Angst und nochmals Angst und willst nie was anderes als immer auf dem gleichen Fleck rackern und rackern, bis du umfällst!» brüllte er und hielt ihr wieder den Plan hin. «Da ... Und Geld krieg' ich! Kredit hab' ich! ... Herrgottsakramentsakrament!»

«Jaja, ja, mach nur! ... Ich sag' nichts mehr! Gar nichts mehr!» sagte unsere Mutter ganz verdrossen. Das brachte ihn erst recht auf.

«Jaja, ja! ... Jaja! ... So machst du's immer!» schrie er und zerriß plötzlich in einem sinnlosen Wutanfall den Plan. Er rannte auf die Bank, die an der Mauer entlang lief, griff nach den aufeinandergestellten, vollen Milchweiglingen und schmiß einen nach dem anderen auf den Boden. Es spritzte, klatschte, und die Scherben flogen nach allen Seiten, und je mehr er kaputt warf, um so wilder wurde er.

«Max! Mein Gott! Max?!» jammerte unsere Mutter und sackte auf einen Stuhl nieder. Ihr Kopf fiel auf den mit grüner Ölfarbe gestrichenen Tisch, und sie verbarg ihn mit den Armen. Sie schluchzte stoßweise. Noch nie hatten wir sie so gesehen.

«Jetzt geh' ich! Ich sauf' lieber! ... Reden kann man ja doch nicht! Gebaut wird nicht!» schrie der Vater und stampfte aus der Stube. Die Tür flog zu, kleine Mauerstücke lösten sich und fielen herab, die Tür der Kuchl krachte ebenso zu. Nur noch das Schluchzen der Mutter erfüllte die Stube. Schauerlich klang es.

«Mein Gott! Mein Gott! Nie ist Frieden, nie! ... Wenn ich doch gestorben wär'!» verstanden wir, und es erfaßte uns ein jäher Schrecken, ein unsagbarer Schmerz.

«Nein! Nein, Mutter! Nein, nicht sterben! Nicht sterben!» weinten wir heftiger auf und klammerten uns an ihre Arme. «Nicht sterben, Mutter!» Etwas bis dahin Unfaßbares wurde uns auf einmal bewußt . . .

Als später die älteren Geschwister von der Schule heimkamen, war die Stube schon wieder aufgeräumt. Unsere Mutter gab auf ihre Fragen nicht an. Sie hatte ein zerweintes Gesicht, und von Zeit zu Zeit traten immer wieder Tränen in ihre Augen, die sie geschwind wegwischte.

Wir zwei Jüngsten spielten nicht mehr, redeten kaum einmal ein Wort, sahen nur hin und wieder auf und suchten bang ihren Blick. Einmal, als es niemand sah, streichelte sie zart, zitternd und wie beschämt über unser dünnes Haar. Eine große Wärme durchrieselte uns dabei.

Christian Graf von Krockow
Die Stunde der Frauen

Das stolze Wort macht die Runde: Kultur. Allerdings nimmt es kaum die Bedeutung an, die die Sieger sich wünschen. Zwar rückt «Russki Kultura» unter den Deutschen zum Schlagwort auf, aber wer es gebraucht, rümpft die Nase und will andeuten, daß er die neuerdings herrschenden Zustände abscheulich findet.

Kultur soll sich vorab als Sauberkeit und Ordnung durchsetzen, und in zweifacher Hinsicht wird sie nachdrücklich anbefohlen: Zunächst einmal muß die Dorfstraße täglich gefegt werden. Und wenn ein neuer Kommandant sich ankündigt, ist sie zu seiner Begrüßung mit weißem Sand zu bestreuen, dazu rechts und links mit Tannenbäumen zu schmücken. Da diese Bäumchen so rasch verdorren, wie die Kommandanten wechseln, hört das Anlegen solcher Grußalleen kaum noch auf.

Sodann soll die Kultur in den Viehställen Einzug halten. Es gilt, die Schweine zu schrubben, bis sie rosig glänzen. Entsprechend die Kühe, die Pferde nicht zu vergessen: Kein Strohhalm und kein Staubkorn darf ihr Fell verunzieren. Zum Striegeln braucht man Männer, und Vater Jesko wird dafür abkommandiert. Als Lohn bringt er manchmal ein Stück Brot oder ein paar Kartoffeln nach Hause – vor allem aber die Läuse. Sie versetzen uns in gehörigen Schrecken: Sind es nicht Läuse, die das Fleckfieber übertragen? Wir wissen freilich nicht, ob auch Pferdeläuse das tun, doch in unserer Angst vor der Ansteckung führen wir gegen das Ungeziefer einen ebenso hartnäckigen wie wenig erfolgreichen Feldzug.

Eines Tages heißt es, daß alle Häuser mit festlichem Grün geschmückt werden sollen, so wie wir es zu Pfingsten gewohnt sind. Die Russen ziehen durchs Dorf, sie schießen in die Luft, sie winken uns zu, sie rufen: «Woina kaputt! Woina kaputt!» Was ist geschehen? Ist der Krieg tatsächlich zu Ende? Wird jetzt der Friede Einzug halten – und in welcher Gestalt?

Wir wissen es nicht, unsere Welt ist aufs eigene Dorf und seine nächste Umgebung geschrumpft. Es gibt keine Zeitungen, und alle Rundfunkgeräte mußten abgeliefert werden. Falls jemand doch noch eines versteckt hielte, bliebe es stumm, weil die Elektrizitätswerke längst keinen Strom mehr liefern oder die Überlandleitungen zerstört sind.

Seit Mitternacht schweigen nun an allen Fronten die Waffen. Auf Befehl des Großadmirals hat die Wehrmacht den aussichtslos gewordenen Kampf eingestellt. Damit ist das fast sechsjährige heldenhafte Ringen zu Ende. Es hat uns große Siege, aber auch schwere Niederlagen gebracht. Die deutsche Wehrmacht ist am Ende einer gewaltigen Übermacht ehrenvoll unterlegen.

Der deutsche Soldat hat, getreu seinem Eid, im höchsten Einsatz für sein Volk für immer Unvergeßliches geleistet. Die Heimat hat ihn bis zuletzt mit allen Kräften unter schwersten Opfern unterstützt. Die einmalige Leistung von Front und Heimat wird in einem späteren gerechten Urteil der Geschichte ihre endgültige Würdigung finden.

Den Leistungen und Opfern des deutschen Soldaten zu Lande, zu Wasser und in der Luft wird auch der Gegner die Achtung nicht versagen. Jeder Soldat kann deshalb die Waffe aufrecht und stolz aus der Hand legen und in den schwersten Stunden unserer Geschichte tapfer und zuversichtlich an die Arbeit gehen für das ewige Leben unseres Volkes.

Die Wehrmacht gedenkt in dieser schweren Stunde ihrer vor dem Feind gebliebenen Kameraden. Die Toten verpflichten zu bedingungsloser Treue, zu Gehorsam und Disziplin gegenüber dem aus zahllosen Wunden blutenden Vaterland.

Wenn der Krieg nun beendet sein soll, wenn der Friede seinen Einzug hält, dann kündigt sich dies auf besondere Art an. Außer einigem Kleingerät auf den Bauernhöfen werden sämtliche landwirtschaftlichen Maschinen registriert, am Rande der Dörfer auf freiem Feld versammelt und abtransportiert. Die

Pflüge und Eggen, die Drill- und die Dreschmaschinen, die Selbstbinder zur Ernte und die Traktoren verschwinden. Sogar «Max» und «Moritz», die ehrwürdigen Dampfpflug-Lokomobilen, die um die Jahrhundertwende schon der Großvater anschaffte, tuten ein letztes Lebewohl und rollen auf der Chaussee gemächlich, aber unaufhaltsam davon. Was soll nur daraus werden, wie kann man noch säen und ernten? Wie sollen im künftigen Frieden die Besiegten überleben, wenn die Felder brachliegen?

Dem Maschinentransport sozusagen auf dem Fuß folgt das Transportmittel: unsere Kreisbahn. Ihr Schienenstrang wird demontiert. Vielmehr, um genau zu sein: Diese Demontage hat an der Endstation in Dargeröse schon vor einiger Zeit begonnen und bewegt sich Kilometer um Kilometer in der Richtung auf die Kreisstadt Stolp planmäßig vorwärts. Jetzt ist der Streckenabschnitt zwischen Rowen und Rumbske erreicht, und aus beiden Dörfern werden die jüngeren Frauen zur Arbeit befohlen. Auch Marie und ich müssen daran teilnehmen.

Eine schwere Arbeit ist das, für die man Frauen wohl nie zuvor eingesetzt hat, jedenfalls hierzulande nicht. Die Schienen müssen mit riesigen Schraubenschlüsseln aus ihrer festgerosteten Verankerung an den Bahnschwellen gelöst, angehoben, getragen und auf die wartenden Güterwagen gewuchtet werden. Danach gilt es, diese Güterwagen zu verschieben, um wiederum das Schienenstück abzubauen, auf dem sie gerade noch standen. So schreitet die Zerstörung langsam voran, von unserem Bahnhof über eine Steigung und durch den Hohlweg in den «Wossek» hinein, dann am Bahnhof von Bandsechow vorüber bis nach Gutzmerow. Die Arbeit dauert Tag um Tag vom Morgen bis zum Abend. Nur mittags dürfen wir eine Pause machen und erhalten eine Grieß- oder Kartoffelsuppe, manchmal mit einer Andeutung von Fleisch darin. Erst als wir Gutzmerow erreichen, werden wir durch ein neues Aufgebot aus den anschließenden Dörfern abgelöst und dürfen uns aufatmend trollen.

Ich nutze die Gelegenheit, um unsere Gutzmerower Nachbarn zu besuchen. Frau von Hanstein und ihre Schwester wohnen jetzt in einem kleinen Haus unmittelbar an der Chaussee und sind darum dem auf der Straße hin und her wogenden Zug der Sieger besonders ausgeliefert. Aber nicht dies macht schaudern, sondern die Geschichte, die ich zu hören bekomme. Der Vater der Schwestern war ein berühmter Chirurg, der Chefarzt im Stolper Krankenhaus, von jung und alt – mit Respekt – der «Pommernschlächter» genannt. Vor dem Einmarsch der Russen flüchteten die Eltern von Stolp nach Gutzmerow, um von dort aus mit zwei Wagen die weitere Flucht zu versuchen. Auf einem Wagen saßen die beiden Schwestern, auf dem anderen die Kinder von Frau von Hanstein mit den Großeltern. Im Getümmel, im Chaos, das die anrollenden Panzer bewirkten, im Auseinanderstieben des Trecks verlor man sich aus den Augen. Der Arzt hatte Gift bei sich. Er gab es seinen Enkeln, seiner Frau und nahm es selbst. Die Schwestern überlebten.

Kann man so etwas überleben? Die Antwort ist einfach: Frau von Hansteins Schwester war schwanger. Inzwischen ist das Kind geboren, ein kräftiger Junge, gerade zwei Wochen alt. Die Schwestern sagen: Allein hätten wir bestimmt Schluß gemacht. Aber das Kind, das hält uns, für den Jungen lohnt es sich ... Da braucht man mich ums Verständnis nicht erst zu fragen; beim Abschied versprechen wir einander möglichst viele Besuche.

Kaum ist die Arbeit am Bahngleis beendet, steht schon die nächste Friedensfolge bevor: In den Wiesen bei Rowen wird eine riesige Viehherde zusammengetrieben, der ganze Gutsbestand aus Rowen, Rumbske und vielleicht noch anderen Orten. Auch die Bauern und die Gutsleute verlieren ihre Kühe und Kälber. Nur wenige Tiere bleiben verschont. Einige hält jeweils die Besatzung für den Eigenbedarf zurück, andere – sehr wenige nur – wurden rechtzeitig und gut genug versteckt, zum Beispiel in den «Schwedenschanzen», die nach drei Jahrhunderten noch einmal ihren Dienst tun.

Die Herde soll nun fortgetrieben werden. Dazu werden Frauen rekrutiert, und ich gerate unter die Auserwählten. Ein langer Marsch beginnt, «nach Osten», wie wir vielversprechend zu hören bekommen. Von russischen Reitern umkreist, ziehen Vieh und Frauen am «Hochzeitsberg» vorüber zur Chaussee, um dort die Richtung nach Lauenburg einzuschlagen. Unsere Hauptarbeit besteht übrigens im Melken; am Morgen und am Abend müssen die prallen Euter geleert werden. Milch und nochmals Milch, Milch buchstäblich im Überfluß – und durchweg einfach zum Boden hinunter, in das Gras hinein, aus dem sie stammt: Immerfort muß ich an die Kinder denken, an mein Kind. Wie soll ich es künftig ernähren? Auch der Bauer, bei dem ich Hinkebein eintauschte und der mir seitdem die Milch lieferte, hat seine Kühe verloren.

Der erste Abend, der zweite, das Lebatal hinter Zezenow: Die Herde weidet am Flußufer, und wir übernachten in einer Feldscheune. Flüstern hin und zurück, Beratungen. «Höchste Zeit zum Abhauen», sage ich, «je weiter wir von zu Hause weg sind, desto schwieriger wird es.»

«Nein, nein. Die merken das doch gleich. Die kriegen, die verhaften, die verschleppen uns.»

«Wer weiß? Wahrscheinlich fangen sie sich im nächsten Dorf einfach Ersatz ein.»

«Nein, nein ...» Kein Zureden hilft; alle diese Frauen sind tief verängstigt und wollen nichts wagen. Ich schleiche also alleine hinaus, spähe nach den Posten, die in einiger Entfernung dösen, und beginne den Heimweg. Bin ich mutiger? Eigentlich kaum. Im Grunde ist es die größere Angst, die mich treibt, die Angst um das Kind. Darum schlage ich ohne Rücksicht auf die Gefahren einen wahren Geschwindschritt an und erreiche Rowen noch vor dem Morgengrauen.

Das Kind schreit vor Hunger, es schreit und schreit. Der Spinat aus jungen Brennesseln oder vom Löwenzahn, ein Grießbrei, nur mit Wasser gekocht: So etwas mag in der Not zwar eine Ergänzung sein, aber es kann dem kleinen Wesen, das kaum zwei Monate alt ist, die Grundnahrung nicht ersetzen. Weil ich mich noch nicht wieder auf die Straße wage, schwärmen Mutter und Marie aus, um nach Milch zu suchen, Päckchen mit Kaffeebohnen als Tauschmittel in der Tasche. Das Ergebnis bleibt kläglich. Hier einmal ein Viertelliter, dort ein Becher Ziegenmilch: Für den Augenblick hilft es ein wenig, aber es reicht einfach nicht aus.

Bald tritt bei der Kleinen zum Hunger noch ein hartnäckiger Durchfall hinzu. Nichts hilft dagegen, auch nicht der Sud einer alten kräuterkundigen Frau, die wir verzweifelt um Rat fragen. Das Schreien verstummt; unaufhaltsam wird unser Kind stiller und schwächer.

Schließlich kommt Marie eine Erleuchtung: «Uns're Frau Brennermeister in Rumbske, also was die Vietzken Magdalena is', die hat doch reineweg Kinder. Und alles man Mädchen! Und nu genau hat sie wieder eins, das fünfte – nee, Nummer sechs. Aber uns' ganz olle Vietzke, was hat der nicht immer von seiner Schwiegertochter geprahlt: Die hat Milch, also reineweg Rekord, glatt fürs Dutzend langt das. Ja, und da mein' ich man nur: Ob das vielleicht wieder so sein möcht'?

Mit dem «ganz ollen Vietzke» ist unser alter Diener gemeint; sein Sohn ist der Brennermeister. Sofort wird das Kind in eine Decke gewickelt, und unverzüglich breche ich auf. Zwar residiert in der Brennerei neben den Vietzkes inzwischen die Kommandantura, aber was hilft's? Es gibt auch keine Komplikationen, niemand verwehrt mir den Zutritt.

«Nein, Frau Libussa, das arme Wurm, wie das bloß aussieht, so welk ... Natürlich hab' ich Milch auch für zwei, geben Sie her!» Frau Vietzke legt sich das Kind an die Brust, und Claudia trinkt und trinkt, bis sie beseligt einschläft.

Von nun an marschiere ich dreimal täglich nach Rumbske mit dem Bündel im Arm, das zugleich mich vor Zudringlichkeiten beschützt. Binnen einer Woche blüht das Kind auf, als habe es eine Hungerkrise nie durchgemacht.

Im Glück – so sagt man – verliert sich die Ferne; Glück ist die endlich vollendete Nähe, der erfüllte Augenblick, der schon entschwindet, wenn wir ihm «Verweile doch!» nachrufen.

Seltsam allerdings: Wenn es nur darauf ankäme und auf nichts außerdem, dann gliche das Glück ja dem Unglück, dem Schrecken aufs Haar. Denn wo der Schrecken regiert, da schrumpfen die Horizonte erst recht. Wichtig ist nur noch, was jetzt und was hier geschieht, in dieser Minute, in der allernächsten Umgebung. Direkt, ohne Umstand müssen wir darauf reagieren; unser Überleben hängt davon ab.

Erst allmählich, fast unmerklich zunächst setzt eine Veränderung ein, sei es, weil die Gewohnheit uns härtet, sei es, weil heimlich neue Hoffnungen keimen. Sehr vorsichtig heben wir den Kopf, strecken Fühler aus, sehen uns um; das Blickfeld weitet sich wieder. Wir beginnen zum Beispiel zu fragen, wie es den anderen, den Nachbarn erging.

Es gibt eine gute Nachricht: Die alten Glowitzer, Onkel Gerhard und Tante Lena, leben noch, obwohl sie in ihrem Hause geblieben waren. Ähnlich wie im Falle des Oberinspektors Hesselbarth haben ein paar Beherzte sich vor sie gestellt, deutsche Gutsarbeiter zusammen mit den Franzosen. Sonst aber häufen sich die schlimmen Botschaften. Viele haben getan, was auch wir vorhatten; sie haben sich der Gewalt der Sieger entzogen, indem sie sich erschossen oder erhängten. Einige haben Gift genommen wie der Chirurg aus Stolp und andere Ärzte. Viele und noch mehr Menschen sind umgebracht worden, viele hat man auf Nimmerwiedersehen verschleppt. Manchmal möchte man kaum glauben, was da berichtet wird: Ein altes Ehepaar wurde in den Dorfteich getrieben und nicht wieder herausgelassen, bis es im eisigen Wasser versank. Jemand wurde als Zugtier vor den Pflug gespannt, bis er zusammenbrach und eine Salve aus der Maschinenpistole ihn erlöste. Dem Besitzer von Grumbkow, Herrn von Livonius, hackte man Arme und Beine ab und warf ihn, noch lebend, den Schweinen zum Fraß vor.

Mutters Unruhe wächst: Noch nie kam eine Nachricht aus Karzin, obwohl es kaum zwanzig Kilometer entfernt liegt. Wir wissen nicht, was aus «Frau Liebe», der Großmutter, geworden ist, und so beschließe ich, es zu erkunden. Ich kenne den Weg zwar nicht von Fußmärschen, aber von unzähligen Fahrten; vom «Wossek» bei Rumbske angefangen bieten viele Wälder Deckung; die Dörfer kann man umgehen.

Mutter ist sofort einverstanden, doch Vater Jesko sträubt sich wie stets. Nicht bloß das; er kämpft mit Erbitterung gegen meinen Plan an: «Libussa, das geht nicht, das darfst du nicht machen!»

«Und warum nicht, bitte?»

«Weil – es ist zu weit, nicht die Luftlinie zählt, beim wirklichen Weg mußt du fast ein Drittel dazurechnen. Und das nicht auf Straßen, sondern querfeldein! Nein, du schaffst die Strecke nicht.»

«Das wäre ja gelacht. Ich bin inzwischen prima im Training, ich marschiere täglich herum, über Stock und Stein oft viele Kilometer.»

«Schlimm genug, immerzu warne ich dich, und du hörst nicht! Außerdem verirrst du dich, du hast keinen Kompaß und keine Karte.»

«Bin ich denn vernagelt? Bin ich ein Soldat?» Allmählich gerate ich in Zorn.

«Libussa!»

«Nein, wirklich: Das ist lächerlich. Ich weiß die Richtung, ich kenne den Weg, und zur Not gibt es immer noch unser verlassenes Bahngleis als Leitfaden.»

Jetzt findet er keine Argumente mehr – und brüllt darum: «Ich will es nicht, ich verbiete es!»

Merkwürdig: Während er brüllt, sehe ich seine Hände. Sie gleiten fahrig hin und her, die Finger trommeln ziellos – nein, schlimmer, sie zittern. Ich spüre: Das ist ja Unsicherheit. Oder vielleicht sogar, abgründig uneingestanden: Angst. Weil die Verhältnisse es fordern, habe ich mehr und mehr die Initiative übernommen, die Vater Jesko abhanden kam. Das verwirrt, das demütigt ihn; es sprengt sein Weltbild und verwundet sein Selbstbewußtsein. Und auf einmal spüre ich auch, wie ungerecht ich bin. Nicht um sich hat Vater Angst, sondern um uns Frauen, um Mutter und um mich. Was ihm abhanden kam, das ist vorab sein Stolz, seine Mannesrolle als Beschützer.

Mein Zorn verschwindet noch schneller, als er gekommen ist; ich sage so sanft wie möglich: «Vater, es tut mir leid, mit dem Verbieten ist es vorbei. Ich gehe nach Karzin, und ich werde bald zurück sein.» Gleich am folgenden Tag breche ich noch vor der Dämmerung auf.

Es wird ein Pirschgang eigener Art. Dieser Frühling 1945 ist so sonnig und warm geblieben, wie er begann; schon kündigt er den Sommer an. Man gerät in Versuchung, mit Paul Gerhardt zu singen:

«Geh aus, mein Herz, und suche Freud
in dieser lieben Sommerzeit
an deines Gottes Gaben.
Schau an der schönen Gärten Zier
und siehe, wie sie mir und dir
sich ausgeschmücket haben.»

Gewiß: Wo einmal Rehe längs der Chausseen ästen, gibt es sie nicht mehr; die motorisierten oder berittenen Mörder haben sie rücksichtslos abgeknallt. Hier aber, im Verschwiegenen abseits der Heerwege, trifft man sie noch. Ich sehe auch Wildschweine, eine Bache, die Frischlinge führt, ich sehe den Fuchs und die Hasen. Spechte hämmern, Kuckucke rufen, Wildtauben gurren; man hört «Vogel Bülow», den Pirol. Dabei muß man spähen und lauschen und stets auf der Hut sein. Doch ich treffe weder Deutsche noch Russen, und schon vor der Mittagshitze erreiche ich Karzin.

«Frau von Puttkamer, unsre Gnäd'je? Na, im Schloß tut sie wohnen, wo denn sonst?» Die Frau am Dorfrand, die im Garten arbeitet und bei der ich mich vorsichtig erkundige, stemmt ganz empört ihre Arme in die Hüften, als sei es abwegig, etwas anderes anzunehmen.

«Tatsächlich, oben, wie immer?«

«Oben, das ist jetzt im Keller. Sonst, na ja, so'n bißchen ist da die Kommandantura.» Dann ein mißtrauischer Blick: «Sagen Sie, Fräulein, was wollen Se eigentlich von unsrer Gnäd'jen?»

«Ich will sie besuchen, ich bin ihre Enkelin aus Rumbske.»

«Ach so, ja dann!» Die Frau stellt ihre Hacke beiseite, das Unkraut im Salat bleibt einstweilen von der Ausrottung verschont, und auf einem Pfad hinter den Hausgärten entlang werde ich bis dicht vor mein Ziel geleitet. Aus einem Gebüsch halten wir Ausschau: «Alles ruhig, grüßen Se man schön!» Ich husche zur Kellertür und hinein.

«Libussa, mein liebes, liebes Kind!» Die alte Frau, jetzt in ihrem dreiundachtzigsten Lebensjahr, springt auf und schließt mich in die Arme. Ach, diese Großmutter: Zierlich und sehr beweglich war sie immer und ist es geblieben; «meine Kletterziege» hat sie der Großvater manchmal zärtlich genannt, der vor vier Jahren starb. Vor allem aber hat sie ein großes und gütiges Herz: Nicht von ungefähr wird sie «Frau Liebe» genannt. Dazu noch ist sie witzig und schlagfertig, aus dem Stegreif kann sie herrliche Uz-Verse produzieren. Aber wenn es darauf ankommt, beweist sie Courage und sogar Härte. Oft schon habe ich gedacht, daß in ihrem Rückgrat eine Stahlfeder stecken müsse.

Zwei Frauen teilen die Kellerbehausung mit der Großmutter: ihre Schwester Mirjam und ihre langjährige Haushälterin, Vertraute und Freundin Hannah Brandt. Das große Erzählen beginnt, und erst einmal komme ich überhaupt nicht dazu, Fragen zu stellen, weil ich selbst berichten muß. Gottlob gelten unverbrüchliche Prinzipien: Nach dem Mittagessen – Brennesselsuppe, Pellkartoffeln und Salat vom Löwenzahn – bittet Frau Liebe um eine Pause; sie «zieht sich zurück», wie es der Tradition gemäß heißt, und Tante Mirjam folgt ihr zur Nachmittagsruhe. Das gibt Hannah Brandt Gelegenheit, mir eine doppelt bewegende Geschichte anzuvertrauen.

Ihr erster Teil spielt in Lübzow, zwei Kilometer von Karzin entfernt an der Chaussee nach Stolp. Hier lebte Eberhard von Braunschweig, ein unerbittlicher Gegner der braunen Spießgesellen. Immer wieder war er verwarnt oder verhört, zeitweise aus Pommern verbannt und mehrfach verhaftet worden, zuletzt nach dem Attentat vom 20. Juli 1944. Als nun die Russen anrückten, blieb er in seinem Hause: Was sollte er, der in Stadt und Land bekannte Feind der Nazis, denn fürchten? Doch die Eroberer, wohl nicht bloß vom Siege berauscht, sahen den Gutsherrn, nicht den Antifaschisten. Zum Erklären blieb keine Zeit: Eberhard von Braunschweig wurde mit seiner Familie niedergeschossen.

Die Dämmerung, die Nacht zog herauf. In Karzin wußte man, daß der Einmarsch unmittelbar bevorstand. Laut genug war von Lübzow her das Schießen, das Dröhnen der Panzermotoren und das Kettenrasseln zu hören. Aber Frau Liebe erklärte, daß es Zeit sei zum Schlafen – und «zog sich zurück». Gleich darauf polterten die Soldaten ins Haus. Einer, seine sozusagen noch rauchende Maschinenpistole im Anschlag, erschien vor dem Bett der Großmutter, deutete an, was vor einer Stunde im Nachbardorf geschehen war, und verlangte, daß sie das Bett räume, weil er da seinen Rausch ausschlafen wolle. Doch er bekam zu hören: Das gehe leider nicht, dies sei ihr Bett. Sie sei eine alte Frau und brauche jetzt ihren Schlaf. Aber ein Bettvorleger sei ja da, eine Decke und ein Kissen könne sie ihm ebenfalls abtreten. Und: «Ich kann für uns beide beten.» Sie faltete die Hände und sprach das Vaterunser. Der eben noch blutrünstige Krieger, verblüfft, verwirrt, angerührt, tat, wie ihm geheißen. Und so verbrachten der Soldat und die Großmutter den Rest der Nacht friedvoll nebeneinander.

«Ach, Libussa», schließt Hannah Brandt ihren Bericht, «es war eine grauenvolle Nacht, ich werde sie nie vergessen. Wir Frauen, du weißt ... Aber am Morgen habe ich mich zusammengerafft und bin zum Schlafzimmer vorgedrungen. Stell dir das vor! Man erwartet das Entsetzliche, das Schlimmste, und dann sehe ich dieses Bild, die leibhaftige Idylle: der Soldat und die Großmutter. Durch mein Kommen sind die beiden aufgewacht. ‹Guten Morgen›, hat Frau Liebe gesagt. Und dieser Soldat ist ruhig in seine Stiefel gestiegen, hat das Käppi aufgesetzt, den Rock straffgezogen und die Maschinenpistole umgehängt. Dann hat er salutiert, und dann ist er abmarschiert.»

«Hannah, was für eine Geschichte! Nur: Wem soll man sie erzählen? Falls wir friedliche Zeiten jemals wieder erleben, wird keiner sich das vorstellen können und keiner uns glauben.»

«Aber wahr bleibt es doch. Außerdem: Hier liegt der Bettvorleger. Er heißt jetzt nur noch ‹das Russenlager›, und wenn jemand uns besucht, schläft er darauf. Du kannst es gleich heute abend probieren, denn etwas anderes haben wir ja nicht zu bieten.»

«Erzähl' bitte, wie es weitergegangen ist.»

«Eigentlich so, wie es anfing. Natürlich, wir mußten das Haus oben räumen und haben bloß die beiden Kellerräume: den einen, in dem Frau Liebe und Mirjam wohnen, und diesen hier mit meinem Bett, mit dem Tisch, an dem wir sitzen, und mit dem ‹Russenlager›. Aber es reicht zum Leben, und daß oben die Kommandantura sich eingenistet hat, das bringt sogar Vorteile. Hier gibt es keine Plünderungen und Überfälle. Und wenn der Herr Kommandant eine gemütliche Stube haben will, wird durch die Zentralheizung unsere mitgewärmt; manchmal fällt sogar etwas zum Essen ab. Nur, der Schlüssel zu allem, das ist eben Frau Liebe. Sie ist unser Schutzschild, als Respektsperson auch für die Russen, auch für die Kommandanten.»

«Aber wechseln die nicht dauernd, wie bei uns in Rowen?»

«Selbstverständlich. Doch das macht nichts, das vererbt sich irgendwie – schwer zu sagen, wie es geschieht. Manchmal denke ich: Da muß es ein Papier geben, eine Dienstanweisung, die jeder an seinen Nachfolger weiterreicht. Darauf steht: ‹Hüte die Babuschka im Keller – und sonst hüte dich, es ist nicht mit ihr zu spaßen!› Oder vielleicht ist es ganz einfach so: Immer freundlich und würdig geht Frau Liebe mit diesen Herren um, vollkommen unbefangen und ganz ohne Furcht. Und notfalls energisch. Neulich hat sie einen jungen Russen gefragt: Ob er sie nicht kenne? ‹Doch, warum?› Weil er ihren Gruß nicht erwidert habe. Der Mann war sicher erschrocken, und ich glaube, falls das dem Kommandanten zu Ohren gekommen wäre, hätte der ihm wahrscheinlich den Kopf gewaschen. Jedenfalls, mit dem Grüßen funktioniert es seitdem.»

«Allmählich verstehe ich diese Frau aus dem Dorf, die mich hergeführt und gesagt hat: ‹Oben› ist im Schloß jetzt im Keller, mit so'n bißchen Kommandantura dabei.»

«Na ja, das ist leider sehr übertrieben. Allerdings, ihre Krankenbesuche im Dorf, die macht Frau Liebe wie immer, selbst wenn sie nichts mehr mitzubringen hat. Oder doch etwas, das Wichtigste sogar: ihren Zuspruch und Trost. Es mag sein, daß das auch eine Rolle spielt, weil das Echo im Dorf die Russen beeindruckt.»

Frau Liebe und Tante Mirjam beenden ihre Mittagsruhe, das Erzählen beginnt von neuem; der Nachmittag und der Abend vergehen wie im Fluge. Dann strecke ich mich aufs «Russenlager» und schlafe sofort und vortrefflich.

In der Dämmerung des kommenden Tages beginne ich meinen Rückmarsch, von den guten Nachrichten beschwingt, die ich mit mir trage. Die Sonne kündigt ihren Aufgang an, Tauperlen glänzen überall im Gras, jeder Atemzug trägt Düfte herbei, die Vögel stimmen sich zum Morgengesang ein. Dies ist wahrhaftig ein Frühling, wie es kaum einen gab ...

Karin Struck
Die Mutter

Ingeborg Sommer schreibt einen Brief an Nora. Ich bin 1931 als uneheliches Kind geboren. Mein Bruder ist 1933 geboren. Wir sind nicht von unserer Mutter aufgezogen worden, sondern bei der Großmutter mütterlicherseits. Unseren Vater kannten wir nicht, er blieb im Kriege, als wir noch klein waren. Wir sind in Armut und Not aufgewachsen. Die Großmutter trug vom Ersten Weltkrieg her Schaden davon, und wir Kinder litten sehr darunter. Wir bekamen nur untertellerweise Essen, waren dürftig gekleidet, bekamen jeden Abend, wenn wir zu Bett gingen, mit einer Riemenpeitsche Schläge. Wir schrien oft sehr, aber wir erduldeten alles, weil wir dachten: eine Großmutter darf man nicht anzeigen. Wir wuchsen heran, kannten niemals Liebe und Wärme und ein gemütliches Zuhause. Wir Kinder liefen stundenlang draußen herum, um von der bösartigen Großmutter fern zu sein. Der Großvater war ein feiner Mensch, aber wir hatten nur wenig von seiner Liebe und Güte zu uns. Meine Großmutter beherrschte auch ihn, bis er eines Tages darniederlag und nicht wieder aufstand. Er lag acht Jahre lang an einer Nervenlähmung zu Bett. Er war gebildet und wollte stets etwas Großes aus uns Enkelkindern machen. Im Jahre 1936 meldete mich mein Großvater zum Ballettunterricht an. Ich wurde angenommen. Ich nahm Ballettstunden und tanzte bei verschiedenen Märchenaufführungen auf der Bühne des Operettentheaters in Leipzig, wo Großvater erster Geiger war. Als ich ungefähr fünfzehn Jahre alt war, durfte ich schon als Solotänzerin bei Operetten mitspielen. Kurze Zeit später verunglückte ich bei einer Probe. Ich bekam eine Venenentzündung am linken Bein. Der Arzt untersagte mir das Tanzen. Der Großvater versuchte mich beim Kirchenchor unterzubringen. Auch dort nahm man mich an und bildete mich im Gesang aus, bis ich zuletzt bei einer Tanzkapelle sang. Dieses Leben wollte ich nicht. Es war für mich nicht das Richtige. Ich wollte Berufstänzerin werden. Dann lag mein Großvater im Bett und konnte mir zu keiner großen Sache mehr verhelfen. Denn er wollte etwas Großes aus mir machen, damit ich es im späteren Leben einmal besser hätte ... Danach ging ich als Dolmetscherin für russische Sprache über ein Jahr lang. Ich erlernte die russische Sprache von einem russischen Offizier, der ein Jahr lang in unserer Wohnung einquartiert war ... Im Mai 1951 wurde ich schwanger durch Vergewaltigung. Ich gebar im Februar 1952 mein erstes Kind. Dieses Kind behielt ich. Ich sorgte allein für das Kind, ging in einer Firma in Leipzig arbeiten. Tagsüber versorgte meine Großmutter das Kind ... Es verging eine Zeit, und ich lernte einen jungen Mann kennen, der der Vater meines zweiten Kindes ist, das im März 1954 geboren wurde. Nebenbei bemerkt, ich war immer eine aufopfernde Mutter und besaß immer das Sorgerecht über meine Kinder. Der junge Mann versprach mir die Ehe, aber er heiratete mich nie. Danach wurde ich laufend krank, bekam des öfteren Nervenzusammenbrüche. Ich beschloß, aus meinem Geburtsort Leipzig fortzugehen, wo ich nicht mehr bleiben wollte, weil ich dort nur Not, Elend und Enttäuschung erlebte. Ein Jahr zuvor war meine Mutter in die Bundesrepublik gezogen, im Jahr 1953, nach Wipperfürth im Rheinland. Dorthin ging ich 1954 mit meinen beiden Kindern. Ich hoffte, mit dem Vater meines zweiten Kindes wieder zusammenzukommen, aber daraus wurde nichts. Ich lernte meinen jetzigen Mann kennen. Ich war nur auf Besuch bei meiner Mutter, nach sechs Wochen mußte ich wieder nach Leipzig zurück. Mein jetziger Mann fuhr mit mir nach Leipzig, er heiratete mich im Oktober 1954. Er übernahm selbstverständlich meine zwei Kinder mit, sie waren zwei Jahre und sechs Monate alt. Ich hoffte, das große Los gezogen zu haben. Aber das war nicht so. Ich verließ Anfang 1955 die Ostzone und fuhr auf Anraten meines Mannes zu seiner Mutter, die mich mit meinen zwei Kindern aufnahm. Monate später kam auch mein Mann zu seiner Mutter. Wir bewohnten eine kleine Dachkammer, die schon für eine Person zu klein war. Mein Mann arbeitete wieder als Presser in einer Bakelitfabrik. Nach einiger Zeit ging er immer seltener arbeiten, und seine Geschwister, er hatte noch vierzehn Geschwister!, verleiteten ihn zum Trinken und zu nächtelangen Ausflügen in Nachbarorte. Das Geld, das zum Haushalt benötigt wurde, blieb oft aus, weil er es selbst verbrauchte und in Alkohol umsetzte und für fragwürdige Frauen. Im Oktober 1955 bekam ich das erste Kind von ihm. Als im März 1957 das nächste Kind geboren wurde, jetzt hatte ich vier Kinder, ertrug ich das enge Zimmer nicht mehr, das ja nur eine kleine Dachkammer war, worin ich dreieinhalb Jahre wohnen mußte. Über dem Kinderbett des 1955 geborenen Kindes drohte jeden Tag die Wand einzustürzen, und weil einem Bruder meines Mannes das Kind immer so gefiel und dessen Frau auch, gaben wir unser gemeinsames erstes Kind zur Adoption frei ... Zwei Tage, nachdem das Kind fort war, stürzte die Wand ein ... Ich sann immer darüber nach, warum mein Mann, der sonst im Ort als fleißiger, anständiger und zuverlässiger Junge galt, auf einmal zu faulenzen begann. Endlich bekamen wir eine Wohnung. Mein Mann ging wieder arbeiten, und alles schien gut zu werden. Aber 1958 bekam ich wieder ein Kind. 1959, 1960 und 1961 hatte ich Fehlgeburten, dann noch einmal eine Frühgeburt im fünften Monat, 1963 gebar ich wieder ein Kind, 1964 wieder. Im April 1964 kam ich durch eine Verurteilung in die Haftanstalt Köln für zwei Jahre und einen Monat, ich saß zwanzig Monate ab und bekam fünf Monate Bewährung. Meine Not hatte mich dahin gebracht, straffällig zu werden. Mein Mann war immer seltener seiner Arbeit nachgegangen. Ich bestellte in verschiedenen Versandhäusern, zum Beispiel bei Quelle, beim Ottoversand, bei Baader undsoweiter, teils ohne Anzahlung, teils mit geringer Abzahlung, um an Ware zu kommen. Ich bestellte überwiegend Textilien, wovon ich den größten Teil verkaufte, um an Geld zu gelangen, das ich so dringend für meine Kinder brauchte, um sie vor dem Hunger zu bewahren ... Ich tat alles für meine Kinder. Ich kleidete sie, ich gab ihnen zu essen, ich bezahlte Strom und Miete. Natürlich war ich auch durch die große Not erfinderisch geworden. Ich bekam ja auf meinen Namen nichts mehr, wenn ich die Ware bei den Firmen noch nicht bezahlt hatte. Ich änderte den Namen ab, oder ich nahm den der Kinder. Ich wollte oft alles bezahlen, ging auch schon ein paar Monate selbst arbeiten, und mein Mann versorgte den Haushalt, aber das Geld langte nicht, um die Schulden außer dem Lebensunterhalt zu bestreiten. Oft bekam ich Schläge von meinem Mann, wenn ich nichts für ihn mitbestellte. Aber die bekam ich die ersten Ehejahre sowieso, zum Beispiel wenn er betrunken von der Wirtschaft kam, wollte er etwas Ordentliches zu essen, Wurst aufs Brot, Fleisch, aber ich besaß es ja nicht, wenigstens nicht immer, also bekam ich Schläge oder das letzte Essen ins Gesicht geschleudert. Ich mußte ihm die beste Garderobe bestellen, daß er ordentlich angezogen war, sonst bekam ich Schläge. Ich bekam das Mittagessen ja oft ins Gesicht geschleudert, weil es meinem Mann nicht entsprach: es war kein Fleisch drin. Ich wurde von ihm oft gedemütigt und gepeinigt. Ich war ihm stets hörig. Ich war mit der Zeit so verängstigt, daß ich alles tat, was er wollte. Die wenigen glücklichen Tage waren sehr schnell dahin. Denn es folgten wieder Demütigungen und Schläge. Er ließ mich oft tagelang allein mit den Kindern. Ich mußte zusehen, wie es weiterging, ohne Geld und ohne jede Fürsorge von ihm. Ich hatte sehr oft tagelang nichts zu essen, keine Heizung, so daß meine Kinder in Mäntel und Decken gehüllt tagsüber dasaßen. Ab und zu besann mein Mann sich auf seine Familie, und es ging dann wieder eine Weile. Als ich nach meiner ersten Haftstrafe im Dezember 1965 entlassen wurde, hatte ich zwar noch meine Sozialwohnung, aber kein Möbelstück mehr und keine persönliche Kleidung. Mein Mann hatte meine Kleidung seinen Freundinnen geschenkt, mit allem Drum und Dran, auch die Möbel. Alles veräußert, zum großen Teil in Alkohol umgesetzt. Meinen Mann aber hatte ich noch. Er versprach mir den Himmel auf Erden. Er wollte sich bessern, und ich sollte nie mehr bei Firmen bestellen, er wollte arbeiten gehen. Im April 1966 mußte mein Mann in die Haftanstalt nach

Siegburg, wo er für sieben Monate bleiben mußte. Er wurde verurteilt wegen Fahren ohne Führerschein, wegen einem kleinen Betrug und wegen Unterhaltshinterziehung. Ich war allein. Meine Kinder waren seit meiner Verurteilung in einem Kinderheim bei Köln. Die Kinder sind bis heute in diesem Heim, bis auf die Kinder, die mit vierzehn aus dem Heim entlassen wurden und eine Lehrstelle begannen. Bald darauf merkte ich, daß ich wieder schwanger war. Ich arbeitete weiter auf der Arbeitsstelle, die ich mir nach der Verurteilung meines Mannes gesucht hatte. Ich hatte oft Schmerzen in den Beinen, die sehr geschwollen waren, aber ich arbeitete weiter bis acht Wochen vor meiner Niederkunft, dann war ich am Ende meiner Kräfte. Als mein Mann seine Haftstrafe verbüßt hatte, bekam er vorerst noch keine Arbeit, und ich erhielt Sozialunterstützung. Als das Kind im Januar 1967 geboren wurde, bekam ich durch das Mutterschutzgesetz mehrere hundert Mark ausgezahlt, da ich gearbeitet hatte. Mein Mann verschwand mit dem Geld ein paar Tage. Ich blieb mit dem Neugeborenen allein zurück. Da ich das Leben leid war, wollte ich in ein Baggerloch stürzen mit dem Säugling, aber ein Passant wurde aufmerksam, verständigte andere Passanten, die Polizei zu holen, um mich vor der Wahnsinnstat zu bewahren. So lebte ich also weiter, natürlich dachte ich immer an meine Kinder. Aber zu dieser damaligen Stunde war ich des Lebens müde, es war doch zu verstehen. Von Kindheit an nur Not und Elend. Aus dieser Lage wollte ich mich endlich befreien. Mein Mann erfuhr von meinem Selbstmordversuch, denn die Polizei machte ihn ausfindig, und er war wieder zu Hause bei mir, gerade als ob nichts geschehen wäre. Mein Mann stammt aus einer Durchschnittsfamilie. Sein Vater war Hammerschmied mit fünfzehn Kindern. Die Familie lebte in Armut, aber der Vater sorgte für sie . . . Mein Mann war sonst gutmütig zu den Kindern, machte Späße mit ihnen, und dann vergaß ich immer meine Sorgen. Er war neunzehn, als er mich heiratete. Ich dachte, er würde sich noch ändern. Er galt als geschickt, konnte sämtliche Arbeiten: Tapezieren, Mauern, Gartenanlagen verschönern, Hausarbeiten, Kinderpflegen, Kochen, Waschen, er konnte alles, was man im Leben braucht. Trotzdem gab es Tage, an denen er einfach nicht arbeiten ging, um Geld zu verdienen, daß wir unser Auskommen hatten ... Er arbeitete wieder eine Weile. Er entschuldigte sich aber auch, wenn er nicht arbeiten gehen wollte, für sein böses Vorhaben mit den Worten: verzeih mir bitte, aber ich weiß selbst nicht, warum ich das alles tue und warum ich oft so wegbleibe, ich liebe dich und unsere Kinder, und er weinte wie ein Kind. Also konnte ich nicht böse sein, auch war ich so leichtgläubig und versuchte immer mit wenigen lieben Worten, meinen Mann zur Vernunft zu bringen: daß das Leben doch so schön sei, aber daß es auch ein Kampf ist und daß man immer Geld hat, wenn man seiner Arbeit nachgeht. Diese Worte beherzigte mein Mann dann wieder für eine Weile ... Aber mich drückten die Schulden, und ich konnte nachts oft vor Kummer nicht schlafen, grübelte nach einer Lösung und fand keine. Dieses wuchs in mir ins Unerträgliche. Ich litt am Tage sehr darunter. Ich bekam sehr oft Nervenschmerzen, die im Hinterkopf anfingen, und alles Blut wich aus meinen Adern. Da war ich oft nicht imstande, nur eine Tasse anzufassen, da mußte mein Mann die Kinder und den Haushalt versorgen. Ich schwor mir, nie wieder auf Abzahlung zu kaufen, aber ich ahnte ja nicht, daß mir noch Schlimmeres bevorstand als in den letzten Jahren ... Von dem verdienten Geld, wenn mein Mann arbeiten ging, gab er mir nur ein Drittel, und zwei Drittel vertrank er. Aber von dem Geld konnte ich mit den Kindern nicht leben. Denn ich hatte inzwischen wieder Kinder geboren. Im Dezember 1967, im Dezember 1968 Zwillinge, im Juli 1970 ein Kind, und im Oktober 1972 mein letztes Kind. Zwischendurch ereignete sich Schlimmeres in der Familie. Mein Mann betrank sich so gründlich, daß er mir die Möbel gerade rückte, das Geschirr teilweise zerschlug, mich beschimpfte, was ich für eine furchtbare Frau sei. Er demütigte mich und trieb mich fast zum Wahnsinn. Ich wagte in seinem Beisein nicht zu weinen. Denn er empfand das Weinen als Heuchelei. Alles drehte sich innerlich. Ich betete oft zum Hergott, er möge mich vor allem Unheil bewahren und mir und den Kindern doch helfen.

Ich wagte auch nicht, zur Behörde zu gehen. Mein Mann hätte mich verfolgt. Er war sehr eifersüchtig, und ich war sein Besitztum. Eines Tages fing ich wieder an, Bestellungen zu machen. Ich wollte es nicht tun, aber meine Not war so groß geworden ... Sollte ich meine Kinder umbringen? Sollte ich stehlen für meine Kinder? Sollte ich fortlaufen? Ich habe auf jeden Fall meine Kinder gut versorgt und gekleidet. Ich habe mich strafbar gemacht, und die zu lange Haftstrafe hat mir den Rest gegeben. Ich war sowieso schon mit den Nerven herunter, ich war körperlich herunter. Aber seit dem ersten Tag in der jetzigen Haft leide ich so sehr ... Meine Kinder bei fremden Leuten zu wissen, ist das Allerschlimmste für mich. Ich weiß genau, daß es sowas für mich nie wieder gibt: solche Bestellungen zu machen ... Ich habe durch die Haft alles verloren, mein Zuhause, meine Möbel, alles was ich besaß, ist weg. Meine Kinder sind verstreut, und die größeren Kinder verzweifeln, weil sie kein Zuhause mehr haben. Ich habe alles zusammengehalten. Seitdem ich wegbin, ist alles zerstört ... Ich hatte das Wohl meiner Kinder immer vor Augen ... Die größeren Kinder, die seit 1964 im Heim waren, von denen fünf noch im Heim sind, kamen zu fast allen Wochenenden oder zu Ostern, Pfingsten, Weihnachten und in den Sommerferien zu Besuch nach Haus. Die Sommerferien waren immer sechs sieben Wochen lang, da mußte Essen dasein. Es waren unsere Kinder. Ich konnte nicht sagen: ich habe für euch nichts zu essen, deshalb dürft ihr nicht nach Hause. Die Bitten der Kinder gingen mir ans Herz, und ich erfüllte gerade diesen Heimkindern alles, was sie wollten ... Meine Kinder wußten zu schätzen, was ich für sie tat. Sie wissen bis heute, wer ihre Mutter ist und wie gut ich ihnen war und bin. Den Kindern tut es weh, daß ich fortbin, sie bettelten, ich möge wiederkommen, sie könnten ohne mich nicht leben ... Die letzte Zeit schätzte mein Mann aber kaum etwas an mir. Er merkte kaum, wie sehr ich mich immer für meine Kinder aufopferte. Wenn sie krank waren, saß ich nächtelang an ihren Betten und ging nicht zu Bett. Auch lief ich für meinen Mann oft von Arbeitsstelle zu Arbeitsstelle, daß man ihn doch einstellen solle. Es hatte sich herumgesprochen, daß mein Mann oft seiner Arbeit nicht regelmäßig nachging, und vorübergehende Arbeiter brauchte keiner, nur Arbeiter, auf die Verlaß war. Wenn ich Kindergeld bekam, wartete schon mein Mann darauf ... Wenn er zum Beispiel von einem Trinkgelage des Nachts zurückkam, oft gegen zwei oder drei Uhr nachts, durfte ich nicht im Bett sein, nein, ich mußte wachbleiben und aufpassen, wenn er an der Tür stand, um ihn würdig zu empfangen, ihm die Schuhe auszuziehen, ihn auszukleiden, ihm zu Essen zu geben, obwohl ich bald umfiel vor Müdigkeit und Überarbeitung ... Ich war die letzte Zeit nur seine Magd, und wehe ich hätte mich gemuckst, die Hölle wäre los gewesen. War ich ihm im Bett nicht immer hörig, beschuldigte er mich, ich sei eine Hure und habe gewiß andere, die es besser könnten. So nahm er mich mit Gewalt. Mein Körper hat sich oft vor Nervenschocks, die ich in der letzten Zeit erlitt, vollkommen verwandelt. Ich wollte oft weglaufen, aber es wäre ja unmöglich gewesen. Ich konnte meine Kinder nicht unter den Arm klemmen. Ich wußte ja nicht wohin. Mit so vielen Kindern findet man selten einen, der einen aufnimmt. Den Trumpf hatte mein Mann in der Hand. Er ruhte sich auf meine Kosten aus. Sehr oft lag ich Wochen darnieder, auch oft ohne ärztliche Hilfe, denn wir waren nicht in der Krankenkasse, wenn mein Mann nicht gearbeitet hat. Es war noch ein Glück, daß der liebe Gott meine Kinder gesund erhielt. Ich setzte aber auch alles ein für sie, daß sie mir gesund blieben ... Mein Mann versorgte, wenn ich krank war, den Haushalt und unsere Kinder und alles was dazugehört. Da war er nicht zu tadeln, darin war er Meister. Er konnte auch gut kochen. Sobald ich dann wieder halbwegs genesen war, es waren meist Erschöpfungszustände, Blutarmut, schwere Kreislaufstörungen, fing der alte Trott wieder an. Mein Mann verschwand wieder für ein paar Tage, um sich von den Kindern, die ihm so viel Arbeit machten, zu erholen, wie er zu sagen pflegte ... Die letzten Wochen vor meiner Inhaftierung am 27. August 1973 waren die schlimmsten. Aber ich bewahrte die Fürsorge um meine lieben Kinder, so erschöpft ich auch war. Ich zitterte die letzten Monate vor meinem Mann, wenn er bloß die Hand erhob. Nächtelang lag ich wach und grübelte nach einer Lösung, die mich befreien sollte mit meinen Kindern von diesem elenden Leben. Am Tage bedeckte ich mir oft die Augen, wenn die Kinder draußen spielten, und schrie in der Wohnung: ich kann nicht mehr, ich kann alles nicht mehr ertragen. Meinen Kindern gegenüber ließ ich mir nichts anmerken. Sie merkten aber doch oft, wenn ich des Nachts weinte und schluchzte, und die siebenjährige Lydia kam dann oft an mein Bett und sagte: Mama, warum weinst du, hat Papa dich gehauen? Meine größten Kinder haben alle das Elend oft miterlebt anfangs. Wie oft schlug mein Mann mich über die Köpfe der Kinder hinweg ... Ich bin fast fünf Monate in Haft. Ich leide an meiner Sehnsucht nach meinen Kindern. Es vergeht kein Tag, an dem ich nicht weine. ... Mein Mann blieb allein zurück. Er schluckte des öfteren Valium-Tabletten, die er in Überdosis nahm, um sich zu betäuben, weil er allein war und sich gar nicht mehr helfen konnte ... Er besann sich auf mich, schrieb mir die schönsten Briefe, die für ihn die letzte Rettung waren. Er schrieb mir Briefe, wie ich ihm helfen könnte, anstatt zu fragen, wie er mir helfen könnte ... Im Dezember 1973 holte dann die Polizei meinen Mann ab aus der Wohnung seiner Mutter ... Mein jüngstes Kind kommt am sechsten Februar 1974 zu mir in die Haftanstalt ... Mein Mann hat immer Wärme gesucht. Ich sitze im Gefängnis, und er findet zu Hause nichts Warmes zu essen. Er hatte vierzehn Geschwister, die er früh versorgen mußte ...

Marie Luise Kaschnitz
Das Bild der Mutter

Auf dem dreißig Jahre alten Schmalfilm kam meine Mutter unversehens ins Bild und gerade auf mich zu. Ich war überrascht, wie schön sie war und wie zart. Ich dachte gleich, sie muß damals also schon krank gewesen sein oder die Krankheit muß schon in ihr gesteckt haben. Denn nach dem Tode meines Vaters ist sie zuerst dick geworden, und ihr Gesicht fleischig und rot. Der Film stammte aus dem Jahre 1940, Kriegszeit, Westwallzeit, die Reisen an den Oberrhein, ins Grenzgebiet, waren schwierig geworden, ganz gewiß war ich in jenem Sommer nicht zu Hause, und von der beginnenden Krankheit meiner Mutter wußte ich nichts. Das überaus liebevolle Lächeln hatte nicht mir gegolten, jetzt aber gilt es mir, ich lasse den Film zurückspulen, vier- oder fünfmal. Meine Neffen als kleine Buben, mit dem Schachbrett, mit der Angelrute, meine älteste Schwester als junge Frau, alles hübsch und lustig, ich will aber immer nur dieselben wenigen Meter sehen. Die gehen mich an, mich allein. Meine Mutter, die lächelnd auf mich zukommt, mich ansieht, mich. Die acht Linden auf dem Hof rücken mehrmals ins Bild, das Laub ist schwarz und unglaublich dicht, nicht zu vergleichen mit heute. Ich möchte meinem Bruder den Film, den ich geschenkt bekam, gar nicht zeigen, er leidet unter dem langsamen Absterben der zweihundert Jahre alten Bäume. Ich muß noch einmal sehen, wie meine Mutter mir zulächelt, so voller Liebe, ich war nicht gemeint.

August Kühn
Meine Mutter 1907

Eine Mutter ist mehr als die Frau, der man das Leben verdankt – sie ist das Verbindungsglied zum Ursprung des Lebens überhaupt. Mütter waren und sind Zuversicht, seit den Anfängen der Menschheit, denke ich, Zuversicht, daß es irgendwann einmal bessere Zeiten geben wird, die den Nachwuchs unter günstigeren Umständen leben lassen.

Die Mutter meiner Mutter muß viel Zuversicht gehabt haben. Bevor sie meine Mutter gebar, hatte sie schon drei anderen Mädchen das Leben gegeben, und das unter ungünstigsten Umständen. So war sie mit dem Vater dieser drei Mädchen nicht verheiratet. Meine Großmutter arbeitete, als sie mit meiner Mutter schwanger war, in einer Zigarrenfabrik, war da aber schon mit einem Druckereiarbeiter verheiratet, dem Vater von mindestens zwei der drei ihrer Kinder. Zwei waren nach der Heirat ‹ehelich› gemacht worden, was besagt, daß zwei Schwestern meiner Mutter nach der Hochzeit den Ledigennamen der Großmutter ablegen und den des Vaters annehmen durften, Sophie und Babette. Amalie dagegen behielt den Namen März, das war der Ledigenname der Großmutter, über ihre ganze Jugendzeit hin, weshalb sie auch nicht wie ihre Schwestern in die Stadt geholt wurde, als sie ins schulpflichtige Alter gekommen war. Stadt – das war München, damals noch königliche Haupt- und Residenzstadt eines alten, leicht senilen und trotzdem oder auch deswegen volkstümlichen Prinzregenten, der den als geistesgestört in einer Anstalt untergebrachten eigentlichen König Otto vertrat. Diesen König Otto wünschten sich Großmutter und Großvater möglichst oft zu sehen – sein Konterfei zierte nämlich die bayerischen Markstücke damals, die solid silbernen, die man als Arbeiter oder Arbeiterin am Freitag oder Samstag nach sechzig Wochenstunden als Lohn erhielt. Was die zwei an Lohn erzielten, mußte hinreichen für sie selber, außerdem wollten sie etwas auf die hohe Kante bringen – wegen der Zuversicht. Hinreichen mußte es auch für das Kostgeld für die Kinder, die man auf einem Bauernhof in Niederbayern untergebracht hatte, kaum daß sie die ersten Gehversuche unternommen hatten. Die immer etwas nach Pferdeblut riechende Behausung, die sie sich gemietet hatten, ein Zimmer und Küche in einem Rückgebäude in der Münchner Schwanthalerhöhe, war viel zu eng für alle gewesen.

Ich habe mir solche Rückgebäude, soweit sie nicht im Zweiten Weltkrieg von Bomben weggefegt worden sind, gründlich angesehen und mir vorgestellt, wie meine Mutter im ersten Stock eines solchen Hinterhofbaues geboren wurde. Doch, einige solcher Mietobjekte aus dem vorigen Jahrhundert haben sich in diesem alten Arbeiterviertel noch erhalten bis in die achtziger Jahre des 20. Jahrhunderts – und finden immer noch Mieter. Die Miete allerdings wird schon seit fast siebzig Jahren nicht mehr mit ‹Ottos› beglichen, sondern mit – nacheinander – papierenen Tausendern, Zehntausendern, Hunderttausendern, Millionen, Billionen, Rentenmark, Reichsmark und D-Mark. Die D-Mark legen für solche Behausungen Arbeiter aus Griechenland, Jugoslawien und der Türkei hin, die nun in die alten Häuser auf der Schwanthalerhöhe gezogen sind, vor 15 oder 20 Jahren schon.

Im Hinterhof an der Ligsalzstraße, dem Geburtshaus meiner Mutter, war damals das Schlachthaus eines Pferde- oder, wie man das damals nannte, Roßmetzgers mit Namen Komatz. Der war nicht Bürger des Königreichs Bayern, nicht eigentlich, vielmehr Nachfahr eines böhmischen Bauarbeiters an Münchens königlichen Prachtbauten und einer italienischen Ziegelbrennertochter, deren Vater und Mutter als Wanderarbeiter das Ihre zur Verschönerung der Stadt, zu deren Wachsen und Gedeihen beigetragen hatten.

Der Roßmetzger Komatz von der Ligsalzstraße im königlichen München war Staatsbürger der k. und k. Monarchie von Österreich-Ungarn, weil Böhmen wie das nordostitalienische

Bergland bis Triest zu diesem Reich gehörte. Die Eltern meiner Mutter waren gute Kunden bei Komatz, denn wenn man so sparen mußte wie sie, dann konnte man nur an besonderen Feiertagen beim ‹Schweinmetzger› einkaufen, beim Roßmetzger bekam man ums selbe Geld die weitaus größere Portion – und den Kindern wurde gesagt, daß Pferdewurst ohnehin den besseren Geschmack habe.

Die Stufen der steilen Treppe sind grau von tausend Putztagen, ‹Treppendienst›, den man, nein, nicht man, den eine Hausfrau nach acht, neun oder zehn Stunden Fabrikarbeit zwei- oder dreimal wöchentlich zu versehen hatte, kontrolliert von einer mißtrauischen Hausmeisterin, die auch die monatliche Miete für den Besitzer kassierte. Und ausgetreten sind sie, zur Mitte zu fehlen den Stufen zwei, wenn nicht mehr Zentimeter von der ursprünglichen Holzdicke. Hunderttausende von Schritten haben sie mitgenommen, man kann nur spekulieren, was mehr weggeschliffen hat, der rasche, federnde Tritt der Arbeitslosen, die mit der hoffnungsvollen Kunde heimkamen, daß sie eine neue Stelle gefunden hätten, eine gar nicht einmal so schlecht bezahlte, am nächsten Montag oder morgen schon ginge es an. Oder die schlurfenden, früh müden Schritte der alten Zeitungsträgerin, die sich diese Arbeit jeden Tag auftun mußte, weil ihr niemand eine Rente zahlte. Oder waren es die der Kinder, die barfuß laufend doch Staub und Sand ins Haus und auf die Stufen schleppten, obwohl sie immer ermahnt wurden, ihre Sohlen zuerst abzustreifen, Schmutz, der wie sanfter Schmirgel an den Stufenbrettern rieb über die Jahrzehnte hin?

Von den Kühn-Kindern haben nur Sophie und Betty, wie Mutters Schwester Babette genannt wurde, größeren Anteil am Zustand der ausgetretenen Treppe im Hinterhaus beim Roßmetzger in der Ligsalzstraße gehabt, weil sie noch im Schulalter vom Kostplatz auf dem Land wieder in die Stadt zurückgeholt worden waren. Daß meine Mutter nur kurze Zeit in dieser Umgebung zu leben hatte, hängt mit der Zuversicht zusammen, für die ihre Mutter und natürlich auch ihr Vater etwas getan hatten, damals.

Zuversicht? Der Hausbesitzer hatte einige Jahre vor ihrem Einzug unten im Halbstock, am Treppenabsatz zwischen dem Parterre und dem ersten Stock, den Abtritt erneuern müssen, die Magistratsbehörden hatten es so verlangt, wegen der seuchenpolizeilichen Vorschriften. In dem Verschlag aus Brettern, dem aufgenagelte und mit Mörtelputz überstrichene Rohrmatten ein gemauertes Ansehen gaben, war die Steinzeugschüssel mit Wasserspülung installiert worden statt des Abtritts; aber weiterhin wurde die benützt von den Metzgergesellen und -lehrbuben, zwei oder drei hatte der Komatz immer, von ihm selber natürlich auch, dem Meister mit der freundlich-südlichen Seele, von den Nachbarn im ersten Stock, einem Ehepaar mit einem Schlafgast, der in der Gummifabrik arbeitete, und eben von Anni und August Kühn sowie deren Kindern, wenn die in der Stadt waren. Als Wilhelmine, meine Mutter, geboren wurde, war Sophie schon in München, in der Stadt, ging in die zweite Klasse. Sophie, die zweitälteste Schwester, war da schon sechs Jahre alt, Amalie, die Älteste von Großmutter Anna, mußte in die Dorfschule gehen, sie war und blieb eben die Jugenddummheit der Großmutter; in den Schulferien kam auch Sophie wieder zu den Zieheltern aufs Land.

Auch meine Mutter hat aus ihrer Kindheit diese Erinnerung an den kleinen Hof, nein, nicht eigentlich ein Hof war es gewesen, Anwesen eines Kleinhäuslers, für den dieses Kostgeld für die Kinder, die bei ihm ihre ersten Jahre aufwachsen durften, fast die einzige Einnahme in Barem darstellte, die einzigen ‹Ottos›, die er dringend für Einkäufe brauchte, um sein ‹Sach›, sein Haus mit Kuh- und Ziegenstall, instand zu halten. So hatte es meine Mutter dort besser, als sie es in der Stadt hätte haben können, wegen eben dieser für ihren Aufenthalt bezahlten ‹Ottos› zogen die Zieheltern sie und ihre Schwestern sogar den eigenen Kindern vor, wollten sie sich doch von den Zahleltern nichts vorwerfen lassen. Satt und rund sollten die ihre Kinder vorfinden, wenn sie zu einem der seltenen Besuche kamen.

Eine Roheit, die Kinder, kaum daß sie auf ihren Beinen

stehen konnten, zu einem Kleinhäusel-Bauern abzuschieben? Nein, es hatte mit der Zuversicht zu tun, die Anni und August Kühn für sich und ihre Kinder hatten. Um diese Zuversicht nähren zu können, neben den Kindern, mußte etwas von den ‹Ottos› auf die Seite gelegt werden. Dafür mußten sie beide ihre Tage verkaufen, in der Zigarrenfabrik und in der Zeitungsdruckerei. Beide, denn vom Lohn nur von einem wäre nichts zu ersparen gewesen. Mit dem Geld, das sich auf der Sparkasse ansammelte, sollte eine Heimat geschaffen werden, so war es der Plan der Eltern meiner Mutter, eigene vier Wände auf eigenem Grund und Boden und unter eigenem Dach. In München gab es seit einigen hundert Jahren Mietwohnungen, aber die in solchen wohnten, waren reiche Leute, Gäste auf Zeit in der Stadt gewesen, auf die Zeit, die sie brauchten, dort ihre Geschäfte abzuwickeln. Auch in den Vorstädten hatte es Mietherbergen gegeben, dort hatten diejenigen gewohnt, die sich eine Zukunft erhofften mit einem Verdienst, der sie unabhängig machen würde von einem Handwerksmeister oder Grundbesitzer. Seit der Großvater Kühn in der Stadt ansässig geworden war, gab es in den neu erstehenden Stadtvierteln andere Mietwohnungen, solche, in die Arbeiter zogen und nur deswegen, weil sie anderswo keine Existenzmöglichkeit finden konnten. Noch gar nicht lange vor der Geburt meiner Mutter hatte man solche Übersiedler von weit entfernten Dörfern immer dann, wenn sie glücklos geblieben, gar noch krank geworden und so der öffentlichen Fürsorge des Magistrats anheimgefallen waren, per Schub, also unter Aufsicht von Gendarmen, zurückgeschickt in die Heimatdörfer. Sollten die sehen, wie sie diese unfreiwillig Heimkehrenden in ihren Armenhäusern unterbrachten!

Mutters Eltern stammten aus München, ihr Vater war auch als Kostkind auf dem Land aufgewachsen, Anna war die ledige Tochter einer Dienstmagd, die ihre Stelle zuletzt in einem eingemeindeten Dorf gehabt hatte. Anna war in München geboren und sollte auch in München zur Schule gehen, anschließend einen anständigen Beruf erlernen und als eheliches Kind späterhin ebenso anständig verheiratet werden, besser sollte sie es haben als ihre Eltern, die von angestammteren Münchnern, als sie selber es waren, als ‹Krattler› bezeichnet wurden. Kratten waren kleine Handwägelchen, auf denen Hausierer von Ort zu Ort gezogen waren, ihren geringen Besitz und die wenige Ware auf ihm mitführend. Krattler aber war und ist heute immer noch ein Schimpfwort aus anmaßend-dümmlichen Mündern in Bayern.

Als kleines Kind gehörte auch meine Mutter zu den Krattlern, ein Krattlerkind war sie, anders konnten sich die Dörfler nicht erklären, wie es sich verhalten sollte mit Leuten, die einem Kleinhäusler ihre Kinder zum Aufziehen ablieferten. Ein Glück war es deshalb für sie, daß sie nicht auf andere Dorfkinder als Gesellschaft angewiesen war, weil im Haus genügend andere Kinder waren, die Schwestern und die der Zieheltern, die sie lange auch als Geschwister ansah.

«Bei den Troscheleltern . . .», sagte meine Mutter, wenn sie sich mit ihren Schwestern später, als sie alle schon erwachsen waren, über ihre Kindheit unterhielten. «. . . da war es schön, da ist es uns nicht schlecht gegangen», vollendete sie regelmäßig diesen Satz. Milch und einen Ranken Hausbrot hatte es in der Frühe gegeben, mittags dann, wenn die ‹Troscheleltern› von ihrer Arbeit bei einem der größeren Bauern in der Umgebung heimkamen, meistens Brennsuppe und Kartoffeln und ebenso am Abend, bevor die Kinder ins Bett geschickt wurden. Wenn Amalie von der Schule kam, war sie ‹Kindsmagd›, sie hatte also auf die kleineren Schwestern und auf die Pflegebrüder aufzupassen.

Betty, meine Tante, hatte keine so guten Erinnerungen an den Aufenthalt bei den ‹Troscheleltern›, entsann sich toter Mäuse, die ihr von der Großen, der Amalie, und den Troschelbuben, in die Schürzentaschen gesteckt worden waren. Und Amalie erinnerte sich an schwere Milchkannen, die sie ins Dorf zur Molkerei schleppen mußte, bevor sie in die Schule ging, auch das Aufrichten von Brennholz im Herbst, das ausreichen mußte für den Winter zum Heizen, vergaß sie ihr

Leben lang nicht, es mußte also für sie eine schmerzhafte Schufterei gewesen sein.

Meine Mutter besteht darauf, daß sie immer geweint hätten, wenn sie von den Troscheleltern weg in die Stadt abgeholt worden seien. Troscheleltern? Was für ein Wort! Nur in der Familie, dieser einen, der Kühnschen, war es gebräuchlich, weil schon der Vater und der Großvater bei Troscheleltern groß geworden waren – aber was es wirklich bedeutete und woher es seinen Ursprung hatte, das hat auch meine Mutter erst viel später erfahren.

Eine Zuversicht, die Mutters Eltern antrieb, hieß Sozialdemokratie. Ihr Vater hatte sie von seinem Vater, ihre Mutter von den anderen Zigarrenmacherinnen. Sie, die Arbeiterpartei, meinten die immer dann, wenn etwas allzu unzulänglich war in ihrem Alltag, sie würde diesen Widrigkeiten abhelfen, wenn sie nur erst die Macht dazu besitze. Aber auf einen solchen Tag hatte schon Mutters Großvater, der Packmeister bei der königlich-bayerischen Staatsbahn, eine lange Zeit seines Lebens vergeblich gewartet, mit dem Warten allein also war es nicht getan. Drei Jahre alt war meine Mutter, als sie daheim in München ein weiteres Geschwister erwarteten – und ihr Vater von den Genossen an einem Parteiabend angeredet wurde, ob er mitmachen würde bei einer Arbeiterwohnungsgenossenschaft.

«Eine Wohnungsgenossenschaft? Was ist denn das?»

«So was Ähnliches wie der Konsumverein, nur mit Wohnungen.»

Den Konsumverein gab es seit gut zwei Jahrzehnten, und die Arbeiter aus den Gewerkschaften und der Sozialdemokratie kauften dort ihr Brot und andere Lebensmittel ein. Die beim Verein angestellten Leute waren Genossen, kein ‹Geschäftsmann› sollte an diesen Lebensmitteln mehr seinen privaten Profit machen, um von dem so viel auf die Seite zu bringen, daß er sich für seinen Ruhestand ein Mietshaus oder, wie es auch genannt wurde, ein Rentierhaus hinstellen konnte. Nein, beim Konsumverein gab es, entsprechend den Einkäufen das ganze Jahr über, eine Gewinnausschüttung für die Mitglieder. Die Eltern meiner Mutter waren Mitglieder im Konsumverein.

«Eine Wohnung bräuchten wir schon, dringend sogar. Aber wie ist denn das mit dem Mitglied-Werden, und woher sollen denn die Wohnungen kommen?»

«Einen Geschäftsanteil muß ein jeder kaufen, der Mitglied werden will, so um die hundert Mark, das wird der Grundstock, und mit dem wird dann gebaut. Mit dem Mieteingang wird der Bankkredit getilgt, und verwaltet wird von uns selber, also von einem Vorstand wie bei einer Genossenschaft, der von uns gewählt wird und von dem wir Rechenschaft fordern können.»

Die Schwanthalerhöhe liegt westlich der Oktoberfestwiese und hinter dem Rücken der bronzenen Bavaria; sie ist eines der Stadtviertel, die geschichtslos zwischen der gewachsenen, alten Stadt und den einmal in achtsamer Entfernung gelegenen Dörfern hochwuchsen. Verhältnismäßig jung, begannen um die Mitte des 19. Jahrhunderts die ersten Anwohner mit der Besiedlung dieser Gegend, die davor verschiedene Namen, Flurnamen geführt hatte: Am Galgenberg, wegen der Scharfrichtstätte, die einmal hier gelegen hatte – Sendlinger Heide, das erinnerte an die unfruchtbaren Gründe des ehemaligen, längst auch eingemeindeten Dorfes Sendling – zuletzt äußere Ludwigsvorstadt, wegen des durch königliches Dekret zum Baugrund erklärten Bereichs unmittelbar vor der westlichen Stadtumwallung, die von des Königs Ludwig Vorgänger zum Abbruch bestimmt worden war. ‹Drinnen› siedelten sich hochachtbare Bürger aus der inneren Stadt an, auf der Höhe, hinter den Biergärten der Brauereien, hatten sich diejenigen, die mühsam zum Bauen gekommen waren, ihre Häuser errichtet.

‹Arbeiterwohnungsbau-Genossenschaft Ludwigsvorstadt›, so nannten die Genossenschaftsgründer ihre Unternehmung. Genügend Interessenten hatten sich zusammengefunden, um ein weiträumiges, vierstöckiges Hausgeviert errichten zu lassen, untergliedert in drei große Innenhöfe, in denen Aschentonnenhäuschen und, in einem von ihnen, die Werkstatt der Handwerker untergebracht wurden. Wie eine Festung ragte dieser graue Bau aus der Gegend auf, die immer noch hauptsächlich als Schafweide genutzt wurde, als meine Mutter, noch nicht ganz fünfjährig, hierher heimkehrte.

Zimmer, Küche und Kammer, die Aborte in der Wohnung, auch das Wasser nicht im Treppenhaus, sondern drinnen in dem schmalen Gang an der Wand, vor der Küche ein kleiner Balkon mit einer Waschaufhänge, aber auch mit einem eisernen Gestänge, das für Blumenkästen vorgesehen war. Von der Küche aus gab es noch eine niedrige Tür in ein winziges Kämmerchen, die Speisekammer – es war eine Stadtheimat.

«Wir sind jetzt in München daheim, sind Münchner! Meine Leute, die von meiner Familie, haben zwar auch schon lange Zeit in der Stadt gewohnt, aber mit der Genossenschaft gehören wir da her, da kann uns keiner mehr einfach hinauswerfen!» – So bekam es meine Mutter von ihrem Vater zu hören. Also, meinte sie, sei es nun vorbei, daß jemand sie als ‹Krattler› ansehen konnte, wie die Dorfbuben bei den Troscheltern.

In der Kammer war Platz für vier Betten, je zwei übereinander. Auch die Wickelkommode, die für den inzwischen geborenen Bruder gebraucht wurde, fand noch Platz. August, Gustl. Bei der Geburt meiner Mutter hatten ihre Eltern schon gehofft, sie werde als Sohn, als der Bub auf die Welt kommen. Aber dann hatte man ihr den Bubennamen gegeben und sich damit abgefunden, daß sie ‹nur› ein Mädchen war. Wilhelmine. Nicht nach dem in Berlin regierenden preußischen Kaiser Wilhelm war sie benannt, sondern nach einem Reichstagsabgeordneten, Wilhelm Liebknecht, auf den ihr Vater und auch die Mutter ihre Hoffnungen gesetzt hatten. Der Bruder hatte seinen Namen nach dem August Bebel. Der Vorsitzende der Sozialdemokraten hatte ein Buch geschrieben, ‹Die Frau im Sozialismus›, sein Bild hing in der Küche an der Wand über dem Sofa, auf das sich der Vater hinlegte, wenn er von der Arbeit kam. Deshalb mußte es dann still zugehen, wenn Sophie, Betty und Minna oder Minnerl – so wurde meine Mutter gerufen – beim Essenherrichten halfen und Kartoffeln zu schälen hatten.

Auch in der Stadt, in München, verbrachten sie und ihre Geschwister die meiste Zeit nicht in der neuen Wohnung, zu eng, zu klein wäre sie dafür gewesen, neben dem Kochen, Essen und Schlafen auch noch Spielplatz für die Kinder zu sein.

«Zum Gebetläuten seid's ihr daheim!» gebot Anna Kühn streng den Kindern, und wenn sie es für nötig befand, fügte sie hinzu: «Aber pünktlich, sonst könnt ihr was erleben.»

Doch, die Großmutter konnte kräftig zuschlagen mit der Hand, die so geschickte Finger brauchte, um die teuren Zigarren zu wickeln, meine Mutter erinnerte sich ihr Lebtag lang daran, nicht ohne einen verhaltenen Groll. Aber die Kinder sagten trotzdem «daheim», wenn sie die knapp fünfzig Quadratmeter der Wohnung in der ‹Arbeiterwohnungsbau-Genossenschaft Ludwigsvorstadt› meinten. Oder meinten sie auch den Hof, der von den Wohnhäusern umschlossen war, mit dem Kleinkinder-Sandkasten und den beiden Aschentonnenhäuschen? Beim Einzug in das Genossenschaftshaus, in die Wohnung im dritten Stock, da war die Treppe im Hausgang noch nicht fertig, man stieg noch über die Baustiegen hinauf. Aber schon im ersten Frühling in der neuen Behausung zimmerte der Vater meiner Mutter Blumenkästen zusammen, zog an einem Wochenende hinaus auf die Schafweiden der Bauern von Sendling, dem Stadtranddorf, zum Erdesammeln und brachte Samen von Kapuzinerkresse mit. Das eiserne Balkongeländer sollte seine Zierde bekommen, und seine Kinder würden etwas wachsen sehen, das sie selber gepflanzt hatten. – Es kann sein, daß auch dies mit der Zuversicht zusammenhing, daß er doch noch eines Tages ein eigenes Haus auf eigenem Grund würde erwerben können, für seine Familie, die dann eingesessen sein würde.

Zigarrenfabrik, Zeitungsdruckerei, an die sechzig Stunden brachten Mutters Eltern bei der Arbeit zu jede Woche. Die Kühn-Kinder gingen zur Schule; Sophie und Betty waren danach mit Hausarbeit in der Wohnung betraut, Minnerl ging in die Kinderanstalt der evangelischen Gemeinde, wo der Bruder, der Gustl, schon in der Frühe abgeliefert wurde.

‹Die Anstalt›: auch als längst Erwachsene nannte meine Mutter dieses Haus so, in dem sie einen größeren Teil ihrer Kindheit zugebracht hatte, und es klang immer so, wie wenn ein anderer sagt: «Das Werk, in dem ich beschäftigt war», sachlich und voll gemischter Erinnerungen. Selber kenne ich das Gebäude nur als ausgebrannte Ruine aus den Jahren nach 1945, graugrüne, fast unbeschädigte Zinkblechbuchstaben über dem klaffenden Eingang verkündeten noch immer: ‹Evang. Kinderanstalt›, und der Platz davor trug noch zerzauste, dickstämmige Kastanienbäume, in deren Schatten struppiges Gras wuchs, umgrenzt von einem über mannshohen Eisenzaun auf kniehohem Sockel und zwischen kugelgekrönten Betonsäulen. Freilich hatte das Gras nicht mehr dicht wachsen können, an regenfreien Tagen war es vier Jahrzehnte lang von ungezählten Kinderfüßen platt getreten worden, gedüngt nur vom Ruß der nebenan immer breiter und höher wachsenden Gummifabrik. Noch als Ruine – ich war vielleicht an die zehn Jahre alt, als ich mir von meiner Mutter auf einem Spaziergang durch das reichlich durch Fliegerbomben beschädigte Viertel eine Erklärung für sie erfragte – wirkte die Anstalt auf mich bedrohlich.

«Mama, wie ist denn das gewesen, da drinnen?»

«Du fragst vielleicht! Wir waren eben aufgehoben drinnen. Die Schwestern haben auf uns aufgepaßt und haben uns auch was gelernt, wenn wir die Hausaufgaben von der Schule fertig gemacht hatten.»

«Und hat es dir da drinnen gefallen?»

Sie mag meinen Zweifel herausgehört und verstanden haben, erzählte mir darum ausführlicher.

«Also, zuerst hat es was zu essen gegeben, wenn wir von der Schule gekommen sind. Dann haben immer welche helfen müssen, die Buben beim Tischabräumen und die Mädchen beim Abspülen. Wir haben da immer so emaillierte Blechteller, eigentlich schon mehr Schüsseln gehabt, meistens hat es doch

Gemüsesuppen gegeben. Danach hat nicht gesprochen werden dürfen, da hat schon einmal eines eine Watschen eingefangen, wenn es nicht pariert hat, weil ... da haben die Schulkinder eben die Aufgaben geschrieben. Wer fertig war, hat in den Garten dürfen, zum Spielen. In einer Ecke waren die Kleinen beisammen, die noch nicht in der Schule waren. Die größeren Mädchen haben der Schwester, die auf die Kleinen aufgepaßt hat, helfen dürfen.»

«Hat es Spielsachen gegeben?»

«Ja, und sogar schönere, als wir daheim gehabt haben. Bei den Buben, wo dein Onkel Gustl war, haben sie eine ganz grosse, eine riesige Burg gehabt und Bleisoldaten, bunt angemalt, so, wie die Soldaten damals, vor dem Ersten Weltkrieg, noch waren. Und dann war da ein Sandkasten. Für uns Mädchen hat es eine Puppenküche gegeben und Handarbeitszeug, zum Stricken, zum Häkeln, und sogar eine Nähmaschine war da.»

«Und wenn ihr einen Freund oder eine Freundin besuchen wolltet, außerhalb?»

«Wir haben draußen keine Freunde gehabt. Die Anstalt-Kinder haben sich untereinander auch nicht alle gut vertragen, aber gegen die Gassenkinder draußen und die anderen, die von den paar besseren Leuten, die es in der Schwanthalerhöhe gegeben hat, da haben alle irgendwie zusammengehalten.»

«Ich hätte nicht in so eine Anstalt gehen mögen», sagte ich damals zu meiner Mutter, es war eine überzeugende Feststellung gewesen. Da hatte sie allerhand Geschichten erzählt und den Aufenthaltsort ihrer Kindheit verteidigt.

In der Kinderanstalt wurde nicht Wilhelm Liebknechts Geburtstag feierlich begangen, sondern der des Kaisers Wilhelm II., des glanzvollen und barschen, und den Kindern wurde erzählt, wie der das deutsche Volk an den ihm zustehenden Platz an der Sonne bringe, mit Flotte und Kolonien reich und mächtig mache. Auch die evangelische Gemeinde in Münchens Arbeiterviertel Schwanthalerhöhe, die zwar noch ohne eine eigene Kirche war, hatte einen Missionsverein, einige städtische Beamte oder Bedienstete der königlichen Staatsbahnen und ihre Ehefrauen; ihnen verdankte die Anstalt eine seltsame Figur, eine Puppe, mit der man nicht spielen durfte, es sei denn, das Einstecken einer Münze in den schwarzen Kopf mit den weit geöffneten Lippen wurde als Spielen angesehen. Auch das durfte nur unter Aufsicht einer Schwester geschehen. Nach dem Einwerfen wackelte die Negerpuppe auf dem kleinen Podest im Vorraum, unter dem Christuskreuz, mit dem Kopf und rollte dazu fürchterlich die großen, weißen Augen. Von ihren Eltern hat meine Mutter nie Geld bekommen, um es in die Negerpuppe zu werfen.

«Wir sind nicht für die Kolonien, die bringen uns nichts ein, höchstens ein paar Reeder und Überseekaufleute haben was davon, wir dürfen nur für die Flotte zahlen und die Kolonialbeamten. Und die Missionen sind ein Teil von der Kolonialpolitik.»

So oder ähnlich ist es meiner Mutter von ihrem Vater erklärt worden, warum sie dem Missionsneger nicht den Kopf hat wackeln und die Augen rollen lassen dürfen. Obwohl sie also nie für eine Spende an den Missionsverein von der Schwester gelobt wurde, kam sie einmal im Jahr zu besonderen Ehren, und zwar an Kaisers Geburtstag, wegen ihres Vornamens Wilhelmine, mit dem sie daheim nie gerufen wurde, sondern meistens ‹Minnerl›, was nicht so sehr nach Dienstmädchen klang wie Minna. Auch in der Anstalt wurde sie das Jahr über so geheißen, noch in den Tagen vor dem Festtag riefen die Anstaltsschwestern sie «Minnerl».

«Minnerl Kühn, hast du das Gedicht schon auswendig gelernt?»

Meine Mutter durfte für ihren Beinahe-Namensvetter, den Kaiser des Deutschen Reiches, beim Geburtstagsfest in der Anstalt das Gedicht aufsagen, das sie freilich zuvor lernen mußte.

Heil dir, o Wilhelm, Kaiser
Heil dir, herrlicher Friedensfürst
Du bist der Deutschen großer Weiser
Der du das Volk zum Glücke führst . . .

An dem bestimmten Tag dann wurde der Speise- und Aufgabenraum festlich mit den schwarz-weiß-roten, den schwarz-weißen und auch den weiß-blauen bayerischen Fähnchen geschmückt. Nach dem Essen wurde meine Mutter zur Anstaltsleiterin gerufen, auf das erhöhte Podest, von dem aus die Leiterin immer die Aufsicht führte und ‹Unfolgsame› zu sich rief, um ihnen mit einem Stöckchen auf die Handfläche zu schlagen, ‹Tatzen› gab, Mädchen wie Buben ohne Unterschied. Aber an Kaisers Geburtstag konnte meine Mutter ohne Furcht und Scheu nach vorne und auf das Podest gehen, wenn es, fast feierlich, hieß: «Wilhelmine Kühn, komm her!»

Bei den Buben gab es mehrere, die den begehrten Kaisernamen trugen, aber nur einer durfte auf der anderen Seite neben der Anstaltsleiterin stehen. Die erzählte nun erst einmal von den großen, begnadeten Vorfahren des Kaisers, von dem, der das Reich gegründet hatte, nachdem er den böswilligen Franzosenkaiser besiegt hatte, bei Sedan in glorreicher Schlacht und mit den tapferen bayerischen Soldaten an der Seite. Dann kam sie zu sprechen auf die Siege von des Kaisers Soldaten gegen die furchtbaren Hottentotten in Afrika, gegen die heimtückischen Chinesen des Boxeraufstands. Dem folgte ein Lied, das alle Kinder mit den Anstaltsschwestern zusammen singen mußten, ‹Heil dir im Siegerkranz . . .›.

Endlich durfte Wilhelmine das Gedicht aufsagen. Und schließlich der Bub das seine.

«Schön habt ihr vorgetragen. Ihr dürft an diesem Ehrenplatz sitzen, heute. Und ihr alle, Kinder, nehmt euch den Kaiser zum Beispiel für euer Leben. Ehrlichkeit, Pflichterfüllung und Gottvertrauen, dann wird es euch wohl ergehen.»

Schokolade gab es zu trinken für alle und dazu eine Semmel, eine weiße, wie bei den Herrschaften. Meine Mutter bekam zwei Semmeln, wegen ihres Vornamens. Vielleicht auch als kleinen Lohn wegen der Mühe des Auswendiglernens.

Lou Andreas-Salome
Erleben an der Familie

Untereinander verstanden die Eltern sich wortlos, ungeachtet ihrer starken Unterschiedenheit voneinander (ausgenommen die gleiche Stärke ihres Temperaments und ihres Glaubens); in unentwegter Anpassung hielten sie sich die tiefste Liebestreue. Eine Hauptsache dabei war wohl auch, daß beiden ganz unwillkürlich inne blieb, wie sehr es lebenslang gilt, den eigenen Einseitigkeiten zu Hilfe zu kommen: – vielleicht weniger noch im moralischen Sinn, als im Verlangen, nicht in sich selbst steckenzubleiben. (Die Eigenschaft, die beiden am vollständigsten fehlte, war wohl der Hochmut und der dazugehörige Kleinmut.) Für einen Charakter wie den meiner Mutter hieß das wahrscheinlich, ihre selbständige und aktive Natur ohne viel Federlesens im Weib- und Muttertum aufgehen zu lassen, dessen Würde der Frau nun mal von Gott verliehen worden war. Daraus ergab sich dann die Gehaltenheit, die Haltung, die sie sich aufzuerlegen für gut fand und von andern ebenfalls erwartete. Sonst möchte wohl irgendein Revolutionäres ihrem Blute nicht ganz fremd gewesen sein. Als knapp erwachsenes Mädchen hatte sie nach dem Tode ihrer Großmutter die Leitung eines großen Hausstandes auf sich genommen, um nicht unter die Herrschaft einer Schwester ihres Stiefvaters zu kommen. Und wunderlich vor Augen geblieben ist mir ein ganz flüchtiges Bild von unsern Sommerreisen in die Schweiz: da sehe ich sie bei unserer Ankunft auf dem Gang vor unsern Hotelstuben stehenbleiben und fasziniert auf einen Hof hinausblicken, wo ein paar Männer wild streitend mit Messern aufeinander losgingen. Nicht nur war sie stets physisch sehr mutig, sondern es hätte ihr vielleicht, von sich aus, eher gefallen können, Streite gründlich auszutragen als beizulegen. Noch während der Vorrevolution von 1905, als

Achtzigerin, ließ sie sich nur schwer abhalten, auf die bewegten, beschossenen Straßen hinauszugehen, vor denen ihre beiden Haushilfen, treue Mädchen, händeringend zurückwichen.

Meiner Mutter, nachdem sie unsern Vater um fast vier Jahrzehnte überlebt, geschah die Gnade, die Oktoberrevolution nicht mehr erfahren zu müssen. Die Familien meiner beiden ältesten Brüder aber machten in vielen Jahren den Umsturz und die Bürgerkriege in bitterster Not und Drangsal durch. Nur mit großen Unterbrechungen ermöglichte sich ein kümmerlicher Postverkehr nach Deutschland hin. Mein zweiter Bruder, Robert, endlich aus der Krim zurückgelangend, wo er seinen kriegskranken Jüngsten beerdigt hatte, fand sich daheim nicht nur seiner Stellung, Wohnung, jedes Vermögens und Besitzes beraubt, sondern auf seinem kleinen Landsitz bei der Hauptstadt, wo er den Sommer zu verbringen pflegte, der Mildtätigkeit seines Hausknechts überwiesen, dem das Häuschen nebst Zubehör und Acker zugesprochen worden war. Der Mann überließ ihm und den Seinen ein wenig Raum im Dachstock und mittags eine Kohlsuppe, wenn er ihm auf dem Acker geholfen hatte; tagsüber sammelte er mit seinen kleinen Enkeln Pilze und Beeren zur bessern Sättigung. Seine Frau kam nicht ganz darüber hinweg, daß sie die Bäuerin ihre Kleider auftragen sehen mußte, und über deren naive Freude daran. Aber bei allen Furchtbarkeiten jener Zeit war es dennoch nicht das, was aus den seltenen Briefstücken von dorther am stärksten, am bewegendsten sprach: es war die innere Tragweite der Umwälzung, die sich bis in den Menschen selber vollzog. Nicht als ob meinem Bruder (er mochte vorher ungefähr der sogenannten Kadetten-Partei angehört haben) seine Ansichten sich politisch umgestülpt hätten, aber wenn er erzählte, wie des Abends vor der Tür der Hausknecht und er gemeinsam auf der Bank säßen – ausruhend und die Umstürze der Welt betrachtend –, dann fühlte man nicht so sehr Herr und Diener ausgewechselt, hinab- und hinaufgeschleudert, sondern in beiden einen dritten Menschen zu Worte kommen, dem die gleiche Neuerung geschah. Wozu vielleicht der Bauer an spezifisch russischem Wesen beitrug, so daß mein Bruder anerkennend schrieb: «Was ist dieser Analphabet klug und freundlich.» Von dem, was hier durchschlug, konnte man nicht als von Ergebung auf der einen Seite sprechen oder auf der andern von jäh aufbrechendem Selbstbewußtsein: was beide Gestalten umzeichnete, war ihr Gestelltsein an den Rand einer Weltenwende – als seien sie damit sich selbst entnommen ins Vereinfachte, Vergrößerte, das über beider Umriß dahinging und ihn weitete. –

Am ergreifendsten erschien aber, neben diesem Phänomen, daß auch der intime Zusammenschluß der Familienglieder erst zu seiner wesentlichsten Wirkung kam – jetzt, wo er im Begriff stand, in seinem bürgerlichen Sinn verabschiedet zu werden. Nicht nur, sofern die Drangsal dazu zwang, zusammenzurücken wie auf kleine Inseln inmitten der Brandung – während bis dahin auch wohl mal Streitigkeiten infolge einzelpersönlicher Absichten und Wünsche trennend gewirkt haben mochten wie überall. Nein: die innere Bedeutsamkeit der familiären Bindung, das Glück und die Wärme, die dort noch tröstete und stützte: die alte Poesie der Nicht-nur-Sachlichkeit kam dadurch, sterbend, noch zu einer Blüte, worin sich ihre Lebenskraft verstärkt ausgab. Wie in der entgegengesetzten Richtung zweifellos ebenfalls die ungeheure Aufwühlung plötzlich entfesselter Jugend zu gewaltigem Einfluß gelangte – neben den neuen Möglichkeiten des Sichgehenlassens und jeglicher Brutalität. –

Unserer alten Mutter wurde es erspart, wie den Umsturz so auch den Tod ihres Ältesten, ihres Beraters und Schützers zu erleben, der eine Weile nach Kriegsausbruch inmitten namenlos sorgender und hochpeitschender Vorausahnungen an Herzkrämpfen starb. Allein wohnend, doch von wohlgeratenen Kindern und Kindeskindern umgeben, verblieb sie noch im Glück. Ihr größter Kummer zuletzt war, daß wir Kinder ihr im hohen Alter eine Gesellschafterin aufhalsten, um sie gut behütet zu wissen – eine ihr liebe Verwandte allerdings, jedoch nicht so lieb, wie ihr das unbeeinträchtigte Alleinsein war. Trotz des Kreises ihrer Söhne und Enkel, der sie umgab, genoß sie doch sehr dies Alleinsein und blieb bis zuletzt wunderbar beschäftigt. Auch was sie las, entstammte selten dem Vorschlag anderer; so wurde ganz spät das Werk, das sie am heißesten mitriß, die Ilias.

Bei Bericht ihrer Jahre zwischen Achtzig und Neunzig kann ich nicht umhin, des großen Krieges und Sieges zu gedenken, den sie mir bei einem meiner Besuche zu Hause offenbarte: er galt der Zunichtemachung des Teufels, den sie, die strenge Frommgläubige, sich genötigt sah, noch vor ihrem Lebensschluß endgültig abzuschaffen. Auf meinen wirklich bestürzten Einwand, ob sie sich nicht damit auch um den Lieben Gott bringen könnte, da bei ihm doch die Entscheidung läge, antwortete sie beruhigend und fast nachsichtig: «Das verstehst du nicht, Dem kann gar nichts was anhaben, überdies habe ich es jahrelang mit Ihm überlegt – natürlich bleibt Er, aber natürlich entläßt Er den Teufel.» Dabei leugnete sie nicht ganz die Ursache des späten und energischen Gesinnungswechsels: den Umstand, daß sie sich allmählich aller ihrer Kinder Unglauben und Teufelsverfallenheit eingestehen mußte, wenn auch meine Brüder – wie eine ritterliche Gebärde – noch gewisse Zeremonien mitzumachen pflegten um ihrer Frauen und eben um unserer Muschka willen. Bei alledem tat sie nie etwas, was sie in innere Zwiespältigkeit hätte bringen können: sichtlich folgte sie in jeglichem einem unmittelbaren Impuls, den sie danach erst überlegsam und gründlich zwischen sich selbst und den obwaltenden Umständen ins reine brachte. So ist auch dies eine wiederholte Erinnerung aus ihrem innern Frieden: wie sie morgens am Frühstückstisch dasitzen konnte mit einem Lächeln in ihren tiefblau gebliebenen Augen und, wenn wir argwöhnten, sie lache uns am Ende aus, es sich ergab, einem wie überaus freundlichen Traum sie noch nachlächle – bis das Scherzwort sich draus gebildet hatte: nach besonders wenig kurzweiligen Tagen (denn langweilende kannte sie sozusagen nicht) entschädige sich unsere Muschka an amüsanten Nächten. In den letzten Lebensjahren, wo sie zu vertauben anfing, konnte sie sich sogar daran noch vergnügen, wenn ähnlich schwerhörige Damen sie besucht und alle aneinander vorbeigeredet hatten; ganz herzlich lachend erzählte sie davon, wie jede von ihnen – sie mit dabei – die falschen Beantwortungen der andern jeweils vernommen, aber an der eigenen, ebenso falschen, sich nicht im mindesten habe stören lassen.

Neben Lektüre zog sie am stärksten die Beobachtung der Natur an. Die Sommerlichkeit durchlebte sie in heißer Freude, und noch im Spätherbst, von den Stadtfenstern aus, unterhielt sie sich wie mit Wesenheiten mit der Baumreihe einer Querstraße oder beobachtete den Wechsel in deren Beleuchtung. Ihre Wohnzimmer waren mit hohen, von ihr gepflegten Blattpflanzen vollgestellt, während sie Tiere nicht um sich haben mochte. Im hohen Alter aber wurde ihr aller Besitz zu viel – gleichsam eine Schmälerung ihres Mit-sich-allein-seins. Wie aller Dinge nahm sie sich mit großer Pflichttreue und Umsicht auch jedes Besitzstückes an, aber freute sich an jedem Stück auch, das sie an uns oder andere unauffällig loswerden konnte. Allmählich entwickelte sich dann die drollige Notwendigkeit, sie mit entsprechenden Stücken wieder zu beschenken, damit nicht Leere sie umstände. Mir erschien sie manchmal wie jemand, der sich befreit oder entschwingt und der den Zurückbleibenden noch sozusagen aus seiner Siebensachen Resterchen – Nesterchen bereitet; und es schien mir, als ließe sich aus solcher gröbern Hantierung etwas erraten von einer Grundeinstellung zu Leben und Tod überhaupt: als Gegensatz zu einem Gefühl des Beraubtwerdens durch den Tod ein Gefühl von überflüssigem Reichtum, da man schon im Begriff steht, von Notdurft nichts mehr zu fürchten.

Von meiner Mutter kann ich nicht aussagen, ohne dessen zu gedenken, was sie, trotz all ihrer Mißbilligung meines auswärtigen Mädchenlebens und meiner ihr widerstehenden Denkungsart, für mich geleistet hat. Enttäuschte diese Tochter sie dadurch schon, daß sie nicht als Sohn zur Welt gekommen war, so hätte sie doch nun mindestens einem Tochterideal der Mutter zustreben sollen – und tat so sehr das Gegenteil. Aber sogar während der Zeit, wo die Mutter am bittersten darunter litt, weil es am krassesten gegen die damaligen gesellschaftlichen Sitten verstieß, machte Muschka das still mit sich selber ab: unverbrüchlich zu mir haltend der Welt gegenüber; voller

Gram, doch auch voll Vertrauen; den Anschein weckend, daß wir uns absolut verständen, denn dies schien ihr das Wichtigste, was zu tun war, um keine feindlichen Mißdeutungen gegen mich aufkommen zu lassen. Während ich meine wunderschönen Jugendjahre im Ausland verlebte, habe ich mir das keineswegs klargemacht: so still geschah all diese Mütterlichkeit, daß mir fast nur bewußt blieb, wie unbeirrbar tadelnd, aus tiefer Überzeugung gegnerisch, meine Mutter zu meiner Denk- und Lebensweise sich *mir* gegenüber aussprach. Egoistisch, wie ich gesinnt war, blieb ich so von Reue wie von Heimweh total verschont. Auf briefliche Andeutung, sie wünschte mich «unter die Haube» als Schutz, antwortete ich strahlend: mir behage es besser unter Paul Rées Hut. Erst nach meiner Verheiratung, nachdem meine Mutter zu langem Besuch zu uns gekommen war, kam all dies zwischen ihr und mir ganz zur Sprache. Es machte mich selber stutzig, und mit einem Blick auf ihren weißen Kopf dachte ich, ganz rührselig und altmodisch ergriffen: «Ist sie nicht um dich ergraut?» Aber eben «rühr*selig*»: in einem großen Freudengefühl der dadurch hoch aufschießenden Liebe und Ehrfurcht, die ja nun, in unserm Beisammensein, den schönsten Anlaß zur Betätigung und zum Glück aneinander gewann. Jemand, der mich gut kannte und sich einmal von mir diesen Hergang erzählen ließ, sagte darauf voller Empörung: «Anstatt einer – wie sich's gehört hätte – heimweh- und reuekrank verpatzten Jugend nun auch noch vermehrte Befriedigung und Beglückung dadurch! Wenn *das* nicht moral insanity heißen muß – –.»

In der Tat wies es wohl einen der stärksten Gegensätze im Wesen meiner Mutter und mir auf: daß *sie* jederzeit von Pflichterfüllung und überzeugter Aufopferung ausging, aus einem – in irgendwelchem Sinn – heroischen Zug; vielleicht war es der männliche Einschlag in ihr, der sich dabei genug tat auf eine feine Weise und der damit gerade ihre Weiblichkeit, unwissentlich und unzwiespältig, ermöglichte. Für *mich* standen Kämpfe, auch wider mich selbst, nie vornean; auch in dem, was ich wünschte oder erwartete, kämpfte ich nicht um die Dinge *allerersten* Ranges: *diese* fanden mich eher nachgebend oder indolent – sie fielen dermaßen mit meiner Existenz, Existenzialität, äußerlich und innerlich, zusammen, daß Kämpfe gar nicht in Frage gekommen wären (dann eher noch ein Verhalten nach dem Verschen: «Die Welt, sie wird dich schlecht begaben, glaube mir's! Sofern du willst ein Leben haben: raube dir's!»). Denn mir schien immer: das Allerschönste und Allerwertvollste wird etwas nur, weil es *Geschenk* ist, nicht Erwerb – und weil es somit das zweite Geschenk gleich mit dazu bringt: *sich dankbar fühlen zu dürfen.* Und *das* wird denn wohl der Grund sein, warum ich, trotz allem kämpferischen Anschein, doch eine Tochter und kein Sohn hatte werden müssen.

Ich möchte aber hier hinzufügen den Dank an meine Eltern: indem deren Treue und Liebe – die gesamte Atmosphäre, die um sie war – diese vertrauende Sinnesart in mir großgezogen hat wie einen Geschenk*glauben.* Wie tief dergleichen in einem Menschen sitzen kann, im ältesten Erwachsenen noch und bei nüchternster Denkungsart, bestätigt eine kleine Anekdote aus meinem späten Erleben: Eines Morgens wanderte ich im Walde und fand unvermutet blauen Enzian, den ich gern einer erkrankten Bekannten mitgebracht hätte; ich war jedoch gleichzeitig so in bestimmten Gedanken, die ich auf diesem Morgengang hatte verarbeiten wollen, daß ich mir die Unterbrechung durch das mühsame Einsammeln ausredete. Als ich mich um eine Weile später heimwärtsgewandt, erblickte ich mit Verblüffung den Strauß, reichlich und rund, in meiner Hand. Ich wußte doch gut noch, wie geflissentlich ich meine Blicke vom Boden gehoben hatte, um *nicht* zu pflücken. Bald hätte das Unerwartete mir wie ein Wunder vorkommen müssen. Das geschah jedoch ebensowenig, wie daß es ein Lachen über meine «Zerstreutheit» ausgelöst hätte. Sondern die erste Reaktion bestand darin, daß ich, in heller Freude, mich laut sagen hörte: «Danke!» –

Meine Mutter besuchte ich vom Ausland aus alle Jahre, oder längstens alle anderthalb Jahre. Ungeheuer lebendig steht vor mir der letzte Abschied von ihr vor ihrem sanften Tode. Ich reiste von Petersburg nach Nordfinnland, um von dort zu

Schiff nach Stockholm weiterzufahren. Da der Zug schon bei Tagesgrauen abging, hatten wir uns spät in der Nacht endgültig Lebewohl gesagt. Als ich mich beim Fortgehen in der Frühe so leise wie möglich in den Hausflur schlich, stand meine Mutter plötzlich noch einmal vor mir: barfuß, im langen Nachtgewand, das schneeweiße Haar – das wie Kinderhaar etwas lockig abstand – offen und darunter die tiefblauen Augen groß geöffnet, diese klaren, durchschauenden Augen, von denen jemand einmal richtig sagte: es tat nicht gut, mit einem schlechten Gewissen unter ihren Blick zu geraten.

Sie sah aus wie aus einem Traum gerufen, und sie selber wirkte wie ein Traum.

Kein Wort sprach sie zu mir. Sie schmiegte sich nur an mich. Von gleicher Größe mit mir, war sie – obschon schlank aufrecht geblieben – im hohen Alter um ein weniges kleiner im ganzen geworden, so daß ihr zarter Körper mit den schmalen Gelenken sich ganz einkuscheln konnte an mir.

Wann jemals aber hätte sie diese Gebärde gehabt? Es war, als höbe sie sie aus Verborgenstem herauf für diesen Augenblick. Oder als sei sie in spätesten Jahren erst heimlich gereift zu dieser Bewegung, zu einer letzten Süße, wie sie in einer Frucht sich sammelt, die genügend lange in der Sonne hing, ehe sie nun sinkt.

Und vielleicht durchfuhr uns in der Stille dieser freigegebenen zärtlichen Süße derselbe Gedanke, derselbe Schmerz, derselbe Herzstoß: «– O warum, warum – – erst jetzt –!» Dies war das letzte Lebensgeschenk meiner Mutter an mich. Liebe Muschka.

Jakov Lind
Selbstporträt

Meine Mutter wurde die Heilige genannt. Die Gute. Die Starke. Die Geduldige. Sie war mittelgroß, rundlich, blauäugig, braunhaarig, stupsnäsig und hatte vortretende Backenknochen. Sie wirkte wie eine Russin und besaß sehr kräftige, geschickte und elegante Finger. Sie kam aus guter Familie; unzählbare Onkel, Tanten, Vettern und Cousinen in der Stadt konnten das beweisen. Wie muß mein Vater diese Familie, die stets Mutters Partei ergriff, gehaßt haben! In deren Augen war er verantwortungslos, leichtsinnig, zu großzügig, unverläßlich und so fort. Er hatte keinen Erfolg, und nur Mord und Bekehrung waren noch schlimmere Sünden. Der Vater meiner Mutter, Mechel Leib Birnbaum, war eine Säule der jüdischen Gemeinde zu Snyatin gewesen, und ein wohlhabender Viehhändler aus Snyatin am Pruth, zwischen Kolomea und Czernowitz, ist schließlich kein Niemand. Seine Frau Ethel ging, wie es hieß, mit Töpfen hausgemachter Hühnerbrühe zu den Armen und Waisen. Birnbaums waren die verkörperte Ehrbarkeit, Anständigkeit und Aufrichtigkeit, nebenbei waren sie auch noch ‹kultiviert›. Meine Mutter konnte Goethe und Heine aufsagen, das hatte sie in der deutschen Schule gelernt. Mein Vater, auch wenn er gewußt hat, wer Goethe und Heine waren (und bestimmt hat er gerüchtweise davon gehört), hätte das niemals zugegeben. Ein Professor, so hat er einmal gesagt, ist ein Mensch, der nicht gescheit genug ist, was anderes zu sein.

Wie Birnbaums und mein Vater miteinander bekannt geworden sind? Angeblich durch einen Heiratsvermittler. Daß mein Vater ‹bei schon fortgeschrittenen Jahren› einen Vermittler konsultierte, war durchaus nicht zu beanstanden. Er war fünfunddreißig und noch Junggeselle, sie war siebenundzwanzig und Flüchtling. Sie kam nach Wien, als die Kosaken sich Snyatin näherten. Vor der Ehe hatte sie alles mögliche gemacht, hatte Zuschneiden und Nähen gelernt, auch in einer Filiale von Delka Schuhe verkauft, wo ihr Onkel Karl Geschäftsführer war. Ihre Brüder waren verheiratet, die Mutter tot, der Vater alt; was sollte sie in Snyatin anfangen? Mechel Leib den Haushalt führen? Die Familie wurde mobilisiert, und die Familie fand den optimalen Partner, den entfernten Verwandten Simon L.

Vermutlich war sie eine siebenundzwanzigjährige Jungfrau, und er ein Mann von Welt. Vielleicht verliebten sie sich gar ineinander. Großvater Mechel Leib mit den tiefliegenden, ehrlich blauen Augen muß in dem jungen assimilierten Juden, der nichts von Thora und Talmud wußte, einen Playboy gesehen haben. Der Viehhändler war im Bezirk Czernowitz zu Hause, wo lauter gute und anständige Menschen lebten, dieser junge Mann jedoch, mit dem kleinen unjüdischen Bärtchen, war nirgendwo und überall zu Hause, ganz besonders aber in den Kaffeehäusern von Wien, Prag und Budapest. Die beiden Familien hatten nichts gemein miteinander. Doch die Eheschließung fand im Juli 1921 statt, und als Mechel Leib ‹seine Tochter glücklich gesehen hatte› (er wartete nicht erst ab, ob sich das etwa ändern könnte), kehrte er nach Snyatin zurück, um dort zu sterben.

Etwa zur gleichen Zeit verließen Chaim und Solomon, die Brüder meiner Mutter, soeben vom Militär und aus der Gefangenschaft entlassen, die Stadt Wien mit ganzen Wagenladungen von Waren. Sie hatten alles aufgekauft, was ihnen vor Augen kam, denn in Czernowitz konnte man alles verkaufen. Garderobenständer und Bügeleisen, Wärmflaschen und Bratpfannen, Kleider und Kinderschuhe. Was Chaim, der ältere Bruder, unternahm, nachdem sie den letzten Kleiderbügel losgeschlagen hatten, habe ich nie herausgebracht, doch Solomon, der Jüngere, kaufte Getreide und Futter auf und endete schließlich als Eierimporteur und -exporteur. Solomon besuchte seine Schwester in Wien recht häufig und immer mit einem Koffer voller Würste und Gläsern voll Hühnerschmalz.

Später schickte er seine Frau nach Wien, wo ein berühmter Spezialist ihr das Bein abnehmen sollte, weil es einen offenen Tumor hatte, der wie ein Misthaufen stank. Tante Pepi lag wochenlang bei uns im Wohnzimmer und verlockte uns mit Bonbons und Versprechungen, sie zu küssen (was wir mit zugehaltener Nase taten). Meine Mutter, getreu der Birnbaumschen Tradition, opferte sich auf, machte das Bett und leerte die Pfanne. Die Frauen schwatzten und seufzten miteinander, und da mein Vater viel reiste, war meine Mutter bestimmt froh, überhaupt Gesellschaft zu haben. Das sterbende Bein der guten alten Zeit in Snyatin und Czernowitz verband sie miteinander.

Was gibt es Neues in der Welt, Rosa?

Nichts.

Und drei Stunden lang unterhielten sie sich über nichts.

Das Wort nichts faszinierte mich ganz besonders. In der Ennsgasse, wo wir zuvor gewohnt hatten, war die Straße durch einen hohen Bretterzaun versperrt gewesen.

Was ist hinter dem Zaun, Mama?

Nichts. Dahinter ist gar nichts.

Woher weißt du das, Mama?

Ich sage doch, da ist nichts, und überhaupt, was soll das?

Könnten wir es nicht vielleicht herausbekommen, Mama?

Wie denn?

Wir könnten aufs Dach gehen und runtersehen, Mama.

Wir können nicht aufs Dach gehen.

Haben wir den Bodenschlüssel?

Es gibt keinen Dachboden.

Es muß doch aber einen Dachboden geben?

Vielleicht gibt es einen, aber warum sollten wir da hinaufsteigen? Was möchtest du überhaupt wissen?

Ich möchte wissen, was dahinter ist, Mama.

Ich sage doch – nichts.

Warum bekommt man es dann nicht zu sehen, wenn es wirklich nichts ist?

Was kann es denn da zu sehen geben?

Wie sieht es dort aus?

Nach nichts. Es sieht nach nichts aus.

Ich träumte davon, die Treppe ganz hinaufzusteigen, mich durch verstaubten, von Spinnen eingewebten Trödelkram zu winden, das kleine Fenster zu öffnen und selber zu sehen, wie dies Nichts aussieht. Und in meinem Traum stieg ich an einem stillen Spätsommernachmittag hinauf, als alle schliefen oder an der Arbeit waren, öffnete eine Tür und drängte mich durch ein Dickicht aus verstaubtem Tand. Damals habe ich zum erstenmal gesehen, was ich, wie ich glaube, jetzt im Kopfe habe. Das kleine Fenster war lange nicht geöffnet worden. Ich hielt es mit zitternder Hand über meinem Kopf an seinem rostigen Bügel fest, Häuser und Dächer hatten die Farbe verloren, es gab wenig zu sehen und hinter dem Zaun wirklich gar nichts. Nichts als ein Loch, und auch das war so genau nicht auszumachen. Nichts. Meine Mutter hatte recht gehabt. Nichts ist nichts, und wo nichts ist, muß was sein, das Unsichtbare muß offenkundig werden – früher oder später. Meine gute, heiligmäßige Mutter lehrte mich meinen Augen und meinem Hirn vertrauen: Nichts ist nichts. Sie schenkte mir Knackwürste, Senf und Salzgurken, die meine Schwestern nicht bekamen. Ich war ihr einziger Sohn. Ihre linke Brust war der Euphrat, ihre rechte die Donau. Irgendwo weiter rückwärts floß ein Flüßchen namens Pruth, abseits in der Westukraine, doch vorn floß sie über von Liebe für ihre Kinder und Liebe zum Gott ihres Vaters, Mechel Leib. Wie die meisten jüdischen Frauen, die in ihren Vater verliebt sind, meinte sie nicht nur, daß ihr Sohn etwas Besseres werden müsse als der Ehemann, sondern die Söhne, verjüngte Ausgaben ihrer Großväter, müssen mindestens brillant sein und wenn möglich Genies. Auf die eine oder andere Weise sollten sie samt und sonders Doktoren werden. Müttern darf man nicht ungehorsam sein. Ich war eindeutig dazu da, «kein Landstreicher zu werden, sondern es im Leben zu etwas zu bringen.» Das mindeste, was ich ihr schuldete, war, Doktor werden zu wollen. Doktor der Medizin, ein ehrbarer Beruf mit vernünftigem Einkommen.

Gabriele Wohmann

Ausflug mit der Mutter

Die Mutter winkt dem Auto nach bis zuletzt. Ein sehr bekanntes inneres Elend verteilt sich in der Tochter. Wäre es doch ausschließlich das Mitleid mit der Mutter, die von jetzt an wieder allein ist.

Die Vernachlässigung der Mutter durch ihre erwachsenen Kinder ist natürlich und unauffällig. Sie geschieht auch zwangsläufig. Denn die Kinder, dem Alter nach in der sogenannten Lebensmitte, sind in ihren Berufen sehr beschäftigt. Ein Privatleben hätten sie auch gern noch. Zuallerletzt fiele es übrigens der Mutter selber ein, sich für vernachlässigt durch ihre Kinder zu halten. Im Gegenteil. Ein flüchtiger Gedanke an die Kinder, an jedes einzelne von ihnen und die dazugeheirateten Kinder mitgezählt, genügt ihr, um sich sofort gerührt und dankbar und zuversichtlich zu fühlen.

Beim Wunsch, endlich einmal in einer schönen, verdeutlichenden Ruhe an die Mutter zu denken, hat mich vor einigen Wochen eine unerwartete Möglichkeit überrascht. Warum bin ich nicht längst darauf gekommen, über die Mutter zu schreiben? Auf keine andere Weise kann ich mich gründlicher um sie kümmern. Sorgfältiger und mit mehr Konzentration, mehr Anstrengung, äußerster Betroffenheit kann ich sie überhaupt nicht ernst nehmen. Der Artikulationsversuch über die Mutter als Witwe ist meine extremste Zuwendung. Meine Absicht, mir möglichst täglich einige Notizen über die Mutter zu machen, hat in mir eine Trübe von Zerrissenheiten aufgehellt. Beim Aufschreiben einiger Sätze der Mutter kurz nach unserem letzten Telephonat bin ich froh gewesen. Es hat sich allerdings auch um fröhliche Sätze der Mutter gehandelt. Ich habe dann die Probe auf mein Glücksgefühl gemacht und mir aus meinem Gedächtnis eine Niedergeschlagenheit der Mutter vorgenommen. Meinst du denn, daß ich jemals noch ein bißchen selbständiger werden kann? Unser zu flüchtiger, betrübter Wortwechsel.

Ich habe nichts dagegen, daß sich der Vorgang des Erzählens verselbständigt zum Text über die Mutter, mit der tiefen Spur vom Tod des Vaters in ihrer Biographie der ersten Witwenzeit. Keine Mitteilung über sie kann gut genug sein.

Die Mutter ist keine spektakuläre Witwe, keine durch einen herausragenden Schicksalsschlag Gezeichnete. Die Fakten und Daten im Zusammenhang mit dem Tod ihres Mannes ergeben einen Normalfall. Dem Tod des Vaters ist kein gräßliches Siechtum vorausgegangen. Er war zwar in den letzten zwei Jahren gar nicht gesund und hat innerhalb immer einschränkenderer Maßnahmen leben müssen, doch ist seine Krankheit nicht aushöhlend, schrecklich verändernd, zum Verrücktwerden gewesen. Schwere Schmerzen haben sein Leben nicht deformiert. Er hat nicht den Verstand verlieren müssen. Mit seinem Herzversagen ist gerechnet worden, von der Mutter aber nicht. Die Tochter muß sie beschwichtigen: Glaub mir, es war ein erlösender Tod. Aber wovon denn hat der Tod ihn erlöst? Die Mutter erinnert sich an liebenswerte, stille Tage. Noch mehr Reduktionen hätten nicht zu ihm gepaßt, sagt ihr die Tochter. Du hast ja recht, bis zu seinem Tod war alles noch zu ertragen. Aber auf die Dauer hätte der Vater doch wieder aus dem Haus gehen wollen, wie sehr war er doch sein Leben lang geradezu drauf angewiesen, sich zu bewegen, richtig zu atmen, sorglos, er hat doch schon immer selbst unwichtige Kränklichkeiten bei sich als peinlich und anstößig empfunden, er war durch sie unfrei, das alles lag ihm nicht. Länger und dann auch mehr auf Hilfe angewiesen zu sein und meistens liegen zu müssen, wäre ihm qualvoll geworden. Sag was, Mutter, gib mir recht, Mutter, hofft die Tochter, der die Mutter halbherzig recht gibt, mit einem bloß eingeschüchterten und nicht ganz überzeugten höflichen *ja,* sie ist jetzt nur eine folgsame Privatschülerin der Tochter, mit großen Lernschwierigkeiten, Auffassungswiderständen. Er hat aber immer noch vieles sehr genossen, sagt die Mutter, und wie gut hat es ihm gerade noch am letzten Tag beim Tee geschmeckt. Er war ausgesprochen lustig.

Der fröhliche letzte Tag fällt der Mutter oft ein. Ist es gut, wenn die letzte Erinnerung eine fröhliche Erinnerung ist? Ist es besser, wenn der Tod die furchtbaren vorletzten Seufzer erledigt, wenn die letzte Erinnerung der Wechsel von einem Schrecken in eine Gnade ist? Einen trotz allem doch noch einmal lustigen Vater sterben zu lassen, ist ja nicht gnädig gewesen. Doch, widerspricht die Tochter.

Als unerträglich zensierend empfindet sie sich. Sie findet sich ganz furchtbar. Bei ihren Anstrengungen zu helfen und zu trösten kommt sie sich rechthaberisch, neunmalklug, besserwisserisch, gefühllos belehrend vor. Warum sage ich nicht ab sofort kein Wort mehr. Wie kann ich mich denn unterstehen, sogar nun hierüber zu reden. Mit ihrer allereinfachsten Reaktion, der allergrößten und nicht weiter gerechten Traurigkeit hat doch die Mutter am allermeisten recht. Die nicht spektakuläre Witwe ist überwältigend spektakulär. Sie ist nicht schlechter dran als andere, ja, besser als manche. Sie ist am schlechtesten dran, für sich allein genommen, warum denn immer abwägend rundherum blicken. Dazu rafft sie sich gelegentlich auf, die Tochter ermahnt sie, vergleich doch deine Lage beispielsweise mal mit derjenigen dieser sehr viel jüngeren Frau, deren Mann von Tumoren zerfressen und schließlich nach ganz verheerenden Jahren gestorben ist, dann mußt du doch feststellen, daß deine Lage – daß sie genau so schlimm, überhaupt nicht weniger traurig ist, und daß diese elendigliche Vergleicherei ein Unsinn und unbrauchbar, hundsgemein wertlos ist. Das Schwerste für die Mutter ist geschehen. Ihr ist die radikalste Betrübnis zugestoßen, die in den Rändern ihres persönlichen Lebens vorgesehen war. Ihr privater Fall ist ihr Weltgeschehen.

Die Mutter wohnt so, daß lang nachgewinkt werden kann. Nein nein, sie macht aus dem Winken keine Staatsaffäre. Es sieht aber doch sehr nach völligem Alleinsein aus, wie sie da am Gartentor steht, kleinerwerdend, und weil sie ohne eine Jacke überzuziehen aus dem warmen Haus getreten ist, friert sie auch etwas. Das Bild wirkt wie gestellt. Als habe ein nicht weiter phantasievoller Regisseur in dieser Einstellung das *Alleinsein* abbilden wollen.

Schauen wir uns dieses Bild doch ohne ein wieder nur verallgemeinerndes Geblinzel an. Lassen wir uns doch gründlich auf den ganzen Inhalt dieser Augenblicke nach unserem Abschied ein. Reden wir uns doch nicht raus mit anderen, möglichst schwerwiegenderen Einsamkeiten. Diese hier zuerst geht dich an. Sie zuerst und allein ist deine schwerwiegendste. Anschließend kannst du andere Tränen weinen, danach erst können dir die sekundären Tränen kommen.

Wir machen uns alles nur immer zurecht. Unsere Bewegung *winken* ist fast theaterhaft künstlich. Das Kunstgefühl können wir einander zeigen. Die Tochter umarmt die Mutter übertrieben. Sie küßt die Mutter ab wie für immer. Sie demonstriert ihre Herzlichkeit in einer Verzerrung. Ein Gefühl muß erst künstlich und kann erst dann ein Ausdruck werden.

Neulich bei einem Ausflug in die Ausläufer des schweizerischen Zentralmassivs ist mir plötzlich aufgefallen, daß ich die Gegend nicht als ursprünglich und nicht wie aus eigenem Antrieb sah und daß jeder Anblick mir schon verwendet vorkam. Die ganze Natur war schon in eine Kunstform gebracht. Weil wir am Abend vorher Dias betrachtet hatten, war mir die Gegend wie in lauter Dias aufgeviertelt und eingerahmt erschienen. Ich habe in allem die Auswahl eines Liebhabers der Alpen gesehen, lauter Andenken, nicht von mir. Überall bin ich zum ersten Mal gewesen an diesem Ausflugstag mit meiner Schwester, meinem Schwager am Steuer des Peugeot 204 und mit meinem Mann, der aus Furcht vor einem Höhenkater schon in den Niederungen einen vorwegnehmenden Höhenkater gehabt hat, überall da war ich noch nie und bin wie auf einem von der Erfahrung seit langem benutzten Gelände gewesen. Die Prahlerei dieser ganzen Feiertagsalpen war bei mir umsonst. Mir kam keine erste Idee zu ihnen.

Aber mehrere Wochen später, in einem Abteil der Österreichischen Bundesbahn, sah ich irgendwo auf der Strecke hinaus in die verschneite Gebirgslandschaft, aufgetaucht aus ganz anderen Illustrationen zu den inwendigen Anschauungen und zunächst ohne jeden Zusammenhang mit den Abbildungen draußen. Ich hatte mich seit Bregenz nicht um die Gegend gekümmert. Bevor ich mich vergewisserte und an Benennungen orientierte, empfand ich nichts weiter für die nur namenlose Monumentalgruppierung der Gipfel. Unbenannte Schneeberge kommen einem doch gleich nicht so bedeutend vor, dachte ich. Finnische Wälder habe ich etwas langweilig gefunden. Gut, daß der Mond *Mond* heißt und angesungen, angeseufzt ist, von Versen, Bildern, Melodien denaturiert, von den richtigen Gefühlen falsch verstanden. Irgend so ein kosmisches Gestein ohne Namen, so eine Beute der wissenschaftlichen Ermittlungen, könnte gar nicht angeredet werden, gar nicht für Trost, für Schmerz und Glück in Betracht kommen. Der Mond ist brauchbar wie ein Einrichtungsgegenstand. Die Schneeberge sind vor der Benutzung einer Landkarte keine Erinnerung an sie, und ich werde mich nicht an sie erinnern. Die finnischen Wälder sind so unhistorisch. In der ganzen unbestiegenen, unbezifferten, verschonten Natur sehe ich nur einen vergeblichen Aufwand, bloße Behauptung und Dekoration, diese langatmige Schönheit müßte von der Berührung mit etwas Veränderndem unterbrochen werden, um mir als kostbar und in Gefahr richtig aufzufallen. Und wären das da drüben *Jungfrau/Eiger/Joch,* falls die es sind, die als alpine Berühmtheiten zusammengehören, oder *Zugspitze/Mont Blanc,* habe ich in meinem Abteil in der *ÖBB* gedacht, dann brächte ich die wahren, die gemischten, die zwiespältigen Gefühle für sie auf, ohne die ich in keine Anteilnahme gerate, und nicht nur eine ermüdete, sorglose Bewunderung für die imponierende Naturgebärde entlang der beliebigen Strecke.

Nach jedem unserer langen ruhigen Besuchstage ist meine Schwester immer noch mit hinausgegangen in die kalte nasse Nacht, sie hat auf dem gegenüberliegenden Trottoir unsere Abfahrt im Auto zum Hotel winkend verfolgt, ja: und das ist dann jeweils nur eine gespielte Wehmut gewesen, das ist lustig gewesen, eine neue Erfahrung über das Nachwinken. Die kommende Wehmut unseres bald fälligen Abschieds für länger war schon auch in der Lustigkeit enthalten, durchaus, aber in unserem Spiel genießbar.

Auch das Nachwinken der Mutter ist eine Spielfigur – und doch nicht zum Lachen. Liegt das am Altersunterschied?

Beim Nachwinken hat nun mal die Tochter ein schlechtes Gewissen, und das ist nun mal eine ihrer stärksten Begabungen, sehen wir es doch so. Als mein Vater noch lebte, war oft das Nachwinken fast kläglich. Verdammt, ich bin halt zu schmerzempfindlich und ich liebe ihn einfach zu schrecklich, habe ich gedacht und wie idiotisch beispielsweise nachgewinkt: Da, schau her, Vater, sieh dir das an, Mutter, ich hänge meinen Oberkörper weit aus dem Autofenster, ich liege schräg verquer im offenen Fenster, meine Haare zerfetzen im Fahrtwind, kriegt ihr denn meine verrückte Liebe zu euch heut mal mit, ich fleh euch an, kapiert das doch endlich, jetzt bei der Abfahrt, nach wieder viel zu knauserigen Innigkeiten von mir für euch, ich beschwör euch, da demonstriere ich ihn doch in aller selbstvergessenen Abscheulichkeit, meinen schönen Ruin, diese Liebe, diesen hormonellen Ausschüttungswahnsinn, diese vernünftigste Unvernunft. Fürchte dich nicht, hat keiner gesagt. Denn ich habe dich erlöst, hat später in der Anzeige gestanden. Ich habe es einem andern überlassen, dich bei deinem Namen zu rufen. Du bist mein, habe ich ihm nicht souffliert und du bist auf deine eigene Gehörschwäche angewiesen geblieben.

Aber wie kann man denn nur aus dem Nachwinken so einen Gefühlsterror, so eine Denkzirkusnummer machen. Diese zärtlichen Kleinigkeiten, diese zierlich kleinen Lächerlichkeiten, diese spielerische Traurigkeit – man muß behutsam dosieren.

Meine Mutter bleibt winkend am Gartentor stehen, bis das Auto endgültig für sie weg ist. Für die Insassen des Autos ist die Mutter winzig geworden. Dann verschwindet ihr äußeres Bild ganz. Das bedeutet für die Tochter, daß das innere Bild der Mutter riesengroß wird.

Barbara Bronnen
Meine Mutter und das Meer

Kaum daß ich um die Ecke biege, erblicke ich ihre kleine Gestalt. Etwas in rosa mit einem weißen Wuschelkopf. Bevor ich die Hand zum Gruß heben kann, winkt sie mir zu.

Immer blickt sie aus dem Fenster und liegt auf der Lauer.

Sie beobachtet mit forschendem Ausdruck, wie ich mich nähere und lächelt mir erwartungsvoll zu. Dann verschwindet der silbergraue Wuschelkopf, und das Fenster schließt sich.

Ehe ich läuten kann, öffnet sich die Tür wie durch Zauber.

Wenn ich oben bin und vor ihrer Tür stehe, rieche ich ihr Parfum durch den Spion, durch den sie blickt, ehe sie die Sicherheitskette löst, denn es könnte doch sein, daß ich mich in jemand anderen verwandelt habe.

Früher nahm ich ihr diese Dinge übel. Jetzt, wo ich mich selbst dabei ertappe, wie ich nach meinem Kind Ausschau halte, lächle ich ihr zu. (Natürlich liege ich nicht auf der Lauer.)

Ihr Lächeln ist sonntäglich, kokett; ich blicke sie an. Neue Bluse? Sie nickt würdevoll, den Mund gespitzt, und ich weiß: für mich. Sie duftet, ist sonntäglich geschmückt, feine Kette, Ohrringe, rosa Lippenstift.

Wenn ich komme, ist es für sie ein Fest.

Du hast die Kette angelegt?

Ich trage sie um den Hals, dieses Opfer, nicht im Krieg veräußert, für mich.

Ich besitze ein Paar Ohrringe, die mir meine Großmutter auf dem Sterbebett gab. «Nimm sie aus meinen noch warmen Händen», hat sie gesagt, «so wie ich sie von meiner Mutter aus ihren noch warmen Händen erhielt».

Die Hand des Lebens. Sie führt uns, das Kind, auf dem

Grat zwischen Schützen und Loslassen. Das Leben führen lernen an der Hand der Mutter.

Wenn wir von einer Reise zurückkommen und ich durch die Wohnung gehe, finde ich kleine Zettel zwischen den Büchern: «Entliehen, H. B.», und zwischen den Socken meines Sohnes: «Hose zum Flicken mitgenommen», ich finde Mitteilungen auf dem Tisch: «Essen im Eisschrank».

Seit fünfzig Jahren reicht der Arm meiner Mutter in meine hintersten Kammern. Früher hat mich das gereizt.

Es war nicht das Stopfen und Flicken, das mich störte, sondern meine Angst, berührt zu werden.

Für meine Mutter sind ihre Töchter ihr ein und alles.

Wir ziehen die Köpfe ein und gehen in ihr geschmücktes, putziges Biedermeierreich. Die Decke über uns ist niedrig und rundum sind winzige Altäre, angefüllt mit Puppentellern und nagelgroßen Karaffen, Zelluloidmädchen sitzen an gedrechselten Silbertischchen und essen mit Messerchen und Gäbelchen.

Ich bin eine Einbrecherin, die unvermutet das ernsthafte Spiel eines kleinen Mädchens stört. Und wenn ich ein Karäffchen in die Hand nehme, so muß ich sehr aufpassen, daß ich um Himmels willen nicht alles verderbe.

Meine Urgroßmutter, davon gibt es ein Foto, besaß einen Flügelaltar, einen richtigen Schrein, von oben bis unten mit Bildern, Fotos, Gemälden ihrer Vorfahren, Kinder und Kindeskinder bestückt.

Meine Großmutter hegte einen Hauptaltar mit ihrer Mutter; Mann, Tochter und Enkelkinder standen in den Nebenaltären.

Der Hauptaltar meiner Mutter besteht aus meiner Schwester, mir und dem Enkelkind; ihre Mutter besitzt einen separaten Altar.

Von Zeit zu Zeit bittet sie uns um ein neues Foto, denn das Enkelkind wächst (wir dagegen werden kleiner). Früher habe ich mich mitleidig betrachtet, wie ich da gut angezogen neben meiner Schwester im Silberrahmen dastand, mit einem Lächeln, als wüßte ich, daß es eine Zeitlang vorhalten muß.

Heute sage ich zu meinem Mann: Mach bitte ein neues schönes Foto für meine Mutter.

Meine Mutter war eine Trümmerfrau.

Sie hat aus den Trümmern Berlins nichts als einen Koffer retten können. Sie hat die Trümmer meines Vaters, der ein Meteor war, beseitigen müssen. Sie hat geschuftet, um mit den Trümmern in sich und in uns fertigzuwerden.

Mit zweiundfünfzig hat sie neu in einem Beruf angefangen, damit die Rente voll wird. Damals hat sie an meine Großmutter geschrieben: «Ach Mutti, wie fröhlich kommen mir die Zeiten vor, als ich mich im Krieg für die Meinen abstrampeln mußte.»

Heute ist sie eine schmucke alte Dame, die sich schön macht, damit wir stolz auf sie sind.

Ich bin stolz auf sie.

Wenn mein Sohn bei ihr zu Mittag ißt und sie sorgfältig sein Lieblingsessen, beige Fleischklößchen in purpurner Tomatensauce, kocht, blickt sie ihn an, mit einem verzehrenden Blick, wie ihn nur Tiere und kleine Kinder haben, hingegeben.

Sie ist von seiner schimmernden jungen Anwesenheit so aufgesogen, daß ich störe. Manchmal, wenn ich unvorhergesehen läute, kann es geschehen, daß sie in der Tür stehen bleibt, als wollte sie mich nicht einlassen.

Dann gebe ich ihr einen kleinen Klaps, um sie zu beruhigen.

Meine Mutter war fünfundsiebzig Jahre lang Tochter, und das stelle ich mir manchmal vor. Sie war fünfundsiebzig Jahre lang Kind.

Erst seit dem Tod der Großmutter begann sie ihr Leben allein zu genießen.

Meine Mutter hat ihre Kindheit im Internat verbracht und deshalb hat ihre Kindheit nicht viel mit ihrer Mutter zu tun. Sie war meist sehr einsam und manchmal fühlte ich die Bürde ihrer Einsamkeit auf meinen Schultern.

Heute rührt mich ihre Entschlossenheit, an allem teilzunehmen. Es ist schwer zu lernen, wenn man alt ist.

Wenn ein Nachmittagskaffee oder ein Geburtstagsessen vorüber ist, ist meine Mutter ein wenig unwirsch. Mir kommt es dann so vor, als sei sie für einen Augenblick mit uns fertig und wolle nichts anderes, als nach Hause eilen, um die Einzelheiten in aller Ruhe zu überdenken. Andererseits ist sie auch ein wenig blöde vor Unglück, weil das Fest vorüber ist und sie ein bißchen übersatt ist vom Essen und vom Wein, und soviel gesprochen hat sie auch wie schon lange nicht.

Es kann vorkommen, daß sie plötzlich ganz zerfleddert und verfallen aussieht vor Müdigkeit, und dann erinnert sie mich an das «Schluß-Jetzt-Gesicht» meiner Großmutter.

Meine Mutter hat es geschafft, ihrem Leben mit Fünfzig noch eine neue Richtung zu geben; mutig erarbeitete sie sich einen neuen Beruf und lernte.

Sie kämpfte. Immer war sie in Bewegung.

Manchmal, wenn ich anrufe, um ein wenig mit ihr zu plaudern, ist sie kurz angebunden und ich fühle, daß sie gerade lieber mit sich allein ist. Schluß! sagt sie dann und ich bin entlassen.

Neulich ließ ich das Telefon sehr lange läuten; sie hob nicht ab. Besorgt schwang ich mich aufs Rad und läutete an ihrer Tür.

Endlich öffnete sie. Auf ihrem Tisch lag ein Aquarell, die Farben waren noch feucht. Warum sie nicht abgehoben hätte? Ach, sagte sie, ich habe gemalt, da will ich nicht gestört werden.

Vor zwei Jahren machte meine Mutter einen Malkurs an der Volkshochschule, und sie war stolz, als sie mir die ersten

Aquarelle zeigen konnte. Erwartungsvoll blickte sie mich an. Sie wünschte sich brennend, von mir gelobt zu werden.

Die Bilder waren sehr schön. Ich war betroffen. Ich hatte nicht gedacht, daß meine Mutter so sanfte seltsame Bilder malen würde.

Mein Sohn lernt Klavier. Ab und zu kommt meine Mutter, um ihm zuzuhören und auch selbst Klavier zu spielen.

Ich stehe im Türrahmen und betrachte sie. Ihr weißes Wuschelköpfchen ist über die Tasten geneigt und sie spielt, leicht und anmutig trotz ihrer arthritischen Hände, alles was ihr so einfällt, vom Flohwalzer bis zum Radetzkymarsch, von der Kleinen Nachtmusik bis zu Oh Susanna. Sie singt dazu mit ihrer schönen vibrierenden Stimme.

Auf Zehenspitzen verlasse ich das Zimmer.

Wenn meine Mutter zu uns kommt, hat sie stets ein Täschchen bei sich, angefüllt mit sogenannten «Überraschungen», die sie langsam hervorholt. Das Wort «Überraschungen» spricht sie hoch und befriedigt aus. Es ist eine Stoffrose, ein Taschentuch oder irgendetwas Kleines, «das ich mir schon so lange gewünscht» habe, etwas Ausgefallenes, das sie für mich entdeckt hat und das «zu mir paßt».

Dann weiß ich, daß sie auf ihren Spaziergängen durch die Geschäftsstraßen an nichts anderes gedacht hat als an uns.

Als ich im letzten Sommer mit meiner Mutter am Meer war, da ging sie ins Wasser und blieb. Über eine Stunde lang kehrte sie nicht zurück.

Endlich, ein wenig besorgt, schwamm ich zu ihr.

Sie schwebte bäuchlings über der Sandinsel und plätscherte. Dabei sang sie die «Donauwellen».

Seit meine Mutter alt ist, bekümmert sie es weniger, wenn sie einmal etwas nicht versteht. Das macht nichts, sagt sie dann, ich muß nicht alles wissen.

Was mich am meisten in den letzten Jahren verwundert, ist, daß sie so einfach ist, die ich immer für kompliziert gehalten habe.

Es muß an mir gelegen haben.

Meine Mutter arbeitet mit ihren achtzig Jahren immer noch einmal in der Woche in einem Puppenladen.

Wenn ich mit dem Rad vorbeifahre, sehe ich durchs Schaufenster, wie sie den Puppen die Kleider richtet und ihnen kleine Tassen hinstellt, als seien es ihre Gäste.

Manchmal geht mein Sohn zu ihr und hilft ihr beim Anpreisen und Verkaufen der alten kostbaren Puppen.

Mit Kennermiene stehen die beiden Geschäftsleute dann im Laden, der Zwölfjährige und die Achtzigjährige, und präsentieren wunderschöne alte Porzellanpuppen.

Gibt es jemanden, der da widerstehen kann?

Wenn ich krank bin, ist meine Mutter alarmiert, und aufgeregt bittet sie, daß ich sie etwas für mich tun lasse. Ihre Stimme ist hoch und unvernünftig dringlich, und ich weiß, daß ich mir etwas einfallen lassen muß, obwohl ich alles zuhause habe und meine Männer gut für mich gesorgt haben.

«Mach mir bitte eine Kartoffelsuppe», sage ich, «die ist so gut.» Sie seufzt vor Zufriedenheit und Erleichterung.

Ich weiß, daß sie nun loseilen wird, um verschiedene Gemüse und Kartoffeln zu kaufen, die sie die nächste Stunde lang aufs feinste und kleinste schnippeln wird wie für eine Puppenküche.

Sie ist mit einem so kleinen Schälchen Suppe zufrieden.

Das Genie meiner Mutter offenbart sich darin, daß sie weiß, wie Schriftsteller zu behandeln sind, das hat sie von meinem Vater gelernt.

Deshalb höre ich, wie sie zu meinem Sohn sagt: «Du darfst deine Mutter nicht stören, auch dann nicht, wenn sie nur liest, denn auch lesen ist Arbeit für jemanden, der schreibt, das hat meine Mutter nie begriffen, wenn dein Opa gelesen hat, drum störe sie nicht und wenn sie schreibt, dann schon gar nicht, denn es ist schwer, das Schreiben.»

Sie ist ein alter Profi im Umgang mit Schreiberlingen.

Wenn meine Mutter hört, daß jemand etwas von mir kritisiert, ein Buch, nimmt meine Mutter innerlich die Haltung eines Wachtposten ein. Nur zum Schein um Sachlichkeit und Objektivität bemüht, gibt sie ein winziges Fehlerchen listig zu, um dann das Werk begeistert und parteiisch in den Himmel zu heben.

Wer schützt mich später einmal?

Seid lieb zur Omi, sagte meine Mutter, als es meiner Großmutter schon sehr schlecht ging.

Seid lieb zu eurer Mutter, sagte meine Großmutter, bevor sie starb.

Mein Sohn soll keine Extra-Zuwendungen bekommen, von niemandem, so war unser kleiner Familienrat verblieben; Ausnahme: Pfennige.

Meine Mutter hat uns, so habe ich es in Erinnerung, streng und unerbittlich in Geldsachen erzogen. Heute aber hat sie eine Menge Schleichpfade entdeckt, um ihre Prinzipien zu umgehen.

Wenn Florian zu ihr kommt, geht er manchmal an die Schränke und öffnet die verschiedenen Dosen und Schalen, in denen meine Mutter ihre Pfennige aufbewahrt; die darf er dann nehmen.

Kommt er nach Hause, sind seine Taschen schwer von Pfennigen. Neulich zählte er sechshundert Pfennige, und manchmal sind auch Markstücke darunter, weil die Großmutter so schlecht sieht.

Wenn ich mit meiner Mutter spazieren gehe, habe ich Mühe, mit ihr Schritt zu halten, so rasch läuft sie, völlig den Beschwernissen des Weges hingegeben, erfüllt vom Wunsch, den Pfad zu schaffen und ein weiteres Stück ihres Lebensweges hinter sich zu bringen.

Wieder zuhause angelangt, seufzt sie zufrieden, weil sie es wieder einmal geschafft hat.

Meine Mutter ist von großer Festigkeit, was ihren Körper betrifft. Sie geht jede Woche zweimal schwimmen, täglich spaziert sie eine Stunde lang, und wenn sie ein halbes Kilo zugenommen hat, so spart sie es sofort wieder ein.

Sie ist so schlank wie ein junges Mädchen.

Sie war früher sehr ordentlich (wenn auch nie ganz so wie die Großmutter). In den letzten zehn Jahren sehe ich mit Erstaunen, daß ihr diese Ordnung nicht mehr viel bedeutet. Ich glaube, es begann mit meinem Sohn.

Erst ließ sie die Spielsachen auf dem Boden liegen, und wenn er eine Orange in die Ecke kickte, so konnte man sie eine Woche später immer noch dort besichtigen.

Manchmal fahre ich zum Spaß mit dem Finger über ihr Regal (eine Erinnerung an die Großmutter).

Ach, sagt sie dann mit einem flüchtigen Blick auf meine grauen Fingerspitzen, das ist doch nicht so wichtig! Und sie lacht.

Sie machte immer gern Spaziergänge, meine alte Mutter. Früher, als wir noch zur Schule gingen, marschierte sie mit uns, mit kräftigem großem Schritt, und wir spielten dabei «Ich sehe was, was du nicht siehst».

Heute geht sie, den Kopf gesenkt, bedachtsamer durch die Straßen. An der Kreuzung macht sie Halt und blickt vorsichtig und aufmerksam nach rechts und links. Die U-Bahn-Treppen geht sie zu Fuß, anstatt die Rolltreppen zu benutzen; das ist für den Kreislauf gut.

In der Ecke ihres Flurs steht wartend der Stock meiner Großmutter mit dem Silberknauf.

Früher hatten wir viel Angst voreinander; ich fürchte, ich habe damit angefangen. Wir begrüßten uns mit einem konventionellen Küßchen, wobei sich unsere Gesichter selten berührten.

Heute küßt sie mich ausführlich und feucht und sagt dabei: Meine Tochter! Und manchmal kommt ihre Hand und streichelt meinen Kopf. Mitunter legt sie ihre Hand in meine und drückt sie leicht. Dann sehen wir uns an, mit einem scheuen Blick.

Sie ist mir nahe. Die Zeit unserer Angst voreinander muß in einem früheren Leben gewesen sein.

Als sie letzte Ferien mit uns in Italien war, nahm sie sich vor, jeden Tag abzuwaschen, damit ich es nicht zu tun brauchte.

Die erste Woche versuchte ich, sie zu überlisten.

Als ich jedoch merkte, daß sie das kränkte, nahm ich es hin, daß sie nach dem Essen sofort in die Küche eilte, um abzuspülen, ehe ich es tun konnte.

Ich dankte ihr. Meine Mutter bekam rote Wangen und seufzte zufrieden.

Nach dem Abwasch legte sich meine Mutter auf die Loggia in den Liegestuhl. Es war sengend heiß, sie aber zog es vor, draußen zu bleiben; im Zimmer bin ich das ganze Jahr, sagte sie.

Wenn ich ein wenig später mit dem Kaffee und einem Obsttörtchen hinauskam, lag sie da und schlief fest. Als ich sie darauf ansprach, daß sie jeden Tag Mittagsschlaf hielte, sagte sie resigniert: «Ach ja, ich werde alt.»

Das letzte große Fest ihres Lebens war die Geburt meines Sohnes. Entzückt, selig und ein für allemal verliebt in das Wunderkind stand sie an meinem Bett und umarmte mich wieder und wieder.

Damals war ich befremdet und irritiert. Es ist mein Sohn! dachte ich aufgebracht, ich habe ihn nicht für sie bekommen!

Heute rührt mich ihre Liebe zu meinem Sohn.

Heute weiß ich, daß mein Kind nicht mir gehört.

Als ich im Sommer in der Toscana an meinem Schreibtisch unter dem freien Himmel saß, fiel mein Blick immer wieder nachdenklich auf meine Mutter, die, in zehn Metern Entfernung, mit ihrem Buch im Liegestuhl saß, mir abgewandt, damit sie mich nicht durch ihre Anwesenheit störte.

Ich schrieb unter meinem großen Sonnenhut, schrieb und schwitzte in der Hitze. Neben meiner Mutter spielte mein Sohn im Sandkasten mit Lego. Mein Mann grub im Garten ein Loch mühsam in die harte, trockene Erde.

Auf mein Papier fiel eine Träne. Ich war glücklich.

Dort, wo mich Bäume umgeben, die mein Mann gepflanzt hat, Gras, das er gemäht, Blumen, die er gesät hat, dort, wo der Wein wächst, den er beschnitt und die Ölbäume stehen, die er gepflegt hat, dort fühle ich, wie mich die Anwesenheit meiner Drei mit der Erde verbindet, mit ihrem Wachstum und ihrem Vergehen.

Ach, es läuft so schnell, das Leben! Wenn ich so dasitze und sie alle mich mit ihrem Schutz umgeben, möchte ich die Zeit anhalten, möchte sie festhalten, diese Drei, die mich erden.

Doch das Leben verweilt nicht. Es verweilt nur in meiner Erinnerung.

Ich schenke meinem Sohn eine Zielscheibe und drei farbige Pfeile.

Er steht da, sonnenumflutet den Goldkopf, ein blaues Dreieck um die Lenden, und trifft ins Schwarze.

Wir alle sehen ihm zu. Wir sind die Bogen, er ist unser Pfeil, den wir ausschickten.

Der Arm des Schützen spannt sich. Ich liebe den Pfeil, der fliegt, liebe die Schnelligkeit und Weite, mit der er durch die Bläue fliegt.

Abends, in der aufkommenden Kühle, gefächelt vom Tramontana, liegen wir in den Hängematten und blicken hoch zu den Sternen, und manchmal erblicken wir einen Satelliten oder eine Sternschnuppe.

Meine Mutter und ich seufzen gleichzeitig, dann seufzt mein Mann, dann mein Sohn.

Wir seufzen vor Sehnsucht. Es ist die Sehnsucht des Lebens nach sich selber.

Wenn mein Mann mit uns einen kleinen Ausflug macht, ist meine Mutter dankbar. Tagelang kann sie von den kleinen Ereignissen dieses Tages sprechen, von den Steinen des etruskischen Theaters, vom Schrei, der nah und voll und ungebrochen deutlich zurückkam, vom Licht und vom milden goldenen Schein des Sonnenuntergangs.

Ich bin stolz. Stolz auf meinen Mann, der diesen Gedanken gehabt hatte. Stolz auf uns alle, weil wir meiner Mutter eine Freude gemacht haben.

Mein Sohn hat zu allem seine eigenen Gedanken.

Früher hat meine Mutter manchmal versucht, ihm die ihren zu geben; das machte ich sofort aus und war verletzt.

Heute läßt sie es sein. Mit angestrengtem Gesicht lauscht sie seinen Darlegungen. Sie legt den Kopf schief und sagt: «Das muß ich noch einmal überdenken.»

Meine Mutter trinkt gern den granatroten Landwein; sie lehnt sich zurück und genießt es, wie die Wärmewellen in ihrem Körper aufsteigen. Ihre Wangen färben sich mit Morgenröte und sie beginnt, kindlich zu lachen.

«Du bist betrunken», sage ich scherzhaft.

«Das ist nicht wahr!»; sie bestreitet es, entzückt, einer solchen Maßlosigkeit geziehen zu werden. «Sei nicht so frech!»

Nach einer Weile fragt sie, begierig, noch einmal dieser Ausschweifung bezichtigt zu werden: «Also das finde ich allerhand, ich bin betrunken?»

«Gestern hast du Kometen gesehen und dabei waren die Sterne wie angenagelt.»

«Es waren Kometen.»

Mein Mann mischt sich ein, mein Sohn. Wir alle beweisen ihr, daß sich am Himmel nichts geregt hat.

Meine Mutter schmollt. Ich fülle ihr erneut den Becher. Später, als ich ihr gute Nacht sage, flüstert sie verzückt: «Ich und betrunken». Kaum bin ich an der Türe, geht schon ihr Atem ruhiger.

Es ist seltsam, daß ich so lange Zeit die Liebe zu meiner Mutter nicht wahrhaben wollte; ich bemühte mich, sie zu lieben, aber eine grausame Scham hielt mich davon ab und ich vermied die Liebe.

All meine Bemühungen scheiterten und förderten nur Ungeduld und Trotz zutage. Ich war voll Unglück. Ich konnte den Lauf der Liebe nicht lenken.

Heute, wo ich mein Leben führe, bin ich dankbar für jeden Tag, an dem die Liebe meinen Lauf lenkt.

Aber ruf an, wenn du in Italien bist.

Früher war die Liebe zu meiner Mutter eine Fessel, von der ich mich nur befreien konnte, wenn ich ihre Bitte negierte.

Heute rufe ich an und sage, daß wir gut angekommen sind. Zwischen uns höre ich die Winde pfeifen und das Meer singen und die Völker mit verschiedenen Zungen sprechen.

Heute ist viel Raum zwischen uns.

Ihr Leben. Das ist: ihre Wohnung, das sind ihre Töchter, das Enkelkind. Das ist: auf mein Telefonat warten, auf den nächsten Nachmittagskaffee warten, auf die Ferien warten, auf den Theaterbesuch, für uns den Proviant richten, wenn wir verreisen, und einkaufen, wenn wir wieder zurückkommen, Sorge für uns tragen und auf unsere Komplimente stolz sein. Das ist spazierengehen mit der Freundin, das Kaffeekränzchen, ein Fest beim Professor, bei der Besitzerin des Puppenladens, gar eine Reise mit meinem Sohn.

Das ist: für sich sein, malen, lesen, nichtstun, manchmal auch allein sein, nachdenken, träumen.

Das ist: den Tisch decken für meinen Sohn. Sie wartet und deckt den Tisch mit Freude; diese Freude ist ihr Lohn.

Einmal erblicke ich sie, wie sie mit meinem Sohn im Bett liegt, an ihn geschmiegt, als gäbe er ihr Halt.

Er gibt ihr Halt.

Meine Mutter hat viel Durst. Wenn wir vom Spaziergang in die Wohnung zurückkehren, geht sie sofort in die Küche und setzt Kaffeewasser auf. Ach, sagt sie, was habe ich für einen Durst! Es scheint ein unlöschbarer Durst.

Der italienische See, in dem wir im Sommer beinahe täglich baden, hat Wasser, so rein wie aus einer Quelle, es schmeckt fein und würzig und nur ein bißchen nach Tang.

Wenn meine Mutter im See schwimmt, hat sie keine Angst vor dem Durst.

Sie steigt aus dem Wasser mit einem kleinen Kugelbauch, weil sie soviel getrunken hat.

Über diesen Durst habe ich mir oft Gedanken gemacht.

Vielleicht ist dieses Wasser in Wahrheit das Leben, nach dem meine Mutter dürstet und von dem sie nicht genug bekommen kann.

Ich sitze am Schreibtisch und fühle das Glück, das Glück, Leben zu schenken (doch darunter ist das Unglück).

Mein Kind, verlasse deine Mutter, wenn es die Zeit ist, wer weiß, vielleicht ist das eines Tages ganz einfach, und vor allem lächle, lächle, wenn du an deine Mutter denkst.

Mein Sohn liebt mich. Noch führe ich ihn, führe mein Leben. Aber eines Tages wird er gehen und mich allein lassen. Er wird sein Leben führen.

Wenn ich von meiner Mutter gehe, blickt sie mir noch lange nach; ich fühle ihren Blick im Rücken, und ab und zu wende ich mich um, um ihr zuzuwinken. Und wenn ich um die Ecke biege, kann ich sie trotzdem weiter sehen, jede Linie, jeden Schatten.

Es ist ein Abschied, stückchenweise, von meiner Kindheit.

Ihr weißes Wuschelköpfchen leuchtet in der Dämmerung. Eines Tages werde ich ohne sie leben müssen.

Waltraud Anna Mitgutsch
Die Züchtigung

War deine Mutter so wie du, fragt meine zwölfjährige Tochter, während sie sich an die Badezimmertür lehnt und mich beim Kämmen betrachtet. Die Frage überfällt mich aus vielen Jahren Schweigen heraus. Ich lasse mein gescheiteltes Haar über die Augen fallen. Nein, sage ich, nein, deine Großmutter war ganz anders. Wie anders? Stell dir das Gegenteil vor. Sie zögert, sieht mich fragend an. Wie soll sie sich das Gegenteil vorstellen, wenn ich ihr ein Rätsel bin. Ein Rätsel und eine Selbstverständlichkeit. Wie meine Mutter für mich, bis heute.

Andere Leute mußten sie mir erklären, als sie tot war. Ihr Gesicht, spitz und streng, unnahbar durch das Sargfenster. Mama, sagte ich und dachte, sie müsse die Augen öffnen, zumindest für mich. Sie hatte zu riechen begonnen, sie war drei Tage aufgebahrt. Zu Hause schob ich ein Foto in einen Rahmen, meine Mutter mit ihrer zweijährigen Tochter, aufrecht, mit hochgetürmter Frisur, sitzt sie da, unnahbar. Ihre kräftigen Hände umklammern meine Kinderärmchen wie Vogelkrallen. Schau nicht so streng, ich brauche dich, sagte ich zu dem Foto. Ich hielt ihren Blick nicht lange aus, dann legte ich das Foto wieder zu den anderen zurück. Sie war eine unglückliche Frau, sagten die Trauergäste, enttäuscht vom Leben, sie hatte zu niemandem Vertrauen. Kein Mensch mochte sie, sagte die Frau, die mein Vater ein Jahr später heiratete, verächtlich. Sie kam mit niemandem aus. Ich erinnerte mich, wenn sie zitternd vom Einkaufen zurückkam, Bitt-schön-Frau-Doktor war wieder dort, da muß unsereiner natürlich warten. Die vielen Demütigungen von dreißig Jahren, ich hatte sie miterlebt, als seien sie mir zugefügt worden, mir, der Achtjährigen, die wehrlos auf dem Sofa lag, während sie ihren angesammelten

Haß über mich ergoß, wieder und wieder, bis ich weinte vor Schmerz und Wut. Später haßte ich sie dafür, dann vergaß ich sie. Nach zehn Jahren sagte ich, Gott sei Dank, daß sie so früh gestorben ist, ich hätte mich unter ihrem Blick nicht entfalten können.

Wenn ich mit meinem Kind in unserem Sommerhaus die Ferien verbringe, in dem Haus, in dem ich aufwuchs, siebzehn Jahre lang, bis ich fortging und fünf Jahre nicht wiederkam, sitze ich auf ihrem Platz zwischen Küche und Eßtisch. Ich hantiere mit ihrem Geschirr und schlafe in ihrem Bett. Ihre Kleider habe ich hergeschenkt, die Heiligenbilder und den Weihwasserkessel habe ich von der Wand genommen, aber über meinem Bett hängt noch immer die Zeichnung von mir, die ich ihr zu ihren letzten Weihnachten geschenkt habe. Ein junges Mädchen im Profil, das sehnsüchtig aus einem Spitzbogenfenster auf eine weite Landschaft hinausschaut. Auf dem Bücherregal steht das Foto, das sie als Sterbebild wollte, das in ihren Grabstein eingelassen ist, eine Vierundzwanzigjährige mit aufrechtem Rücken und aufgetürmtem schweren Haar, Hochmut und Verletzlichkeit in dem zarten Gesicht. Es ist nicht das Gesicht einer jungen Frau, dieses Gesicht hat endgültig Stellung bezogen zum Leben, für dieses Gesicht gibt es keine Überraschungen mehr, ihr habt mich verletzt, ihr werdet es wieder tun, ich werde euch keine Angriffsflächen bieten. Es war das erste Jahr ihrer Ehe, das erste Jahr nach dem Krieg, zwei Jahre später war sie meine Mutter. Das ist das Bild, das vor mir auftaucht, wenn ich Mutter denke, eine Vierundzwanzigjährige in der Nachkriegsmode mit steifem, unnahbarem Rücken. Später ließ sie sich nicht mehr photographieren.

Erst als ich schwanger war, dachte ich wieder an sie. Damals war sie schon viele Jahre tot. Ich schob meinen Bauch durch Supermärkte und verlangte nach Sulz, hausgemachtem Sulz. Ich wachte mit dem Geruch von Surbraten in der Nase auf, ich konnte ihren herb-süßen gallertigen Schokoladenpudding zwischen Zunge und Gaumen schmecken. Meine Mutter kam in mein Leben zurück als Nahrung, nach der ich Heimweh hatte. Als ich mit dem Neugeborenen in die fremde, heiße Wohnung zurückkam und der Vater meines Kindes mich verließ, saß ich weinend neben dem schreienden Kind und rief nach ihr. Ich wollte in ihre Arme zurück, ich schrie nach der Liebe, die ich meinem Kind verweigerte, ich wollte gewiegt werden, mich ganz klein machen in ihrem Schoß und nie mehr in die Wirklichkeit zurückmüssen. Eingesperrt in eine kleine Vorstadtwohnung zwischen Windeln, Kindergeschrei und schmutzigem Geschirr und dem Gefühl, das Leben hätte mich abgestellt und vergessen, begann ich sie zu verstehen. Mama, schrie ich, wenn ich mich hinter versperrter Tür auf den Teppich warf, den Spiegel zertrümmerte und meinen Kopf gegen die Wand schlug. Du bist irrenhausreif, du bist verrückt, sagte der Mann, dem ich mein Leben anvertraut hatte, und ich hörte meinen Vater sagen, sie war nicht richtig im Kopf, sie war aus dem Häusl, man hätte sie in eine Anstalt tun sollen. Ich hörte meine Mutter schreien, mit verzerrtem, verquollenem Gesicht, du liebst mich nicht, du Schwein, und ging in die Küche, um schweigend und systematisch Geschirr zu zerschlagen.

Ich fand ihre Spuren, als ich mit meiner zweijährigen Tochter im Arm in das alte Haus an der Donau zurückkehrte, das ich mit neunzehn verlassen hatte. Ich fand den Teppichklopfer am Türrahmen der Waschküche hängen, er hing da wie ihre blaue Drillichschürze unterhalb der Bodenstiege, seit zwölf Jahren unberührt, ein Teil von zu Hause, ein Teil von mir, von meiner Kindheit, ein Teil der Lebensangst, die sie an mich weitergegeben, in mich hineingeprügelt hatte. Ich hielt ihn in der Hand, und die Angst stieg wieder in mir hoch, die Angst vor den Schlägen, die Angst vor der Drohung der hereinbrechenden Züchtigung. Ich hielt ihn in der Hand und sah ihn zum erstenmal in seiner konkreten Beschaffenheit, so wie sie ihn gesehen haben muß, eine dicke, gebogene Gummiwurst mit einer Eisenspirale umwunden, ein Folterwerkzeug. Ich hielt das Kind in einem Arm, den Teppichklopfer im anderen. So klein war ich, als sie begann, mich zu schlagen. Trotzalter hat's bei uns nicht gegeben, sagte sie oft stolz zu Verwandten, das muß man im Keim ersticken, sobald das erste Nein kommt, sobald der Fuß aufstampft. Ich hörte zu und war stolz, ein wohlerzogenes Kind zu sein, ein geschlagenes Kind zu sein. Bitte, bitte, liebe Mama, ich tu alles, nur bitte, bitte, dieses eine Mal nicht, nur dieses eine Mal. Ich lief auf die Straße und bat Fremde, mir zu helfen, ich schrie nach meinem Vater, auf den Knien rutschte ich über den Kiesweg und umfing ihre Beine. Es half nichts, sie schlug mich. Nie das Kind im Affekt schlagen, sagte sie zu ihren jüngeren Schwestern. Wart nur, wenn ich in zwei Stunden heimkomm, kriegst du Treff, dann schlag ich dir die Läufe ab. Bitte, bitte, lieber Gott, flehte ich kniend, gib, daß sie stirbt. Wie oft habe ich ihr den Tod gewünscht, der dann zu früh kam. Ich war das besterzogene Kind in der Verwandtschaft, Mund halten und sitzen bleiben, nicht dreinreden, still und alleine spielen, niemanden belästigen; lehn dich doch nicht an mich an, kannst du nicht allein sitzen, Anlehnungsbedürfnis ist Schwäche. Sie erlaubte sich keine Schwäche. Ich wagte es nicht, sie zu hassen. Ich konnte es mir nicht leisten, sie zu hassen, sie war der einzige Mensch, der mich liebte. Danke, liebe Mama, mußte ich sagen, wenn sie vom Schlagen erschöpft war und sich schwer atmend niedersetzte. Manchmal ließ sie sich der Länge nach auf den Boden fallen, und ich bekam Angst um sie, hoffte, sie sei nicht ohnmächtig geworden von der schweren Arbeit der Züchtigung, ich fühlte mich schuldig, ihr soviel Kummer zu bereiten. Nachher hatte ich rote Wülste auf Beinen und Hüften, die wurden blutunterlaufen, dann grün und blau, und sie schrieb mir eine Entschuldigung fürs Turnen, damit niemand Fragen stellen konnte. Es gab viele Gründe, gezüchtigt zu werden, einen Befehl mit Nein oder Warum zu beantworten, eine halbe Stunde zu spät von der Schule heimzukommen, in der Kirche mit anderen Kindern zu flüstern oder zu kichern, im Schönschreibheft unter die Zeile zu geraten und f mit k zu verwechseln, eine Rüge von der Lehrerin, ein Befriedigend auf die Schularbeit.

Als ich vierzehn war, bekam ich die letzten Schläge. Wir wurden die besten Freundinnen, ich erzählte ihr nichts, sie mir alles. Ich war gut dressiert, meine Antworten waren spontan und entsprachen ihrer Erwartung. Ich brauche kein Fahrrad, es wäre zu gefährlich für mich. Alle in der Klasse gehen auf den Ball, das wäre mir zu kindisch. Meine Freundin Eva hat einen Freund, der sie geküßt hat, wie widerlich. Als sie tot war, wollte ich nicht mehr weiterleben. Ich setzte mich im Hemd ans Fenster, es schneite mir auf die Beine, aber ich bekam keine Lungenentzündung. Ich fühlte mich wie ein Krüppel ohne Krücken, und ich hatte keine Lust, gehen zu lernen. Ich behielt die strenge Frisur, die sie für mich richtig gefunden hatte, trug die wadenlangen Röcke, die sie für mich gekauft hatte, ging ein Jahr lang in Trauer, obwohl mir Schwarz nicht steht, und sah keinen Sinn in meinem Leben mehr. Meine Mutter hat sich für mich aufgeopfert, sagte ich, meine Mutter war mir alles, nur sie verstand mich, nur sie liebte mich, ich konnte über alles mit ihr reden. Und jetzt ist sie tot, und ich stehe allein in der Welt. Ich saß an ihrem Grab und schrieb weinend Briefe an sie. Wenn du von mir fortgehst, werde ich sterben, hatte sie gesagt. Ich ging in eine andere Stadt zur Universität, ein halbes Jahr später war sie tot. Ich bin an ihrem Tod schuld, schrieb ich in mein Tagebuch.

Als ich später als andere die Welt entdeckte, begann ich sie zu hassen. Als ich nicht mehr ohne Abenteuer leben konnte, begann ich sie zu verachten. Ich wurde alles, worüber sie sich am meisten entsetzt hätte. Ich schlief mit allen Männern, die mich haben wollten, und vielen, die mich nicht wollten. Ich fuhr per Autostopp durch zwei Kontinente und wusch mich in drei Monaten nicht ein einziges Mal. Ich gab meine Karriere auf für einen Mann und gab diesen Mann für einen anderen auf, nur um ihn wieder zu verlassen. Du bist eine Zigeunerin wie deine Großmutter, die alte Hexe, hörte ich meine Mutter sagen, und plötzlich haßte ich sie nicht einmal mehr, ich vergaß sie, sie hatte keinen Platz mehr in meinem Leben. Aber das Schicksal der Mütter setzt sich in den Töchtern fort. Einmal kommt die Mutter und sagt, so, mein Kind, jetzt bist du alt genug, jetzt zeige ich dir mein Leben. Ich schrie, du liebst mich nicht, du Schwein, und sah das verquollene Gesicht meiner Mutter, ich sah mit entsetzten Augen, wie sie meinem Vater ins Gesicht spuckte, aber es war der Mann, mit dem ich lebte, der sich den Speichel abwischte und mir ins Gesicht schlug. Ich bin keine Hausfrau, ich will keine Hausfrau sein, ich bin mir zu gut zum Verblöden, schrie ich und fegte Gläser und Geschirr vom Tisch. Nur ein total verblödetes, gottergebenes Schaf ist eine gute Hausfrau, hatte meine Mutter zu unserer jungen Nachbarin gesagt, die Karriere und Haushalt verbinden wollte. Ich warf das schreiende Kind ins Bett, schloß die Tür und schmiß an die Wand, was mir als erstes in die Hand fiel. Da kam meine erste Erinnerung zurück. Ich liege im Kinderwagen, es ist Nacht, nur eine Nachttischlampe brennt, der Wagen rollt, immer schneller, ein Anprall, noch ein Anprall, ich liege auf dem Boden, brülle noch lauter, eine Hand packt mich, wirft mich zurück in den Wagen, ich halte den Atem an, in Todesangst, der Wagen steht still. Bald werde ich mein Kind schlagen, dachte ich entsetzt. Als ich zu toben begann, als ich mich beobachtet und von allen verachtet fühlte, als ich zu fürchten begann, man wolle mich auf heimtückische Weise ermorden, retteten mich die weitaufgerissenen Augen meiner Mutter, sie holen mich, lauf, Kind, bevor sie dich auch erwischen. Ich lief. Ich packte die zwei Koffer, mit denen ich gekommen war, ich nahm meine Tochter mit. Ihr kriegt mich nicht, sagte ich zu meinem Mann und reichte die Scheidung ein, als ich einen Job und eine Zweizimmerwohnung gefunden hatte.

Meine Tochter steht wie eingerahmt in der Badezimmertür. Sie hat das kastanienrote Haar meiner Mutter, ihre bernsteinfarbenen Augen, ihre hohe Stirn mit dem perfekten Haaransatz. Sie wartet auf eine Antwort. Ich kämme mir das Haar nach hinten, prüfe mein Augenmakeup. Deine Großmutter hatte ein schweres Leben und keine Wahl. Es waren andere Zeiten. Alle Sätze gehen daneben. Schau, ich habe gegen meine Mutter und ihr Leben rebelliert, du wirst einmal gegen mich rebellieren. Und dann werde ich so wie meine Großmutter? Kaum, lache ich. Vielleicht, sage ich dann. Wer gibt Garantien, denke ich, sie wird eine Frau sein, sie wird einen Mann lieben und ihn besitzen wollen, auf ewig, sie wird heiraten, vielleicht Kinder haben, und wird sie die Kraft haben, sich zu retten?

Saliha Scheinhardt
Träne für Träne werde ich heimzahlen

Unsere Mutter war die älteste der Töchter. Eines Tages kam ein großer, schlanker, dunkler Mann, Mitte Dreißig, nach der Freitagspredigt wie ein Schuljunge zu meinem Großvater, um um die Hand dieser Tochter anzuhalten. Damals wußte Großvater noch nicht, warum er nicht seine Mutter auf die Brautsuche geschickt hatte, wie es nach dem Brauch üblich war, sondern höchstpersönlich dieses heikle Geschäft und den damit verbundenen Handel in die Hand nahm. Nicht von ihm, sondern von unserer Mutter erfuhren wir, welch ein grausamer Greis unser adliger Großvater väterlicherseits war. Er hatte seine sechs Frauen, die er nie nebeneinander, sondern immer nach dem Tode der jeweiligen Vorgängerin geheiratet hatte, alle schlecht bis erbärmlich behandelt. Sie alle, fast alle, hatte er zu Grabe getragen, außer unserer Großmutter, die ihm drei Kinder geboren hatte. Bettlägerig, krank, war sie von ihm wegen einer Bagatellsache mit den Kindern auf die Straße gesetzt worden. Sie zogen zu viert in ein Zimmer. Vater war gerade elf Jahre alt und der Älteste. Er verdiente nun das Brot als Laufbursche in einer Mühle, schlief auch dort. Seine jüngere Schwester pflegte die kranke Mutter. Es dauerte nicht lange, und die Mutter starb, krank, einsam, während unser Vater weit weg von zu Hause war. Die Nachbarinnen verheirateten seine Schwester mit einem mittellosen Jungen. Der Älteste war wohl schon zur Front.

Vater wanderte mit Wut durch das ganze Land, suchte Arbeit, wurde irgendwann zum Militär eingezogen. Als er einem selbstherrlichen Offizier die Stiefel nicht putzen wollte und aufmüpfig wurde, kam er ins Militärgefängnis. Nur diesen Teil seines Lebens erzählte er mit Stolz, fast zwei Jahrzehnte nach diesem Ereignis konnte man an seinen Augen sehen, was es für ihn bedeutet hatte, vor versammelter Rekrutenschar den Offizier genußvoll ausgepeitscht zu haben. Die drei Jahre im Militärgefängnis seien halb so schlimm gewesen, meinte er.

Damals war sein Vater bereits ein gemachter Mann. Der Handel mit Salz, aus dem nahe liegenden Salzsee gewonnen, brachte viel ein. Mit Karawanen verschickte er es ins ganze Land. Außerdem blühte das Geschäft mit dem Filzteppich. Die Bauern brachten die Wolle selbst in die Stadt, die dann in den Werkstätten des Großvaters zu Filzmatten verarbeitet wurde. Geld und Ruhm hatte der adlige Salzhändler erworben. Doch Vater wollte nie mehr dorthin zurückkehren, wo er mit elf Jahren auf die Straße gesetzt worden war. Aus dem Militärgefängnis wurde er wegen guter Führung vorzeitig entlassen. Als er sich wie ein Neugeborener mit einer erloschenen Zigarette im Mund von außen an die Gefängnismauer lehnte, sah er bartlose Rekruten in den Hafen ziehen. Die Radionachrichten berichteten von einem Mann in Europa, so erzählten die Männer in den Kaffeehäusern und die Frauen an den Webstühlen, der wolle die Welt erobern und den Schlüssel an Gott überreichen. Es war das Jahr 1940. Dieses und die folgenden Jahre waren auch für unser Land magere, mühsame, von Hunger und Arbeitslosigkeit gezeichnete Jahre.

So zog Vater durch das Land, klapperte die Türen einiger Männer ab, mit denen er im Militärdienst oder im Gefängnis sein Brot und seine Sehnsüchte geteilt hatte. Manche aber wollten ihn nicht wiedererkennen, andere klagten, daß es ihnen ja selbst schlecht ginge, keine Arbeit, keine Hoffnung, nun auch noch der Krieg. Schließlich zog ihn die Nestwärme doch so sehr, daß er seinen Stolz überwand und eines Tages seinen Vater aufsuchte, um ihm die Hände zu küssen. Großvater hatte seinen Augen nicht getraut, hin- und hergerissen zwischen Stursinn und Rührung hatte er nicht gewußt, ob er weinen oder lachen sollte. Er erkannte ihn doch an seinem Muttermal an der linken Seite seines Gesichts. Er hatte geglaubt, Vater sei tot oder verschollen. Zwanzig Jahre war er als Landstreicher haltlos und in Verzweiflung von einem Ort zum anderen gezogen, auf der Suche nach Arbeit, halb satt, halb hungrig. Eine verlorene Kindheit und Jugend, verbracht in Mühlen und Werften, auf Feldern und in Fabriken. Mit elf Jahren lernte er das Rauchen, mit fünfzehn war die Anisflasche seine unentbehrliche Lebensgefährtin, er schlug und wurde geschlagen. Später trieben ihn Dolchstiche fast in den Tod, viele Gefahren hat er durchgestanden, nur der Lüge und dem Glücksspiel ist er nie verfallen. «Unser Beruf ist hart», sagte sein Vater, «wenn du darin etwas werden willst, mußt du arbeiten wie ein Pferd. Ärger habe ich genug am Hals, nun an die Arbeit. Abends schließt du die Läden und kannst zwischen den Wollballen schlafen. Deine Wäsche nehme ich mit nach Hause, und das sind deine Brüder Ali, Naci, Mehmet, Musaffer und Galip. Ich will keine Unannehmlichkeiten, ist das klar?»

Jeden Morgen mit der Dämmerung zog er mit den schweren Wollmatten ins öffentliche Badehaus, um sie dort unter Dampf und Hitze festzutreten, für einen Hungerlohn, drei Jahre lang. Jede Demütigung ließ er über sich ergehen. Verbissen und gierig lernte er mit seinen dreißig Jahren alle Geheimnisse und Listen des Handels. Sobald er etwas Fuß gefaßt hatte, setzte er sich von seinem Vater ab. Seine Brüder hatte er gern, auch die Stiefmutter war bei den seltenen Anlässen, bei denen sie sich sahen, entgegenkommend. Nur mit dem Geiz und der Gerissenheit und Gier seines Vaters wollte er nicht mehr leben, auch nicht mehr zusehen, wie die stadtfremden Bauern mit ihrer kostbaren Wolle erbarmungslos übers Ohr gehauen wurden. Im Gefängnis hatte er wenigstens ein Bett gehabt, hier mußte er tausend Tage zwischen Ungeziefer und Wollballen verbringen, jede Nacht wieder und wieder die gesparten Taler zählen, die er wie seinen Augapfel hütete. Unter dem Joch seines Unvaters lernte er dessen Beruf zu beherrschen. Nach drei Jahren – sein Rheumatismus machte ihm bereits zu schaffen – ging er, seinen Rücken der Vergangenheit kehrend, still und höflich davon.

Er ging in die kleinere Kreisstadt, zwei Stunden südlich vom Heimatort gelegen, dort wollte er bleiben, Fuß fassen, Geschäft und Familie gründen. Ein paar fürsorgliche Männer fragten sich, warum er, ein Mann fast Mitte Dreißig, noch immer nicht verheiratet war. Sein Geschäft lief bescheiden, aber doch so gut, daß er Frau und Kinder hätte ernähren können. – «So wollen wir dein Vater sein, überlaß uns die Geschichte, nur mußt du dich öfter in der Messe sehen lassen.» – So zog Vater Tag für Tag mit den Männern aus der Gasse in die Moschee, um bei dem Prediger Kredit zu sammeln, einen guten Eindruck zu erwecken. Kein Mensch wußte, daß er eine Tochter des Predigers heiraten wollte. Die Männer wußten nur, daß der Mufti drei Töchter hatte, eine schöner als die andere, eine tüchtiger als die andere, alle drei im heiratsfähigen Alter. Fromm waren sie obendrein, das brauchte man ja nicht zu fragen, bei dem Vater.

Es ging alles schnell und ohne Zwischenfälle, bis auf die erste Begegnung. Welch ein historischer Augenblick. Da fiel nämlich unsere Mutter – gerade sechzehn geworden, noch in bäuerlicher Aufmachung, aber mit aristokratischen Erwartungen – in Ohnmacht. Auf den Treppen des Standesamtes, vor den Augen aller Anwesenden. Sie fiel in Ohnmacht, weil die Heiratsvermittlerin ihr unseren Vater anders beschrieben hatte. Sie selber hatte ihn ja auch nie gesehen, kannte ihn nur aus den Beschreibungen der Männer aus der Gasse. «Soll ich diesen alten Knacker heiraten, o Himmel, hab Erbarmen mit mir!» Und schon war sie weg.

Wie gut ich sie verstehe! Was hilft's? Sie mußte sich damit abfinden. Es reichte nicht einmal für ein aufgesetztes Lächeln. Sie sagte «ja», neben ihr standen die Zebanis, die Höllenwächter, wie sie ihre Brüder nannte, ihre Adleraugen auf sie gerichtet. Und der größte Tyrann, ihr Vater selbst, war nicht im Standesamt erschienen, diese Aufgabe hatte er seinen Söhnen übertragen. Unsere Mutter wußte nur zu gut, daß der geringste Widerspruch im Hause des Mufti nicht ohne Bestrafung bleiben würde. An der Wohnzimmerwand, neben dem Koranbeutel, hing noch das Jagdgewehr, allzeit bereit, mitgebracht aus jenem Bergdorf, als Mittel zur Konfliktlösung. Nur zur Abschreckung? Die Söhne des Hauses bedienten sich gern dieses Mittels. Vielleicht wußten sie oder ahnten zumindest, daß unsere Mutter ganz so engelhaft, wie sie wirkte, ja doch nicht war.

Als die Sippe damals das Dorf verließ, tagelang auf Ochsenkarren in die Stadt zog, da war ihnen nicht entgangen, daß unsere Mutter wochenlang wie ein Geist durchs Leben ging, apathisch und schluchzend. Man ertappte sie zu oft zwischen den Getreidesäcken, ihre Augen verquollen, sie aß und trank nichts mehr, schaute blicklos ins Leere. Mager war sie geworden. Ihr Zustand machte den Frauen angst, versetzte die Männer in Wut. Was könnte dahinterstecken? Natürlich eine Liebesgeschichte, was sonst. Ein Junge aus dem Dorf wahrscheinlich, und nun Trennungsschmerz. Nur die Sterne wußten den Namen des Geliebten, Keko. Konnte man es ihr übelnehmen? Ich nicht. Stell dir vor, Schwester, wenn unsere Mutter jenem geliebten Keko noch rechtzeitig in die Berge gefolgt wäre, was aus uns beiden geworden wäre. Im besten Falle wären wir in zwei Nachbardörfer verheiratet worden, und so wären wir wenigstens nicht ganz so weit voneinander entfernt. Und vielleicht sogar verhältnismäßig gut aufgehoben.

Nun zu unserer Mutter. Sonnenblumenfelder und ihre heimliche Liebe, ob du es glaubst oder nicht, noch viel später wurden ihr beim Erzählen die Augen feucht. Damals, als Onkel Keko schwerkrank in die Stadt ins Krankenhaus gebracht wurde. Seine Verwandten übernachteten bei uns, Mutter war in tiefste Trauer versunken, die Ärzte sahen wenig Chancen, er starb und hinterließ eine Frau und drei Kinder. Mutter verschwesterte sich mit der Frau des Verstorbenen, den Kindern gab sie einige unserer Schuhe und Kleider mit auf den Weg. So endete ihre erste Liebe, ohne eine zärtliche Umarmung, mit dem Tod. Zu dieser Zeit ging es uns wohl gar nicht so schlecht, wenn du bedenkst, wie unsere Eltern angefangen haben. Mutter erzählte uns immer wieder, daß sie auf eine Strohmatte und ein geliehenes Bodenbett eingeheiratet hatte. So ärmlich waren damals die Verhältnisse.

Nein, das ist keine Mißbilligung, und verzeih, wenn ich etwas spöttisch geworden bin über unsere Mutter und ihre Jammergeschichte, wie gut ich sie auch verstehen kann. Aber du weißt ja zu gut, wie mein Verhältnis zu Mutter war. Am wenigsten verzeihe ich ihr, daß sie uns auf der Suche nach einem Grund für ihr Unglück ein Leben lang vorwarf, daß wir am Leben geblieben sind und nicht schon als Babies krepierten. Wären wir nicht auf die Welt gekommen, so hätte sie längst unseren Vater verlassen, sagte sie. Doch ihre eigene Unfähigkeit gab sie nie zu, sie, die doch im Leben nichts zustandegebracht hat als zu weinen und zu jammern und ständig andere für ihr Unglück verantwortlich zu machen. Ihr Vater, ihre Brüder und schließlich wir mußten für ihre Misere, für die mißglückte Ehe herhalten, als ob es eine Schuld sei, daß wir die Kinderkrankheiten, den Hunger und ihre Demütigungen überlebt haben. Das schlimmste war ihre Lieblosigkeit, aber du kannst ja am wenigsten darüber klagen, denn schließlich warst du das erste Kind, das erste Glückserlebnis dieses unglückseligen Paares. So bist du von vorn bis hinten verwöhnt und geliebt worden.

Diese deine Beliebtheit übertrug sich auf alle, die dich umgaben, auf Verwandte, Nachbarn und schließlich auf deine Lehrer und Klassenkameraden. Hinzu kam noch deine erlesene Schönheit, so daß du, kaum zwölf Jahre alt, dort in der Provinz zum Stoff aller Begeisterung wurdest. Und auch dein Stolz war für viele bemerkenswert, vielleicht sogar schwerwiegender als deine Schönheit, denn in unseren frommen Kreisen durfte ein Mädchen nicht in Verruf kommen. Wie groß deine Schönheit auch sein mochte, die Unbeflecktheit hatte immer Priorität. Du warst daher der höchste Reiz für manchen auserwählten Jungen. Selbst dein Mathelehrer bat später – du warst gerade vierzehn – um deine Hand. Nein, sagtest du, du willst einen Besseren. Mit demselben Naserümpfen, mit dem du unsere Verwandten aus dem Dorf vor die Tür setztest, weil sie arm und bäuerlich waren, hast du es auch fertiggebracht, du kleines Biest, alle Bewerber noch an der Haustür mit deinem Mundwerk abzufertigen. Je klarer deine weiblichen Konturen Formen annahmen, desto größer wurde die Zahl der Jungen, die am Schultor auf dich warteten, und die der Väter, die, besorgt um ihre Söhne, unseren Vater aufsuchten. «Nein», war deine Antwort, frech und selbstbewußt. «Nein, ich will einen Besseren.»

Selbst unser Vater stand dir hilflos gegenüber, aber er konnte nicht umhin, seinen Stolz zuzugeben, und damit schürte er noch deinen gefährlichen Hochmut. Was hätte er auch tun sollen? Schließlich waren ihm nur drei von seinen sechs Kindern übriggeblieben, und du warst nun mal sein Augenstern und die Mitte seines Lebens. Nach dir wurde Duygu geboren, doch sie starb schon mit zweieinhalb Jahren an Meningitis. Von ihr wissen wir sehr wenig.

Von Duygu sprach unsere Mutter nur im Zusammenhang mit meiner Geburt. Manchmal klang es so, als wollte sie sagen, daß Duygu starb, um mir Platz zum Leben zu machen. Dabei wurde ich erst zwei Jahre nach ihrem Tod geboren. Ich brauchte ihr die Lebenskraft nicht zu rauben. Doch ich bin nach wie vor davon überzeugt, daß meine Ankunft der Anfang des Untergangs unserer Familie war. Der erste kräftige Schlag gegen das eheliche Glück. Du gerade kannst am besten bezeugen, und wenn du ehrlich bist, auch zugeben, daß Mutter mich noch im Wochenbett verdammt hat. Die Hebamme prophezeite als erste, daß dieses Kind, das mit dem linken Arm zuerst und einer fest verschlossenen Faust aus der Gebärmutter herauskam, kein Glücksbringer sein würde.

«Faß das Brot nicht mit der linken Hand an!

Leg dich nicht auf die linke Seite beim Schlafen!

Zieh erst den rechten Schuh an!

Steh nicht von links auf!»

Ständig diese Linksdrohungen, die uns ein Leben lang verfolgten. Alles Linke war in ihrer kleinen Welt schlecht, böse und verflucht. Dann stellte sich auch noch heraus, daß ich ein Mädchen war. Damit war die düstere Prophezeiung der Hebamme besiegelt, nun konnte Mutter nur noch um ihr Schicksal weinen oder beten, der liebe Gott möge mich bald zu sich nehmen und vor einem sündhaften Leben bewahren.

Mariama Bâ

Das ist nun einmal das Los der Mutter

Aïssatou, meine großen Kinder bereiten mir Sorgen. Mein Kummer schwindet dahin, wenn ich an meine Großmutter denke, die in der Volksweisheit für jede Gelegenheit eine passende Redensart fand. Sie pflegte zu sagen: «Die Familienmutter hat keine Zeit zum Verreisen. Aber zum Sterben hat sie Zeit.» Sie jammerte, wenn sie trotz aller Müdigkeit ihre Arbeit in Angriff nehmen mußte:

«Ach, hätte ich nur ein Bett, um mich auszustrecken.»

Schelmisch wies ich auf die drei Betten in ihrem Haus hin. Sie wurde ärgerlich: «Du hast das Leben noch vor dir. Möge Gott dich auch mal in meine Lage bringen.»

Und da bin ich nun heute «in ihrer Lage».

Ich hatte geglaubt, daß ein Kind ohne Probleme zur Welt käme und aufwüchse. Ich hatte mir eingebildet, daß, wenn man ihm einen geraden Weg vorzeichnete, es ihm fröhlich folgen würde. Aber ich erkannte zu meinem Leidwesen die Richtigkeit der Prophezeiungen meiner Großmutter.

«Von denselben Eltern abzustammen, führt nicht unbedingt dazu, daß Kinder sich ähneln. Ihr Charakter und ihr Aussehen können grundverschieden sein. Sie sind es übrigens oft.»

Um die Angst vor der Zukunft, die ihre Worte auslösen könnten, zu dämpfen, bot meine Großmutter Lösungen an:

«Verschiedene Charaktere erfordern verschiedene Erziehungsmethoden. Hier Härte, da Verständnis. Die Ohrfeigen, die bei den ganz Kleinen Wirkung zeigen, bringen die Größeren nur auf. Die Nerven haben täglich eine harte Probe zu bestehen! Aber das ist nun einmal das Los der Mutter.»

Wackere Großmutter, aus deinen Lehren und deinem Beispiel schöpfte ich den Mut, der mich nicht verzweifeln ließ in Augenblicken schwieriger Entscheidungen.

Eines schönen Abends hatte ich das Trio (wie man sie in der Familie nennt) Arame, Yacine und Dieynaba in ihrem Zimmer beim Rauchen überrascht. Alles in ihrem Verhalten verriet die Gewohnheit: die Art und Weise, wie sie die Zigarette zwischen die Finger klemmten, wie sie sie elegant zu den Lippen führten, wie sie mit Kennermiene den Rauch inhalierten. Die Nasenflügel bebten und ließen den Rauch entweichen. Und diese jungen Damen atmeten den Rauch so ganz einfach ein und aus beim Wiederholen ihrer Lektionen, beim Abfassen ihrer Hausaufgaben. Sie genossen ihr Vergnügen gierig, hinter der geschlossenen Tür, denn ich versuche, so weit wie möglich ihre persönliche Sphäre zu respektieren.

Dieynaba, Arame und Yacine ähneln mir, heißt es. Eine hilfsbereite Freundschaft verbindet sie, von vielen Gemeinsamkeiten getragen; sie bilden gegenüber meinen anderen Kindern einen Block mit denselben defensiven oder mißtrauischen Reaktionen; sie tauschen untereinander Kleider, Hosen und Blusen aus, denn sie haben fast dieselbe Figur. Ich brauchte niemals in ihre Auseinandersetzungen einzugreifen. Das Trio steht in dem Ruf, lernbegierig zu sein.

Aber sich nun die Freiheit zu nehmen und zu rauchen! Mein Zorn traf sie wie ein Blitz. Die Überraschung ärgerte mich ungeheuer. Der Mund einer Frau, der statt Wohlgeruch beißenden Tabaksgeruch ausströmt! Zähne einer Frau von Nikotin geschwärzt, anstatt strahlend weiß zu glänzen! Ihre Zähne waren trotzdem weiß. Wie sie das wohl erreicht hatten?

Ich fand das Tragen von Hosen scheußlich, wenn man nicht die Konstitution und schmalwüchsigen Formen hat wie die westlichen Frauen. Die Hose unterstreicht die drallen Formen der Negerin, welche noch besonders betont werden durch eine starke Veranlagung zum Hohlkreuz. Aber ich hatte dem Ansturm dieser Mode nachgegeben, die einzwängte und drückte, anstatt zu befreien. Da meine Töchter «in» sein wollten, hatte ich es akzeptiert, daß die Hose Bestandteil ihrer Garderobe wurde.

Ich hatte ganz plötzlich Angst vor all den Nebenerscheinungen des Fortschritts. Tranken sie etwa auch? Wer weiß, ein

Laster kommt selten allein. Sollte denn der moderne Lebensstil nicht möglich sein, ohne gleichzeitig die Sitten zu verderben?

War ich dafür verantwortlich, weil ich meinen Töchtern ein bißchen Freiheit gelassen hatte? Mein Großvater verweigerte den jungen Leuten den Zugang zu unserem Haus. Um zehn Uhr abends machte er, mit einer Glocke in der Hand, die Besucher darauf aufmerksam, daß die Eingangstür verschlossen würde. Er übertönte das Gebimmel der Glocke mit dem immer gleichen Befehl: «Wer nicht hier wohnt, soll verschwinden!»

Ich ließ meine Töchter hin und wieder ausgehen. Sie gingen ohne meine Begleitung ins Kino; sie erhielten Besuch von Freundinnen und Freunden. Ich hatte Argumente zur Rechtfertigung meiner Haltung: Ab einem gewissen Alter öffnen sich Jungen wie Mädchen unweigerlich dem Gefühl der Liebe. Ich wünschte, daß meine Töchter dieses Gefühl auf gesunde Weise entdecken, ohne Schuldgefühle, ohne Geheimniskrämerei, ohne Entwürdigung. Ich versuchte, ihre Beziehungen zu durchschauen; ich sorgte für ein Klima, das Anstand und Vertrauen begünstigte.

Und da haben sie nun von ihren Bekanntschaften die Gewohnheit zu rauchen angenommen. Und ich hatte keine Ahnung, ich, die ich immer alle bevormunden wollte. Wieder kam mir die Weisheit meiner Großmutter in den Sinn: «Selbst ein gut gefütterter Bauch versorgt sich noch hintenherum.»

Ich mußte nachdenken. Eine Neuregelung war unumgänglich, um dem Übel Einhalt zu gebieten. Für die neue Generation eine neue Methode, hätte zweifellos meine Großmutter vorgeschlagen.

Ich nahm es hin, als «passé» zu gelten. Die Schädlichkeit des Tabaks war mir bekannt, und ich konnte seinen Genuß nicht gutheißen. Mein Gewissen sträubte sich ebensosehr dagegen wie gegen den Genuß von Alkohol.

Von da an verfolgte ich unaufhörlich seinen Geruch. Der spielte mit meiner Wachsamkeit Verstecken. Hinterlistig und ironisch neckte er meine Nase und verschwand dann. Sein bevorzugter Zufluchtsort waren die Toiletten, vor allem nachts. Aber er wagte es nicht mehr, sich frech und ungeniert breitzumachen.

Heute konnte ich das Abendgebet nicht auf meine Weise beenden: Wildes Geschrei auf der Straße hat mich von der Matte, auf der ich saß, aufspringen lassen. Als ich auf der Veranda stand, sah ich meine Söhne Alioune und Malick weinend herankommen. Sie waren in einem erbärmlichen Zustand: zerrissene Kleider, von Stürzen verschmutzte Körper, blutige Knie unter der Hose; ein breiter Riß klaffte im rechten Ärmel von Malicks Pullover, und auf derselben Seite hing der Arm jämmerlich herab. Eines der Kinder, die ihn stützten, erklärte mir: «Ein Motorradfahrer hat Malick und Alioune umgefahren. Wir haben Fußball gespielt.»

Ein junger Mann mit langen Haaren, heller Brille und grigri am Hals kam näher. Sein Jeansanzug war vom grauen Straßenstaub bedeckt. Die Kinder, deren Zielscheibe er war, setzten ihm mächtig zu, und da stand er nun, mit einer roten Wunde am Bein und sichtlich verlegen ob soviel Feindseligkeit. Mit höflichen Worten und Gesten, die mit seiner saloppen Aufmachung kontrastierten, entschuldigte er sich. «Ich habe die Kinder zu spät gesehen, als ich links abbog. Ich glaubte, der Weg sei frei in dieser Einbahnstraße. Ich war nicht auf die Idee gekommen, daß sich dort Kinder einen Spielplatz eingerichtet hätten. Ich habe gebremst, umsonst. Ich bin auf die Steine, die das Tor markierten, aufgefahren. Bei meinem Sturz habe ich Ihre beiden Söhne und noch drei andere Jungen mitgerissen. Ich bitte um Entschuldigung.»

Der junge Mann mit dem Motorrad überrascht mich angenehm. Ich schimpfe los, aber nicht auf ihn. Ich weiß, wie schwierig es ist, in den Straßen der Stadt und überhaupt der Medina zu fahren, weil ich es selbst erlebt habe. Die Straße ist der bevorzugte Fußballplatz für die Kinder. Wenn sie davon Besitz ergreifen, vergessen sie die übrige Welt. Sie gebärden sich wie die Verrückten um den Ball. Manchmal ist ein dicker, verschnürter, abgerundeter Lappen das Ziel ihres Eifers. Was macht's! Der Autofahrer kann nur Zuflucht nehmen zu seinen Bremsen, seiner Hupe und seiner Kaltblütigkeit; ein unordentliches Spalier wird für ihn gebildet, das sich sogleich wieder im Getümmel schließt. Hinter ihm geht das Geschrei verstärkt weiter.

«Junger Mann, Sie sind nicht schuld. Der Fehler liegt bei meinen Söhnen. Sie sind meiner Wachsamkeit entwischt, als ich betete. Gehen Sie, junger Mann, oder besser, warten Sie, damit ich Alkohol und Watte für Ihre Wunde holen lasse.» Aïssatou, deine Namensschwester, bringt Jod und Watte. Sie behandelt den Unbekannten, dann Alioune. Die Kinder aus dem Viertel sind nicht einverstanden mit meiner Reaktion. Sie hätten dem «Schuldigen» eine Strafe gewünscht. Ich halte ihnen eine Standpauke. Ach, diese Kinder! Sie verursachen einen Unfall und wollen obendrein noch bestrafen.

Malicks herunterhängender Arm scheint mir gebrochen zu sein. Er hält ihn anormal. «Aïssatou, schnell, schnell. Bringe ihn ins Krankenhaus. Wenn du Mawdo nicht findest, wende dich an den Notdienst. Geh, geh, mein Mädchen.»

Aïssatou zieht sich rasch an und hilft Malick, sich zu säubern und umzuziehen. Das geronnene Blut der Wunden hinterläßt dunkle und eklige Flecken auf dem Fußboden. Wie ich sie wegwische, muß ich an die Gleichheit der Menschen denken: dasselbe rote Blut, das dieselben Organe durchströmt. Diese Organe, die bei allen Menschen an derselben Stelle sitzen, erfüllen dieselben Funktionen. Dieselben Mittel heilen dieselben Krankheiten überall auf der Welt, ob der Mensch nun schwarz oder weiß ist. Alles eint die Menschen. Warum also töten sie sich in gemeinsamen Kämpfen aus – in Anbetracht des Hinschlachtens menschlichen Lebens – nichtigen Gründen? So viele verheerende Kriege! Und doch hält sich der Mensch für ein überlegenes Wesen. Wofür hat er seine Intelligenz? Seine Intelligenz schafft ebenso das Schöne wie das Üble, öfter das Böse als das Gute.

Ich nehme wieder auf der mit einer grünen Moschee dekorierten Matte Platz, die ebenso für meinen alleinigen Gebrauch bestimmt ist wie der Wasserkessel für meine Waschungen. Alioune schnüffelt immer noch und drängelt Ousmane von seinem Platz an meiner Seite in der Hoffnung auf Trost, den ich ihm verweigere. Ich nutze im Gegenteil die Gelegenheit, ihm eine kleine Predigt zu halten: «Die Straße ist kein Spielplatz. Heute bist du noch einmal gut davongekommen. Aber morgen! Paß auf ... Du wirst dir auch noch irgendwas brechen wie dein Bruder.»

Alioune wehrt sich: «Aber es gibt im ganzen Viertel keinen Fußballplatz. Die Mütter wollen nicht, daß in den Höfen Fußball gespielt wird. Was sollen wir also machen?» Seine Frage ist berechtigt. Die für den Städtebau Verantwortlichen müssen Spielplätze vorsehen, ebenso wie sie für Grünanlagen sorgen.

Nach Stunden kommen Aïssatou und Malick aus dem Krankenhaus zurück, wo Mawdo sich ihrer wieder einmal angenommen hat. Malicks Gipsverband zeigt mir, daß sein hängender Arm tatsächlich gebrochen war. Ach, die Kinder lassen einen die Freude, sie in die Welt gesetzt zu haben, teuer bezahlen.

Meine Freundin, die unglücklichen Ereignisse häufen sich entschieden. Ich bin so geschaffen: Wenn mich das Unglück einmal gepackt hat, läßt es mich nicht mehr los.

Deine Namensschwester Aïssatou ist seit drei Monaten schwanger. Farmata, die Griote [Griote: Zauberin] mit den Kaurimuscheln, hat mich geschickt zu dieser verheerenden Entdeckung hingelenkt. Wahrscheinlich hat das allgemeine Geschwätz sie darauf gebracht oder einfach ihre hochentwikkelte Beobachtungsgabe.

Jedesmal, wenn sie ihre Muscheln warf, um unseren jeweiligen Streit zu unterbrechen (unsere Meinungen stimmten in keinem Punkt überein), gab sie ein «han» der Unzufriedenheit von sich. Unter starkem Geseufze zeigte sie mir im Durcheinander der Kaurimuscheln: ein junges Mädchen in anderen Umständen.

Ich hatte wohl das plötzliche Abmagern deiner Namensschwester bemerkt, ihren Mangel an Appetit, das Anschwellen ihrer Brüste: lauter Anzeichen, die auf ihre beginnende Schwangerschaft hinwiesen.

Aber die Pubertät verändert die Heranwachsenden auch; sie läßt sie dicker oder dünner werden, läßt sie wachsen. Außerdem hatte Aïssatou kurz nach dem Tod ihres Vaters einen heftigen Malaria-Anfall gehabt, den Mawdo Bâ wirksam behandelt hat. In der Zeit schon hatte sie ihre Rundungen eingebüßt.

Aïssatou wollte nicht wieder zunehmen, um eine schlanke Taille zu behalten. Ich schrieb ihren geringen Appetit und ihre Ablehnung gewisser Gerichte natürlich dieser neuen Manie zu. So dünn, wie sie war, konnte sie in ihren Hosen Kahn fahren, und zu meiner großen Freude trug sie nur noch Kleider.

Der kleine Oumar machte mich wohl darauf aufmerksam, daß Aïssatou sich jeden Morgen, wenn sie ihn wusch, in ihrem Badezimmer erbrechen mußte. Aber als ich Aïssatou fragte, leugnete sie und sprach vom Ausspucken von mit Zahnpasta vermischtem Wasser. Oumar sagte nichts mehr von Erbrechen. Meine Sorge konzentrierte sich auf andere Dinge.

Wie hätte ich mir die plötzlich zutage tretende Wahrheit auch vorstellen können? Wie hätte ich erraten können, daß meine Tochter, die mich in meinem Ärger anläßlich der Zigarettengeschichte beruhigte, sich einem weit schlimmeren Spiel hingab? Das erbarmungslose Schicksal überraschte mich wieder einmal, wie immer ohne Verteidigungswaffen.

Farmata verlieh «dem schwangeren jungen Mädchen» ihrer Muscheln jeden Tag ein bißchen mehr Nachdruck. Sie zeigte es mir. Sie hatte Mitleid mit seinem Zustand. Ihr Verhalten war vielsagend: «Sieh her! Nun sieh doch mal. Diese einzelne Kaurimuschel mit der Öffnung nach oben. Und schau hier diese andere Muschel, die sich einpaßt, mit der weißen Seite nach oben: wie ein Topf mit seinem Deckel. Das Kind ist im Bauch, es bildet einen Körper mit seiner Mutter. Die Gruppe der beiden Muscheln ist isoliert: Es handelt sich also um eine Frau ohne Bindung, eine junge Frau ohne Ehemann. Aber da die Muscheln winzig sind, handelt es sich sicher um ein junges Mädchen.»

Und ihre Hand warf immer wieder die geschwätzigen Kaurimuscheln aus. Sie fielen auseinander, stießen zusammen, lagen übereinander. Ihr prophetisches Geklingel füllte den Korb, und immer wieder lag dieselbe Gruppe von zwei Muscheln getrennt, um eine Notlage zu enthüllen. Ich folgte ihrer Ausdrucksform ohne Begeisterung.

Und eines Abends, als Farmata meine Naivität satt hatte, wagte sie sich hervor: «Frage deine Töchter aus, Ramatoulaye. Frage sie aus. Eine Familienmutter muß pessimistisch sein.»

Ihre Hartnäckigkeit verwirrte und beunruhigte mich, und ich ging auf ihren Vorschlag ein. Aus Angst, ich könnte meine Meinung wieder ändern, drang Farmata mit ihrem Gang einer feingliedrigen Gazelle in Aïssatous Zimmer vor. Sie verließ es wieder mit einem triumphierenden Leuchten in den Augen. Aïssatou folgte ihr weinend. Farmata verscheuchte Ousmane, der sich in meinen Bubu kuschelte, verriegelte die Tür und erklärte: «Die Kaurimuscheln können sich nicht jeden Tag irren. Wenn sie derartig hartnäckig sind, heißt das, daß etwas nicht stimmt. Wasser und Sand haben sich zu Schlamm vermischt. Trage deinen Schlamm zusammen. Aïssatou leugnet ihren Zustand nicht. Ich habe sie gerettet, indem ich dir klargemacht habe, was los ist. Du hast nichts geahnt. Sie wagte nicht, sich dir anzuvertrauen. Alleine wärt ihr niemals mit dieser Situation fertiggeworden.»

Die Erregung schnürte mir die Kehle zu. Ich, die ich so schnell mit Vorwürfen bei der Hand war, ich schwieg. Ich war ganz benommen und erstickte fast vor Hitze. Ich schloß die Augen, öffnete sie dann wieder. Ich kaute auf meiner Zunge.

Die erste Frage, die einem bei einer derartigen Entdeckung in den Sinn kommt, ist: Wer? Wer hat diesen Raub begangen, denn um Raub geht es; wer hat diesen Schaden angerichtet, denn um einen Schaden handelt es sich! Wer hat es gewagt? Wer? ... Wer? ... Aïssatou nannte einen gewissen Ibrahima Sall, der sehr schnell in ihren Reden einfach zu Iba wurde.

Ich sah mit Bestürzung meine so gut erzogene Tochter an, die so zärtlich mit mir war, so hilfsbereit im Haus, so tüchtig in jeder Hinsicht. Wie ließen sich so viele Qualitäten mit einem derartigen Betragen vereinbaren?

Iba ist Student an der Universität, Jurastudent. Sie hatten sich beim Geburtstag einer Freundin kennengelernt. Iba holte sie gelegentlich von der Schule ab, wenn sie mittags nicht «heimkam». Er hatte sie zweimal in sein Zimmer im Studentenwohnheim eingeladen. Sie gestand, mit ihm glücklich zu sein. Nein, Iba hatte sie nicht gedrängt, hatte keine Forderungen gestellt. Alles war ganz natürlich zwischen ihnen gekommen. Iba wußte über ihren Zustand Bescheid. Er hatte die Dienste eines Freundes, der «ihr helfen» wollte, zurückgewiesen. Er hielt zu ihr. Er war Stipendiat und fest entschlossen, sich für den Unterhalt seines Kindes selbst einzuschränken.

Ich erfuhr alles in einem Zug, mit einer Stimme voller Schluchzen und von Geschnüffel unterbrochen, aber ohne alles Bedauern! Aïssatou senkte den Kopf. Ich erkannte meine Tochter an ihrem aufrichtigen Bericht. Ich erkannte sie am vollständigen Sich-Hingeben an diesen Geliebten, dem es gelungen war, sich neben mir einen Platz in ihrem Herzen zu erobern. Aïssatou senkte den Blick im Bewußtsein des Schmerzes, der mich erfüllte, mich, die ich schwieg. Meine Hand stützte meinen müden Kopf. Aïssatou schlug die Augen nieder. Sie spürte, wie sich mein Herz zusammenzog. Sie wußte wohl, was sie mir da angetan hatte, in meiner Lage als eben erst verwitwete und zuvor sitzengelassene Frau.

Unter den Mädchen war sie, abgesehen von Daba, die Älteste. Die Älteste sollte ein Beispiel sein ... Meine Zähne knirschten vor Zorn ... Wie ein Rettungsring kam mir die Erinnerung an die liebevolle und tröstliche Haltung meiner Tochter während meines Unglücks, während der langen Jahre der Einsamkeit, und ich beherrschte meine Erschütterung. Ich besann mich auf Gott, wie bei jedem dramatischen Geschehen in meinem Leben. Wer entscheidet über Tod und Leben? Gott, der Allmächtige!

Und schließlich ist man Mutter, um auch das Unerklärliche zu verstehen. Man ist Mutter, um die Finsternis aufzuhellen. Man ist Mutter, um Schutz zu gewähren, wenn Blitze durch die Nacht zucken, wenn der Donner die Erde erschüttert, wenn alles im Schlamm versinkt. Man ist Mutter, um zu lieben, ohne Anfang und ohne Ende.

Ich will ein Verteidigungswall sein zwischen allen Widrigkeiten und meiner Tochter. In diesem Augenblick der Konfrontation wurde mir bewußt, wieviel mich mit meinem Kind verband. Die Nabelschnur regte sich wieder, diese Verbindung, die auch der Flut der Angriffe und der Dauer der Zeit standhält. Ich sah sie wieder als Neugeborenes, das in seinen rosa Windeln strampelt, mit seinem winzigen, zerknitterten Gesichtchen unter dem seidigen Haar. Ich konnte sie nicht im Stich lassen, wie der Stolz es mir auferlegte. Ihr Leben und ihre Zukunft stellten einen so gewaltigen Einsatz dar, daß dies die Tabus zerstörte und mein Herz und meinen Verstand von seiner Vorrangigkeit überzeugte. Das Leben, das in ihr bebte, prüfte mich. Es hatte Eile, sich zu entfalten. Es zitterte, um Schutz zu erbitten.

Ich bin es, die sich nicht auf der Höhe gezeigt hat. Ich war voller Optimismus gewesen und hatte nichts geahnt von ihrem Gewissenskonflikt, vom Aufwallen ihres Wesens, von ihren quälenden Gedanken, vom Wunder, das sie in sich trug.

Man ist Mutter, um sich der Sintflut entgegenzustellen. Sollte ich angesichts der Scham meines Kindes, seiner aufrichtigen Reue, angesichts seines Elends und Jammers Drohungen aussprechen?

Ich nahm meine Tochter in die Arme. Ich drückte sie mit Schmerzen in meinen Armen, mit verstärkter Kraft, die aus heidnischer Auflehnung und primitiver Zärtlichkeit kam. Sie weinte. Sie schluchzte.

Wie hatte sie, alleingelassen, mit ihrem Geheimnis leben können? Ich war zutiefst betroffen von der Anstrengung und der Selbstbeherrschung, die dieses Kind aufgebracht hatte, um meinem Zorn zu entgehen, wenn ihr schwindlig wurde oder wenn sie mich bei meiner turbulenten Kinderschar vertrat. Mir war elend. Ich stöhnte. Mir war zutiefst elend.

Mit übermenschlicher Anstrengung riß ich mich zusammen. Mut! Die Schatten wichen. Mut! Das Licht wurde zur beruhigenden Klarheit. Aus dem inneren Tumult ging mein Entschluß, zu helfen und zu beschützen, hervor. Er wurde immer fester, je länger ich die Tränen trocknete, je länger ich die brennende Stirn streichelte.

Gleich morgen werde ich mich mit der kleinen Aïssatou beraten.

Farmata war erstaunt. Sie hatte Klagen erwartet: Ich lächelte. Sie hatte heftige Vorwürfe gewollt: Ich tröstete. Sie hatte sich Drohungen gewünscht: Ich verzieh.

Sie würde tatsächlich niemals wissen, woran sie mit mir war. Eine Sünderin mit Liebe zu überschütten, ging über ihr Begriffsvermögen. Sie hatte von einer aufwendigen Hochzeitsfeier für Aïssatou geträumt, die sie entschädigen würde für meine dürftige Hochzeit, als sie noch ein junges Mädchen war, aber schon damals wie ein Schatten meinen Schritten folgte. Sie pflegte dich, Aïssatou, zu rühmen, denn du würdest ihr viel Geld zur Hochzeit deiner Namensschwester schenken. Die Geschichte mit dem Fiat regte ihren Appetit noch an, und sie hielt dich für sagenhaft reich. Sie träumte von Festlichkeiten, und da hatte dieses Mädchen sich einem jungen, mittellosen Studenten hingegeben, der sich ihr niemals dankbar erweisen würde. Sie machte mir meine Ruhe zum Vorwurf.

«Du hast noch mehr Töchter. Nimm eine Haltung an, die du beibehalten kannst. Du wirst schon sehen. Wenn Aïssatou ‹so was› macht, dann frage ich mich, was dein Rauchertrio alles anstellen wird. Überschütte deine Tochter nur mit Zärtlichkeiten, Ramatoulaye, du wirst schon sehen.»

Ich werde in der Tat sehen, indem ich Ibrahima Sall für den nächsten Tag zu mir bestelle ...

Ibrahima Sall trat zur vereinbarten Stunde in mein Zimmer. Seine Pünktlichkeit gefiel mir.

Er war groß, einfach gekleidet. Alles in allem charmante Gesichtszüge. Aber bemerkenswert schöne Augen, samten und zärtlich im Schmuck der langen Wimpern. Man würde sie sich im Gesicht einer Frau wünschen ..., das Lächeln ebenfalls.

Mein Blick blieb an seinen Zähnen haften. Keine verräterischen Zwischenräume. Ibrahima Sall verkörperte, mit einer ungezwungenen Note, durchaus den jungen ersten Verführer. Er gefiel mir, und ich konstatierte mit Erleichterung seine Sauberkeit: kurze, gepflegte Haare, geschnittene Fingernägel, geputzte Schuhe. Er mußte ein Mann der Ordnung sein, kein Betrüger also.

Ich hatte ihn zu mir beordert, und er war es, der unsere Unterredung in die Hand nahm.

«Wie oft schon wollte ich diese Unterredung herbeiführen, um Sie zu unterrichten. Ich weiß, was ein Kind für seine Mutter bedeutet, und Aïssatou hat mir so viel von Ihnen und Ihrem gegenseitigen Verhältnis erzählt, daß ich glaube, Sie zu kennen. Ich suche keine Abenteuer. Ihre Tochter ist meine erste Liebe. Ich möchte, daß sie die einzige sei. Ich bedaure, was vorgefallen ist. Ich werde Aïssatou heiraten, wenn Sie einverstanden sind. Meine Mutter wird sich um ihr Kind kümmern. Wir werden weiterstudieren.»

Damit hatte er in knapper und guter Form all das gesagt, was ich zu hören wünschte. Was sollte ich antworten? Sollte ich ohne weiteres seinen Vorschlägen zustimmen? Farmata, die bei der Unterredung anwesend war, war auf der Hut. Sie provozierte ihn: «Du bist wirklich der erste.»

«Ja», bestätigte Iba Sall.

«Dann setze deine Mutter in Kenntnis. Wir oder ich werden sie morgen aufsuchen, um sie von deiner Schandtat zu unterrichten. Sie soll viel Geld sparen, um meine Nichte zu entschädigen. Und überhaupt, hättest du nicht warten können, bis du eine Stellung hast, ehe du den Mädchen nachläufst?»

Ibrahima Sall nahm die Bemerkungen der Griote gelassen hin. Vielleicht kannte er sie dem Namen und dem Charakter nach, daß er ihr mit einem so höflichen Schweigen begegnete.

Ich hatte andere Sorgen als Farmata. Wir waren mitten im Schuljahr. Wie sollten wir vorgehen, um zu vermeiden, daß man meine Tochter von der Schule wies! Ich teilte Iba Sall meine Befürchtungen mit. Er hatte auch daran gedacht. Das Kind würde während der Ferien zur Welt kommen. Die

Hauptsache sei, daß man nicht den Kopf verliere, daß man die Monate verstreichen und Aïssatou lose Kleider tragen lasse. Wenn dann die Schule wieder beginne, sei das Baby zwei Monate alt. Aïssatou könne an ihrer Abiturklasse wieder teilnehmen. Und nach dem Schulabschluß dann die Hochzeit.

Der Freund meiner Tochter machte sich Gedanken und ließ mich an die Klarheit des Geistes von Daba denken.

Er, Ibrahima Sall, riskiere auf keinen Fall, von der Universität gewiesen zu werden. Und selbst, wenn er noch Gymnasiast wäre, was würde seiner Schule verraten, daß er demnächst Vater wird? An seinem Äußeren würde sich nichts ändern. Er bliebe «flach» . . ., während meine Tochter ihr hervorstehender Bauch anklagt.

Welches gnädige Gesetz wird den schuldig gewordenen Oberschülerinnen helfen, deren Zustand nicht durch die großen Ferien vertuscht wird? So perfekter Organisation hatte ich nichts hinzuzufügen. In diesem Augenblick fühlte ich, wie sich meine Tochter von meinem Wesen löste, als wenn ich sie zum zweitenmal in die Welt setzte. Sie wurde nicht mehr von mir behütet. Sie gehörte von nun an zu ihrem Freund. Eine neue Familie entstand vor meinen Augen.

Ich akzeptierte meine untergeordnete Rolle. Es muß schon so sein, daß die reife Frucht vom Baum fällt.

Möge Gott diesem Kind den neu eingeschlagenen Lebensweg erleichtern!

Aber dennoch, welch ein Weg!

III. DIE BESCHWÖRUNG DER MUTTER

Georges Simenon
Brief an meine Mutter

Donnerstag, den 18. April 1974

Meine liebe Mama,
Es ist ungefähr dreieinhalb Jahre her, daß du im Alter von einundneunzig Jahren gestorben bist, und vielleicht beginne ich dich jetzt erst kennenzulernen. Ich habe meine Kindheit und meine Jugendzeit mit dir im gleichen Haus verlebt, aber als ich dich mit neunzehn Jahren verließ, um nach Paris zu gehen, warst du für mich noch immer eine Fremde.

Übrigens habe ich dich nie Mama genannt, sondern Mutter, wie ich auch meinen Vater nicht Papa nannte. Warum? Wie kam das? Ich weiß es nicht.

Seither habe ich Liège ein paar kurze Besuche abgestattet. Der längste war der letzte, als ich im Hôpital de Bavière, wo ich als Bub bei der Messe zu ministrieren pflegte, eine Woche lang Tag um Tag deinem Todeskampf zusah.

Das Wort paßt jedoch nicht recht auf die Tage, die deinem Tod vorausgingen. Du lagst, von Verwandten oder mir unbekannten Leuten umringt, auf deinem Bett. An manchen Tagen konnte ich kaum bis zu dir gelangen. Ich habe dich stundenlang beobachtet. Du hast nicht gelitten und keine Angst empfunden. Du hast auch nicht von früh bis abend den Rosenkranz abgehaspelt, obwohl eine Nonne in schwarzer Tracht Tag für Tag regungslos auf dem gleichen Stuhl in dem gleichen Winkel saß.

Manchmal, oft sogar, hast du gelächelt. Doch das Wort «Lächeln» hat, auf dich angewendet, nicht ganz seinen üblichen Sinn. Du blicktest uns, die wir dich überleben und dir bis zum Friedhof folgen würden, ruhig an, und manchmal verzogen sich deine Lippen zu einem ironischen Ausdruck.

Man hätte meinen können, du wärest schon in einer anderen Welt oder vielmehr in deiner eigenen Welt, in deiner inneren Welt, die dir vertraut war.

Denn dieses Lächeln, in dem auch Melancholie und Resignation lagen, habe ich seit meiner Kindheit gekannt. Du hast das Leben über dich ergehen lassen. Du hast es nicht gelebt.

Man hätte meinen können, du harrtest nur auf den Augenblick, bis du endlich, vor dem großen Ausruhen, auf deinem Spitalbett liegen dürftest.

Dein Arzt war mein Jugendfreund. Er versicherte mir, daß du nach der Operation, die er vorgenommen hatte, sanft einschlafen würdest.

Das hat ungefähr acht Tage gedauert, die längste Zeit, die ich in Liège verbrachte, seit ich es mit neunzehn Jahren verließ, und wenn ich aus dem Spital kam, konnte ich es mir nicht verkneifen, mich alten Jugendfreuden hinzugeben, zum Beispiel Muscheln mit Pommes frites oder frischen Aal zu essen.

Muß ich mich schämen, daß ich gastronomische Bilder mit dem Bild deines Spitalzimmers verquicke?

Ich glaube nicht. Es stimmt eines zum anderen. Das Ganze stimmt zusammen – dieses Ganze, das ich zu entwirren versuche und das du vielleicht früher als ich verstanden hattest, als du mich mit einer Mischung aus Gleichgültigkeit und Zärtlichkeit anblicktest.

Solang du lebtest, haben wir einander nie geliebt, das weißt du ja. Wir haben beide nur so getan.

Heute glaube ich, daß jeder sich ein ungenaues Bild vom anderen machte.

Bringt es eine Klarheit, die man vorher nicht hatte, wenn man weiß, daß man diese Erde verlassen wird? Ich weiß es noch nicht. Immerhin bin ich ziemlich sicher, daß du die Leute, die dich besuchen kamen, die Neffen und Nichten, die Nachbarinnen, recht genau katalogisiert hast.

Und als ich kam, hast du mich ebenfalls katalogisiert.

Aber was ich in deinen Augen und in deinem ruhigen Gesicht suchte, war nicht das Bild, das du dir von mir machtest; es war dein wirkliches Bild, das ich zu erkennen begann.

Ich war bewegt, besorgt. Am Abend vorher hatte mich mein alter Schulkamerad Orban angerufen, der jetzt Chefarzt am Hôpital de Bavière ist und dich operiert hatte. Ich war auch so schnell wie möglich gekommen – über die Schweizer Straßen, dann über die deutsche Autobahn und schließlich noch ein Stück belgische Straße.

Plötzlich stand ich wieder vor dem großen, glänzend lakkierten Tor des Hôpital de Bavière, vor dem ich als Kind immer atemlos ankam, besonders im Winter, wenn ich durch die menschenleeren Straßen gerannt war, wo ich mich aus Angst mitten auf der Fahrbahn hielt.

Ich fand sofort deinen Pavillon und dann deine Tür. Ich klopfte an, und jemand rief: «Herein!»

Es gab mir einen Schock, als ich mindestens vier oder fünf Leute und außerdem noch eine schwarzgekleidete Nonne erblickte, die in deinem kleinen Spitalzimmer Wache zu halten schien wie eine Schildwache.

Ich schlängelte mich zu deinem Bett durch, um dich zu begrüßen, und du sagtest mir sehr einfach, als wäre es die natürlichste Sache der Welt:

«Warum bist du denn gekommen, Georges?»

Dieser Satz hat mir später, als ich darüber nachdachte, vielleicht ein wenig von deinem Ich offenbart; er blieb mir auf der Seele liegen.

Ich küßte dich auf die Stirn. Irgend jemand, ich weiß nicht wer, trat mir seinen Stuhl ab. Ich habe dich eindringlich betrachtet. Ich glaube, ich habe dich in meinem ganzen Leben nie auf diese Art betrachtet.

Ich war darauf gefaßt, eine halb bewußtlose Sterbende vorzufinden. Ich begegnete wieder deinen Augen, die ich schon früher zu beschreiben versucht habe, aber ich werde sie nochmals beschreiben müssen, denn ich beginne sie erst mit der Zeit zu verstehen.

Warst du erstaunt, mich zu sehen? Hattest du gedacht, ich würde nicht kommen, um bei deinem Todeskampf und deiner Beerdigung dabeizusein? Hast du mich für gleichgültig oder gar feindselig gehalten?

War die Überraschung in diesen verwaschenen grauen Augen echt oder wieder einmal alte Hinterlist? Ich kann den Gedanken nicht loswerden, du hättest gewußt, daß ich kommen würde, und mich erwartet – aber da du von jeher jedem Menschen und ganz besonders mir zu mißtrauen pflegtest, hattest du gefürchtet, daß ich doch nicht kommen würde.

Die Leute, die dich umringten, waren nicht so diskret, das Zimmer zu verlassen. Ich mußte sie selbst hinausschicken, ihnen sagen, daß ich einen Augenblick mit meiner Mutter allein sein wollte.

Die Nonne rührte sich nicht. Sie blieb ruhig auf ihrem Stuhl sitzen, so unbeweglich, so undurchdringlich, wahrscheinlich auch so gleichgültig, wie eine Statue. Sie sagte mir nie Guten Tag, wenn ich eintrat. Sie sagte mir auch nie Adieu, wenn ich ging.

Man hätte meinen können, daß sie die Schlüssel zur Pforte des Todes, des Himmels und der Hölle verwahrte und nur auf den richtigen Zeitpunkt wartete, um sie zu benützen.

Wir sahen einander lange an. In deinem Gesicht lag keine Traurigkeit; es lag überhaupt keine Empfindung darin, die ich mit Sicherheit definieren könnte.

Ein Sieg? Vielleicht. Du warst das dreizehnte von dreizehn Kindern. Als du zur Welt kamst, machte dein Vater Bankrott. Du warst fünf Jahre alt, als er starb.

So fing dein Leben an. Du bliebst mit deiner Mutter allein zurück. Deine Geschwister hatten sich zerstreut, einige lagen schon auf dem Friedhof. Ihr hattet eine bescheidene, mehr als bescheidene Wohnung in einer armseligen Straße von Liège, und ich habe nie erfahren, wovon ihr gelebt habt, deine Mutter und du, bis du mit neunzehn Jahren Verkäuferin in einem Warenhaus wurdest.

Ich besitze eine schlechte Photographie von dir, die aus dieser Zeit stammt. Du warst hübsch, dein Gesicht zeigte noch die weichen Rundungen der Jugend, doch deine Augen drückten gleichzeitig eiserne Willenskraft und Mißtrauen gegen die ganze Welt aus.

Wenn deine Lippen auch ein Lächeln andeuten, so ist es doch ein unjunges Lächeln, in dem schon alle Bitterkeit der Welt liegt, und deine Augen starren voller Härte in den Photoapparat.

«Warum bist du gekommen, Georges?»

In diesem kleinen Satz liegt vielleicht die Erklärung für dein ganzes Leben.

Als wir, abgesehen von der Anwesenheit der Nonne, allein waren, wußtest du mir nichts zu sagen, und auch ich wußte dir nichts zu sagen. Ich ergriff deine abgemagerte Hand, die auf der Decke ruhte. Sie war ohne Wärme, gleichsam ohne Leben.

Wärest du wirklich enttäuscht oder gekränkt gewesen, wenn ich nicht gekommen wäre? Ich weiß es nicht.

Die Leute, die bei meiner Ankunft dein Zimmer füllten, die kanntest du. Du wußtest sozusagen von jedem einzelnen, was er von dir erwartete; der eine Geld, die andere eine deiner beiden Anrichten, eine dritte die Hauswäsche, und so fort.

Denn du hast dir nie Illusionen gemacht. Du hast niemals einem Menschen geglaubt. Soweit ich zurückdenken kann, hast du immer und überall Lüge und Eigennutz gewittert.

Als ich noch nicht sechs Jahre alt war und gerade in das Institut Saint-André eintrat, glaubtest du schon, daß ich dich anlüge. Und du hast es immer geglaubt. Zum letztenmal besuchtest du mich in Epalinges. Ich hatte dich für ein paar Wochen zu mir eingeladen, mit dem Hintergedanken, dich in einem der ausgezeichneten Altersheime der Umgebung unterzubringen, denn du warst schon sehr alt und behindert.

Epalinges, das ich vor zwei Jahren zum Kauf ausgeschrieben und noch immer nicht verkauft habe, ist ein sehr großes Haus, es wirkt ziemlich luxuriös. Es erfordert zahlreiche Angestellte. Du verbrachtest deine Tage zum großen Teil im Garten, unter dem beweglichen Schatten einer Birke.

Was dich beschäftigte, war nicht die Frage, wie du deine

letzten Lebensjahre verbringen würdest. Wenn es dir gelang, jemanden vom Hauspersonal zu erwischen, fragtest du mit mißtrauischem Blick:

«Ist die Besitzung wirklich bezahlt?»

Diese Frage hat dich schon beunruhigt, als ich dich in die Richardière einlud. Das war ein kleineres Rittergut, zu dem ein großer Teich voller Enten, ein riesiger Gemüsegarten, ein Wäldchen und einige Wiesen gehörten. Auch dort verbrachtest du einen guten Teil des Tages in einem Fauteuil im Freien. Ich glaube, damals besaß ich noch nicht mehr als drei Pferde. Das machte einen Stallknecht nötig. Der Garten und der Geflügelhof wurden von einem Gärtner besorgt. Auch damals, im Jahre 1931, hatte ich schon ziemlich viel Leute um mich.

Du sahst sie ihrer Arbeit nachgehen, du beobachtetest sie, und als du einmal mit Boule allein warst, fragtest du:

«Hat mein Sohn große Schulden?»

Fünfzig Jahre lang vermochte ich dich nicht davon zu überzeugen, daß ich arbeitete und mir mein Brot verdiente.

Dieser Argwohn richtete sich nicht nur gegen mich. Er war dir angeboren. Das fünfjährige kleine Waisenmädchen, das mit seiner Mutter allein lebte, konnte einfach nicht an Wunder glauben.

Aber im Grunde war ich der Hauptgegenstand dieses Argwohns.

Aus Liebe? Aus Besorgnis, daß ich mir eine falsche Stellung anmaßte? Weil du Angst hattest, ich könnte Gott weiß was für einen Betrug begehen?

Nur du, Mutter, könntest diese Fragen beantworten. Ich für mein Teil kann bloß Vermutungen anstellen. Die Tage, die ich an deinem Sterbebett verbrachte, haben mir vielleicht dabei geholfen.

Soeben habe ich dich Mutter und nicht Mama genannt. Ich bin eben von klein auf daran gewöhnt, dich so zu nennen. Ich erinnere mich sehr gut an meine Kindheit, besser als die meisten Menschen. Wenn mein Gedächtnis auch oft versagt, wo es um Ereignisse aus der letzten Zeit geht, bei meinen ersten Lebensjahren ist es von photographischer Präzision.

Ich weiß nicht, ob du mich jemals auf den Schoß genommen hast. Jedenfalls hat es keine Spuren in meiner Erinnerung hinterlassen, was bedeutet, daß es nicht oft passiert ist.

Das «Vater» und «Mutter», das man mir beibrachte, kam wahrscheinlich nicht von dir, und ich kann dir deswegen nicht böse sein. Mein Vater hatte ein sehr weiches Herz, aber wie alle Simenons, die ich kannte, ging er nie aus sich heraus.

Ich erinnere mich an eine winzige Episode, die vielleicht bezeichnend ist. Einmal sagtest du ihm in einem Anfall von Mutlosigkeit:

«Wenn ich denke, Désiré, daß du mir niemals gesagt hast: Ich hab dich lieb!»

Worauf Vater, ganz bestimmt mit feuchten Augen, antwortete:

«Aber du bist doch da!»

Hat dich das verhärtet? Hast du, in der Zange zwischen den Brülls, denen du entstammtest, und den Simenons, in deren Sippe du eintratest, etwas wie einen Riß gespürt? Oder Verwirrung?

Das alles, Mutter, will ich zu begreifen versuchen und es dir sagen.

Marcel Proust
Allerliebste Mama

[Montag, 9. März 1903]

Allerliebste Mama,

Mit der berühmten Ahnungslosigkeit der Mütter konntest Du nicht unzeitgemäßer als durch Deinen Brief die dreifache Änderung meiner Lebensweise sofort abwürgen, die am Tage nach meinem letzten Diner außer Hause (vom vergangenen Donnerstag, in Pierrebourg) beginnen sollte und die meine neue Erkältung hinausgeschoben hatte. Das ist schade, denn nachher wird es zu spät sein. Von Mai bis Ende Juli wäre ich, selbst wenn ich vorher um fünf Uhr morgens aufgestanden wäre, keinesfalls vor sieben Uhr abends aufgestanden, da ich nur zu gut weiß, was in dieser Jahreszeit für mein Asthma dabei herauskommt. Aber Du mußtest eben denken, daß, wenn ich die Absicht hätte, ein anderer zu werden, es genügen würde, mir zu sagen: «Ändere Dich, oder Du wirst Dein Diner nicht kriegen», um mich sofort zum Verzicht auf jede Änderung zu veranlassen – wobei ich mich nicht etwa leichtfertig und launisch, sondern ernst und vernünftig erwiese –, und daß, wenn ich eine solche Absicht *nicht* gehabt hätte, mich weder Drohung noch Versprechen dazu hätte bewegen können, was mir in meinen eigenen Augen und auch wohl in den Deinen ein merkwürdiges Aussehen verschafft hätte –. Was die Tatsache des Diners selbst betrifft, das Du mit soviel Zartgefühl ein Kokottendiner nennst, so wird es zu einem noch nicht festgelegten Zeitpunkt stattfinden, wahrscheinlich am 30. März, vielleicht auch schon am 25., weil ich es nicht anders einrichten kann und weil es für mich wichtiger ist, daß es vor Ostern stattfindet, als der Bankrott, in den es mich stürzen wird, mir schädlich sein könnte. Denn ich werde es unweigerlich im Restaurant geben müssen, da Du mir verweigerst, es hier zu geben. Und ich mache mir nicht die geringste Illusion: trotz Deiner Behauptung, es sei keine Repressalie, wirst Du mir sicher, wenn ich es im Restaurant gebe, nicht jene Summe bewilligen, die es Dich hier gekostet hätte. All das ist um so merkwürdiger, als Calmette, um nur ihn zu erwähnen, oder Hervieu, für mich ebenso wichtig sind wie Lyon-Caen für Papa oder für Robert seine Chefs, ganz zu schweigen von anderen, vielleicht bedeutsameren Gründen, über die ich hier nicht sprechen kann. Und die Unordnung, über die Du klagst, hindert Dich ja nicht, jene Diners zu geben, die sie wünschen. Und der Zustand, in dem ich mich befinden kann, hindert mich nicht teilzunehmen, so elend ich mich an jenem Tag auch fühle. Du wirst mich also schwerlich glauben machen, daß, wenn das keine Repressalien sein sollen, etwas in ihrem Falle Mögliches unmöglich wird, sobald es sich um mich handelt. In der Tat brauchte ich 4 oder 5 Diners, eines für Cardane und eines für Vallette, auf alle Fälle. Ich kann sie aber nicht mit den schicken Leuten zusammenbringen, die Calmette wünscht, ebenso wie ich Hervieu nicht mit Madame Lemaire einladen kann; und so bin ich denn gezwungen, mit einem von den beiden anzufangen, um danach den anderen zu bekommen. Ich begreife daher nicht, weshalb diese Diners möglich sind, wenn sie für Papa oder Robert nützlich sind, bei denen ich Dich mit meiner Teilnahme, obwohl sie sich meines Gesundheitszustandes wegen schwieriger gestaltet als Eure, niemals im Stiche gelassen habe, aber unmöglich werden, sobald es sich um solche handelt, die für mich wichtig sind. Oder vielmehr, ich begreife schon, aber ich lege es anders aus als Du. – Heute nacht habe ich, trotz starkem Fieber, am Ruskin gearbeitet und bin sehr erschöpft, was überhaupt das mich beherrschende Gefühl ist bei allen Widrigkeiten, die das Leben allen meinen Versuchen, es wieder an mich zu ziehen, ständig entgegensetzt; und so schreibe ich Dir nicht länger. Anfang Dezember, als Du Dich über meine geistige Untätigkeit beklagtest, sagte ich Dir, Du wärest wirklich unmöglich, wenn Du angesichts meiner wahrhaftigen Auferstehung, statt alles, was sie ermöglicht hatte, zu preisen und zu lieben, sofort von mir verlangtest, ich solle mich wieder an die Arbeit machen. Gleichwohl tat ich es und machte mich an die Arbeit, die Du wünschtest. Hätte ich es an einem gesünderen Ort und ohne Ofenheizung tun können, so hätte mich das weniger erschöpft; ich weiß es nicht und glaube es, offengesagt, nicht. Nichtsdestoweniger lebe ich noch halbwegs, und trotz der riesigen Menge Arbeit, die ich geleistet habe, berichtest Du mir täglich Äußerungen von Leuten, die erstaunt und froh seien, mich so wohlauf zu sehen, und obwohl es mich fast zugrunde gerichtet hat, habe ich es möglich gemacht, an Roberts Hochzeit teilzunehmen. All das genügt Dir nicht oder vielmehr zählt für Dich nicht, und bevor ich nicht, so wie vor zwei Jahren, wiederhergestellt bin, wirst Du alles schlecht finden. Nicht einmal diese unglückselige *Renaissance latine* findet Gnade vor Dir! Du bringst es fertig, mir die Tage zu vergällen, in denen sie erscheint. Und Du begreifst, bei der geistigen Verfassung, in der ich sie erhalten werde, wird die zweite Nummer mir nicht mehr Vergnügen bereiten, als ich Deinetwegen an der ersten empfand. – Und da es eine dritte nicht geben wird ... – Aber ich erhebe keinen Anspruch auf Freude. Seit langem habe ich darauf verzichtet. Und jene war wirklich zu geringfügig. – Ich begreife bloß nicht, daß Du im selben Augenblick, wo Du von mir verlangst, ich solle Abrechnung machen, mich erneut in ein Defizit bringst, indem Du mich veranlaßt, im Restaurant ein Diner zu geben, das *vor Roberts Verlobung* hätte stattfinden sollen; denn Ihr hattet mich gebeten, es auf die Zeit nach dem 3. Februar zu verschieben. Ich habe zu lange gewartet, weiter nichts. Statt frühzeitig zu Bett zu gehen, habe ich Dir erst geantwortet und bin nun erschöpft. Ich weiß noch nicht, ob ich im Speisezimmer zu Abend essen kann. Sieh zu, daß es recht warm dort ist. Vorgestern war es dort so kalt, daß ich mich, angegriffen wie ich zur Zeit bin, erkältet habe. Weil ich es dort nicht mehr aushalten konnte, bin ich, Du entsinnst Dich, trotz des Nebels ausgegangen, um mich wieder aufzuwärmen, und zog mir jenen Fieberanfall zu, unter dem ich im Augenblick leide. Du kannst mir nicht positiv helfen und bist auch nicht auf dem richtigen

Weg dazu. Aber wenn Du allzu häufige Erkältungen von mir fernhältst, hilfst Du mir negativ, und zwar erheblich. Dies könnte ein Leben, das ich aus mancherlei Gründen in einem wesentlich anderen Hause zu führen mir wünschte, weniger schwierig gestalten. Aber da ich schon mein Räucherpulver selbst bezahlen muß (was alle Welt phantastisch findet, ich selbst jedoch ganz natürlich), sollte ich vielleicht auch noch meine Miete bezahlen. Also begnüge ich mich mit dem Dasein so wie es ist. Die Betrübnis, in der ich lebe, schenkt mir wenigstens den Trost der Philosophie. Sie hat nur den Nachteil, daß sie einen dazu bringt, sich fast ebenso natürlich mit dem Leid der anderen wie mit dem eigenen abzufinden. Aber immerhin, wenn ich Dich betrübe, so sind daran Verhältnisse schuld, die nicht von mir abhängen. Wo ich kann, versuche ich stets das zu tun, was Dir Freude bereiten könnte. Von Dir kann ich nicht das gleiche sagen. Ich versetze mich an Deine Stelle und denke einen Augenblick, ich sollte Dir nicht ein, sondern hundert Diners zu geben mich weigern! Aber ich bin Dir deshalb nicht böse und bitte Dich nur, mir keine Briefe mehr zu schreiben, die Antwort erheischen; denn ich bin wie gerädert und sehne mich nur nach der vollständigen Überwindung dieser ganzen Erschöpfung. Sei tausendmal geküßt, *Dein Marcel*

Albert Cohen
Das Buch meiner Mutter

Eines Tages hatte ich mich mit ihr um fünf Uhr auf dem Universitätsplatz verabredet und traf, von einer blonden Schönen zurückgehalten, erst um acht Uhr dort ein. Sie sah mich nicht kommen. Ich betrachtete sie, mit Scham im Herzen, wie sie da geduldig auf mich wartete, der Tag war schon verdämmert, die Luft kühl geworden, und sie saß ganz allein mit ihrem zu engen Mantel und ihrem an der Seite eingedrückten Hut auf einer Bank. Seit Stunden wartete sie da, folgsam, friedlich, etwas schläfrig, um vieles älter, weil sie allein war, resigniert, gewöhnt an die Einsamkeit, gewöhnt an mein Zuspätkommen, ohne Auflehnung in ihrem bescheidenen Warten.

Was war natürlicher, als drei Stunden auf ihren Sohn zu warten, dem doch alle Rechte zustanden? Ich hasse ihn, diesen Sohn. Sie bemerkte mich schließlich und, ganz von mir abhängig, begann sie wieder zu leben. Ich sehe noch, wie sie auffährt und alle Vitalität wiederkehrt, ich sehe noch, wie sie aus stumpfer Erstarrung jäh zum Leben erwacht, wie sie sich verjüngt, wie sie von der Schläfrigkeit einer Sklavin oder eines treuen Hundes jäh zu brennendstem Interesse am Leben übergeht. Sie richtete ihren Hut und ihre Züge zurecht, denn sie hielt darauf, mir Ehre zu machen. Und dann, alternde Mama, kamen jene beiden besonderen Gesten – woher hatte sie sie nur, und aus welcher Kindheitstiefe stiegen sie auf? Ich sehe sie so gut vor mir, diese beiden ungeschickten und poetischen Gesten, wenn sie mich von weitem daherkommen sah. Das Schreckliche an den Toten sind ihre lebendigen Gesten in unserer Erinnerung. Denn dann leben sie ganz fürchterlich, und wir begreifen überhaupt nichts mehr.

Deine beiden ständigen Gesten, jedesmal wenn ich auf dich zukam. Zuerst leuchteten deine Augen in schüchternem Glück auf, und du zeigtest völlig überflüssigerweise mit dem Finger auf mich, mit einem Entzücken, das voll Würde war, um mir klarzumachen, daß du mich gesehen hattest, in Wirklichkeit, um dir Haltung zu geben. Ich unterdrückte manchmal eine Art von verärgertem und beschämtem Lachanfall angesichts dieser absurden, erwarteten und wohlbekannten Gewohnheit, die du hattest, mich niemandem zu zeigen. Und dann, mein Schatz, bist du aufgestanden und mir entgegengegangen, errötend, verwirrt und vor Scham lächelnd, weil man dich von weitem sah und zu lange beobachten konnte. Ungeschickt, eine Anfängerin, mit dem entzückenden und schamhaften Lächeln eines kleinen ungelenken Mädchens kamst du daher; deine Augen aber betrachteten mich forschend, um zu erkennen, ob ich nicht innerlich Kritik übte. Arme Mama, du hattest solche Angst, mir zu mißfallen, für meinen Geschmack nicht genügend westlich zu sein. Und dann kam die zweite Geste deiner Schüchternheit. Wie gut kenne ich sie, und wie lebendig steht sie vor meinen Augen, die allzuviel von der Vergangenheit sehen. Du hobst deine kleine Hand an die Lippen, während du auf mich zukamst und dein mühsames Gehen mit der andern Hand im Gleichgewicht hieltest und skandiertest. Es war eine Geste unseres Orients, die Geste der schamhaften Jungfrauen, die ein wenig ihr Gesicht verhüllen. Oder vielleicht diente die Geste auch dazu, deine kleine Narbe zu verbergen, alte Mama, ewige Braut. Wie lächerlich von mir, von dem bescheidenen Schatz deiner beiden Gesten zu sprechen, o meine ewige Lebendige, meine königliche Tote. Ich weiß wohl, daß kein Mensch sich dafür interessiert, was ich von deinen beiden Gesten sage, und daß keiner sich um den anderen schert.

Niemals mehr wirst du mich auf einer Bank im Freien erwarten. Du hast mich verlassen, du hast auf mich gewartet, du bist von deiner Bank aufgestanden, du hast nicht den Mut gehabt, auf die Rückkehr deines Sohnes zu warten. Diesmal hat er dich zu lange warten lassen. Er hat sich zu sehr verspätet, und du bist fortgegangen. Zum erstenmal hast du mir etwas Böses angetan. Ich bin jetzt allein, und es ist die Reihe an mir, auf der herbstlichen Bank des Lebens zu warten, im kalten Wind, der in der Dämmerung stöhnt und die welken Blätter in unheilvollen, nach alten Zimmern riechenden Wirbeln dahintreibt, es ist die Reihe an mir, auf meine Mutter zu warten, die nicht kommt, die nie mehr zu unserer Verabredung kommen wird, nicht mehr kommen wird. Die Leute, die an mir vorübergehen, sind überflüssig und lebendig, scheußlich lebendig. Ich werfe einen kranken Blick auf sie, und wenn ich eine lebendige Alte sehe, denke ich an meine Mutter, die einst schön war, und sage bei mir «Reizende Kleine» zu der gräßlichen Alten. Eine erbärmliche Rache. Ich bin unglücklich, Mama, und du kommst nicht. Ich rufe nach dir, Mama, und du antwortest nicht. Das ist schrecklich, denn sie hat mir immer geantwortet, und sie ist so rasch herbeigelaufen, wenn ich nach ihr rief. Aus jetzt, vorbei, auf immer stumm. Starrköpfiges Schweigen, hartnäckiges Taubsein, entsetzliche Gefühllosigkeit der Toten. Seid ihr wenigstens glücklich, endlich die bösen Lebenden los zu sein?

Drei Stunden hat sie auf dem Platz auf mich gewartet. Diese drei Stunden hätte ich mit ihr verbringen können. Während sie auf mich wartete, in einem Heiligenschein von Geduld, zog ich verzauberter Dummkopf es vor, mich mit einer der poetischen, duftenden Damen zu beschäftigen, und ließ das Korn um des Unkrauts willen stehen. Ich habe drei Stunden vom Leben meiner Mutter verloren. Und für wen, du lieber Gott? Für eine Atalante, für ein angenehmes Arrangement von Rundungen. Ich habe es gewagt, eine Atalante der heiligen Güte, der Liebe meiner Mutter vorzuziehen. Liebe meiner Mutter, die keiner anderen gleicht.

Hätte ich im übrigen durch ein plötzliches Übel meine Kraft oder einfach alle meine Zähne verloren, so hätte die poetische Dame auf mich gezeigt und ihr Stubenmädchen angewiesen, diesen zahnlosen Abfall wegzufegen. Oder das musikalische Fräulein hätte auf edlere Art gefühlt, ganz einfach plötzlich gefühlt, die geistige Offenbarung gehabt, daß sie mich nicht mehr liebe und daß es unlauter wäre, nicht in der Wahrheit zu leben und auch weiterhin einen Mann zu sehen, den sie nicht mehr liebte. Ihre Seele wäre mit raschem Flügelschlag entschwebt. Diese edlen Personen lieben die starken, energischen, bejahenden Männer, die Gorillas eben. Unsere Mütter lieben uns, ob zahnlos oder nicht, ob stark oder schwach, ob jung oder alt. Und je schwächer wir sind, desto mehr lieben sie uns. Liebe unserer Mütter, die keiner anderen gleicht.

Kleine Nebenbemerkung. Wäre dem armen Romeo plötzlich durch irgendeinen Unfall die Nase abgeschnitten worden, Julia wäre, als sie ihn wiedersah, voll Entsetzen geflohen. Dreißig Gramm Fleisch weniger, und Juliens Seele empfindet keine edlen Regungen mehr. Dreißig Gramm weniger, und es ist vorbei mit dem erhabenen Geseufze im Mondenschein, mit dem «es ist die Nachtigall und nicht die Lerche». Hätte Hamlet infolge irgendeiner Hypophysenstörung dreißig Kilo abgenommen, Ophelia hätte ihn nicht mehr aus ganzer Seele geliebt. Um sich zu göttlichen Gefühlen aufzuschwingen, bedarf die Seele Ophelias eines Minimums von sechzig Kilo Beefsteak. Wäre Laura plötzlich zum Krüppel geworden, Petrarca hätte ihr sicherlich weniger mystische Gedichte gewidmet. Und doch wären der Blick der armen Laura und auch ihre Seele die gleichen geblieben. Nur braucht er Schenkelchen, dieser Herr Petrarca, damit seine Seele die Seele Lauras anbeten kann. Arme Fleischfresser, die wir sind, wir mit unserem kleinen Seelenschwindel. Genug, mein Freund, entwickle die These nicht weiter, man hat schon verstanden.

Liebe meiner Mutter, die keiner anderen gleicht. Sie verlor jedes Urteilsvermögen, wenn es um ihren Sohn ging. Sie nahm alles von mir hin, besessen von dem göttlichen Genie, das den Geliebten vergöttlicht, den armen, so wenig göttlichen Geliebten. Wenn ich ihr eines Abends vorschlug, ins Kino zu gehen, so sagte sie sofort ja, das sei eine ausgezeichnete Idee, «und selbstverständlich, zum Kuckuck, man muß sich doch unterhalten, genießen wir das Leben, solange wir am Leben sind, und es ist doch wirklich verrückt, brav zu sein, und weshalb sollen wir wie alte Leute in der Stube hocken, ich bin schon fertig, mein Liebling, ich muß nur meinen Hut aufsetzen». (Sie mußte immer nur ihren Hut aufsetzen, sogar in der Nacht, in der mich wegen einer blonden Fee und Prinzessin die Melancholie gepackt hatte und ich sie um Mitternacht aufweckte, um mit ihr spazierenzugehen.) Wenn ich mich aber heimtückisch anders entschloß, weil ich wußte, was sich dann zutragen würde, wenn ich sagte, daß ich es eigentlich doch vorzöge, zu Hause zu bleiben, so stimmte sie sofort zu, nicht mir zuliebe, sondern aus leidenschaftlicher, völlig explosiver Wahrhaftigkeit, da alle meine Entschlüsse bemerkenswert richtig waren. Sie stimmte zu, ohne auch nur zu wissen, daß sie sich in Widersprüche verwickelte, und sagte, daß es «natürlich sehr angenehm sein wird, gemütlich im Warmen zu Hause zu bleiben und sich miteinander zu unterhalten, statt sich diese Dummheiten im Kino anzusehen, wo die Frau immer eine so tadellose Frisur hat, selbst wenn sie krank ist, und außerdem ist schlechtes Wetter draußen, und dann ist es auch ermüdend, spät heimzukommen, und dann gibt es des Nachts Diebe auf der Straße, diese Satansbraten, die dir die Handtasche wegreißen». Wenn ich also arglistig in puncto Kino viermal meine Meinung änderte, so änderte auch sie viermal allen Ernstes ihre Meinung und widersprach sich jedesmal mit der gleichen Überzeugung. «Du wirst dich ins Bett legen», sagte sie mir, wenn ich mich schließlich gegen das Kino entschieden hatte, «und ich werde neben deinem Bett sitzen bleiben, bis du einschläfst, und wenn du willst, werde ich dir die Geschichte von der verpaßten Verlobung von Diamantine, der Tochter des Seifensieders, erzählen, von der, die nur einen Zahn und keinen Hals hatte, weißt du, und davon, wie eine Maus der Anlaß zu der ganzen Tragödie wurde. Daß ich dir also erzähle, mein Sohn: wisse, in jenen lang vergangenen Zeiten, denn es ist lange her, und die arme Diamantine ist tot, und es geht ihr gut, dort wo sie ist, aber uns geht es hienieden noch besser, wisse, mein Sohn ...» begann sie. Und ich hörte entzückt, selig, ergötzt, physisch verzaubert zu. Denn ich war verliebt in die endlosen Geschichten meiner Mutter, die sie durch genealogische Begebenheiten komplizierte und mit Süßigkeiten, die auf wunderbare Weise aus einem Koffer auftauchten, unterbrach, um gelegentlich vom Faden ihrer Erzählung abzuweichen und sich zu beunruhigen, weil sie von meinem Vater keinen Brief erhalten hatte. Aber ich beruhigte sie wieder auf männliche Art, und meine folgsame Mutter ließ sich überzeugen und erzählte mir endlose traurige oder komische Geschichten aus dem Getto, in dem ich geboren bin, und ich werde sie niemals vergessen. Wie gern möchte ich manchmal in dieses Getto zurückkehren und dort leben, umgeben von Rabbinern, die aussehen wie Frauen mit Bart, und dort dieses Leben voll Liebe, Leidenschaft, Disput, dieses ein wenig fremdartige und verrückte Leben leben.

Liebe meiner Mutter. Sie benahm sich mir gegenüber wie einer jener liebevollen, anhänglichen, begeisterten Hunde, die entzückt sind, mit ihrem Herrn zusammenzusein. Die naive Inbrunst ihres Gesichts rührte mich, und ihre geliebte Schwäche und die Güte in ihren Augen. Die vergänglichen politischen Angelegenheiten der Leute? Das geht mich nichts an, damit mögen sie selbst fertig werden. Die Nationen, die in zehn Jahrhunderten verschwunden sein werden? Die Liebe meiner Mutter ist unsterblich.

Liebe meiner Mutter. Sie stimmte allen meinen Launen zu. Sie billigte es, wenn wir als gute Kumpane ins Automatenbüfett essen gingen, weil es vernünftig ist, sparsam zu sein, «und verschwende das Geld nicht, das du mit deinem Gehirn verdienst, mein Kind». Aber sie billigte es auch, wenn wir das teuerste Restaurant aufsuchten, weil das Leben kurz ist. Seltsam, aus welcher geheimnisvollen Regung heraus habe ich mich diesem liebevollsten Wesen, meiner Mutter, häufig ferngehalten, ihre Küsse und ihren Blick gemieden, weshalb, was bedeutete diese grausame Schamhaftigkeit? Zu spät. Niemals mehr werde ich sie in Genf aus ihrem Zug steigen sehen, erleben, wie sie mir strahlend ihren Tribut überbringt, Goldstücke, die sie heimlich beiseite gelegt hatte. Einmal machte sie mir während ihres Aufenthalts eine verrückte Menge von Stachelbeergelee, mehr als hundert Gläser, um sicher zu sein, daß es mir nicht an etwas Süßem fehlen würde, wenn sie wieder abreiste. Während der Zeit, die sie bei mir verbrachte, wollte sie nichts anderes, als ausgiebig für mich kochen und dann, in ihr Korsett geschnürt, geschmückt wie eine ungeschickte Königin, und stolzer und langsamer als ein Panzerkreuzer mit seinem überheblichen Bug, nachmittags langsam und wohlgesittet mit ihrem Sohn ausgehen.

Liebe meiner Mutter. Niemals mehr werde ich des Nachts an ihre Türe klopfen, damit sie mir in schlaflosen Stunden Gesellschaft leiste. Mit der grausamen Leichtfertigkeit der Söhne klopfte ich um zwei, um drei Uhr morgens, und immer antwortete sie, aus dem Schlaf auffahrend, daß sie nicht geschlafen, daß ich sie nicht geweckt hätte. Sie stand sofort auf und kam, schwankend vor Schlaf, im Morgenrock, und bot mir ihre lieben mütterlichen Utensilien an, Eiermilch oder sogar Mandelkuchen. Was war natürlicher, als für ihren Sohn um drei Uhr morgens Mandelkuchen zu machen. Oder sie schlug einen guten kleinen heißen Milchkaffee vor, den wir unter endlosen Gesprächen gemütlich miteinander trinken würden. Sie fand es keineswegs verrückt, mit mir am Fußende meines Betts um drei Uhr morgens Kaffee zu trinken und mir bis zum Tagesanbruch von alten Familienstreitigkeiten zu erzählen, ein Thema, das sie mit Sachkenntnis und Leidenschaft behandelte.

Keine Mutter mehr, die bei mir sitzen bleibt, bis ich einschlafe. Am Abend, wenn ich mich niederlege, stelle ich manchmal einen Sessel neben mein Bett, um mir Gesellschaft zu leisten. In Ermangelung einer Mutter gibt man sich mit einem Sessel zufrieden. Der Milliardär an empfangener Liebe ist zum Bettler geworden. Wenn du jetzt eines Nachts an Schlaflosigkeit leidest, sieh allein zu, wie du damit fertig wirst, mein Freund,

und klopfe vor allem an keine Türe. Und wenn du wieder heiratest, die Braune, die dir neulich so gut gefiel, hüte dich, um drei Uhr morgens an ihre Türe zu klopfen. Du würdest schön empfangen werden. «Ich erwarte, daß man meinen Schlaf respektiert», würde sie dir mit eisigen Augen und hartem Kinn sagen. Liebe meiner Mutter, die keiner anderen gleicht. Ja, ich weiß, es ist die alte Leier, ich kaue wieder und wiederhole mich. So ist das mit dem Schmerz in den wiederkäuenden Kinnladen, die in ständiger Bewegung sind. So räche ich mich am Leben, indem ich mir immer wieder, nicht sehr heiteren Gemüts, von der Güte meiner Mutter erzähle, die unter der Erde liegt.

Liebe meiner Mutter, niemals mehr. Sie liegt in ihrer endgültigen Wiege, die Wohltäterin, die sanfte Geberin. Niemals mehr wird sie da sein und mit mir zanken, wenn ich auf dumme Gedanken komme. Niemals mehr da sein und mich nähren, um mir jeden Tag neues Leben zu geben, mich jeden Tag neu zu gebären. Niemals mehr da sein, um mir Gesellschaft zu leisten, während ich mich rasiere oder esse, wobei sie mir genau zusieht, ein passiver aber aufmerksamer Wachposten, und zu erspähen versucht, ob mir die Nußplätzchen, die sie mir gemacht hat, wirklich schmecken. Niemals mehr wird sie mir sagen, ich soll nicht so schnell essen. Es war beglückend für mich, wenn sie mich wie ein Kind behandelte.

Niemals mehr die kurzen, plötzlichen Anfälle von Schlaf in ihrem Fauteuil, typisch für alternde Herzkranke, und wenn ich sie fragte, ob sie schliefe, antwortete sie, jäh erwachend, immer, daß sie nur ein wenig die Augen zugemacht habe. Und sie stand gleich auf, um etwas für mich zu tun, um mir vorzuschlagen, früher zu essen, und weiß Gott was noch alles, die ganze Fülle ihrer Güte. O Mama, meine verlorene Jugend. Klagen, Rufe meiner Jugend vom anderen Ufer her.

Aus Liebe zu mir bezwang sie ihre Furcht vor Tieren und brachte es fertig, meine hübsche Katze zu lieben. Sie liebkoste ungeschickt dieses Tier, das ihr unerklärlich war, dieses Tier mit Krallen, stets bereit, die Zehn Gebote zu übertreten, aber nichtsdestoweniger von ihrem Sohn geliebt, und infolgedessen sicherlich sehr reizend. Sie liebkoste es immerhin von einer gewissen Entfernung aus, mit einer kleinen Hand, die stets bereit war, sich zurückzuziehen. Alles sehe ich wieder vor mir, von ihrer Liebe, ihr schüchternes Aufstrahlen bei der Einfahrt, wenn sie mich auf dem Bahnsteig entdeckte, ihre ungeschickte kleine Hand an dem Tag, an dem sie nach meinem Diktat mit so viel gutem Willen und so schlechter Orthographie ein paar Seiten aus einem Buch von mir niederschrieb, von denen die liebe Seele kein Sterbenswort begriff. Ich erinnere mich, ich erinnere mich, und das ist nicht unbedingt von Vorteil für mich.

Liebe meiner Mutter. Niemals mehr werde ich ein Geschöpf von vollkommener Güte neben mir haben. Aber warum sind die Menschen böse? Ich kann nur staunen über diese Welt. Warum sind sie so rasch haßerfüllt und hämisch? Warum ist es ihnen eine Wonne, sich zu rächen, Schlechtes von dir zu sagen, ihnen, die doch bald sterben werden, die Armen? Es ist unglaublich, daß die Menschen sich nicht bessern bei ihrem schrecklichen Abenteuer, auf die Erde zu kommen, zu lachen, sich zu bewegen und sich dann auf einmal nicht mehr zu bewegen. Und warum geben sie einem so rasch mit der Stimme eines Kakadus eine üble Antwort, wenn du nett mit ihnen bist und sie deshalb glauben, du seist ohne Bedeutung, das heißt ungefährlich? Was zur Folge hat, daß sanfte Geschöpfe so tun müssen, als seien sie böse, damit man sie in Frieden läßt, oder damit man sie liebt, was noch tragischer ist. Und wenn man sich jetzt niederlegte und entsetzlich schlafen würde? Ein schlafender Hund hat keine Flöhe. Ja, gehen wir schlafen, der Schlaf hat die Vorteile des Todes, ohne seine kleinen Unannehmlichkeiten. Gehen wir und legen wir uns in den angenehmen Sarg. Wie gern würde ich mein Hirn aus seiner Schale nehmen, wie der Zahnlose sein Gebiß, das er in ein Glas Wasser neben seinem Bett legt, würde ich mein Herz herausnehmen, das zu stark schlägt, das arme Ding, würde ich mein Gehirn und mein Herz herausnehmen und diese beiden armen Milliardäre in erfrischenden Lösungen baden, während ich schlafe wie ein kleines Kind, das ich niemals mehr sein werde. Wie wenig Menschen gibt es und wie leer ist plötzlich die Welt.

War sie in Genf, so wartete sie stets am Fenster auf mich. Niemand wird wie sie stundenlang am Fenster auf mich warten. Ich sehe ihr Gesicht vor mir, aus dem Fenster geneigt, zu dick und ganz von mir erfüllt, besorgt und aufmerksam, ein wenig vulgär vor übermäßiger Aufmerksamkeit, den Blick auf die Biegung der Straße geheftet. Sie erscheint mir immer als die Wartende, die am Fenster stand. Am Fenster und auf Spähposten, wenn ich von der Arbeit heimkehrte. Ich hob den Kopf, und es war schön, von unten dieses vom Warten schwere Gesicht zu sehen, dieses Denken, das auf mich wartete, und ich, der Sohn, war beruhigt. Jedesmal wenn ich jetzt heimkehre, diese alte Gewohnheit, die Augen zum Fenster zu heben. Aber es steht nie jemand am Fenster. Wem ist es ein Bedürfnis, sich ans Fenster zu stellen, um mich zu erwarten?

Wenn ich ausging, stand sie auch am Fenster, um eine Minute länger bei mir zu sein und dieser verschwindenden Gestalt nachzusehen, die ihr Sohn war, ihr Geschick auf Erden, ihr lieber Sohn, dem sie nachsah, wie er sich entfernte, dem sie vielleicht mit jenem seltsamen, durchdringenden Mitleid nachsah, das wir für die empfinden, die wir lieben und deren heimliche Blöße wir kennen, das gleiche schneidende Mitleid, das ich für meine Lieben fühle, wenn ich sie von meinem Fenster aus auf der Straße sehe, allein und so verloren, so wehrlos, wandelnde Katastrophen, die nicht ahnen, daß ich sie betrachte. Und meine Lieben sind nicht nur meine Tochter und Marianne und einige andere, sondern alle Menschen auf der Straße, alle so mißglückt und so lieb, und ich habe sie so gern, aber nur von weitem, denn in der Nähe riechen sie nicht gerade immer nach Rosen. Ja, ich hob den Kopf zu meiner Mutter, beruhigt, behütet, begriff mein Glück aber doch nicht genug. Wenn ich jetzt aus dem Haus trete, hebe ich immer noch den Kopf, ein wenig verloren und abgezehrt. Aber es steht nie jemand am Fenster.

Niemals mehr wird sie mich pflegen, sie, die einzige. Die einzige, die niemals ungeduldig geworden wäre, und hätte meine Krankheit zwanzig Jahre gedauert und wäre ich der unerträglichste Kranke gewesen. Sie ist die einzige, die mich nicht aus Pflichtgefühl oder Zuneigung gepflegt hätte, sondern aus einem Bedürfnis heraus. Denn war ich krank, so hätte sie zwanzig Jahre lang an nichts anderem Interesse gehabt als mich zu pflegen. So war sie. Alle andern Frauen haben ihr eigenes liebes kleines Ich, ihr Leben, ihr Bedürfnis nach persönlichem Glück, ihren Schlaf. Meine Mutter hatte kein Ich, sondern einen Sohn. Daß sie nicht schlafen konnte oder müde war, kümmerte sie wenig, wenn ich sie brauchte. Was kann ich heute noch ebenso lieben, mit der gleichen Liebe, die sicher ist, niemals enttäuscht zu werden? Eine Füllfeder, ein Feuerzeug, meine Katze.

O du, Einzige, Mutter, meine Mutter und die Mutter aller Menschen, du allein, unsere Mutter, verdienst unser Vertrauen und unsere Liebe. Alles andere, Frauen, Brüder, Schwestern, Kinder, Freunde, alles andere ist nur ein Elend, ein vom Wind verwehtes Blatt.

Es gibt Genies der Malerei, und ich weiß nichts darüber, ich werde nicht hinschauen, und es interessiert mich absolut nicht, ich verstehe nichts davon, und ich will nichts davon verstehen. Es gibt Genies der Literatur, und ich weiß es, und die Comtesse de Noailles gehört nicht dazu, und der da auch nicht, und die dort ganz sicher nicht. Was ich aber noch genauer weiß, ist, daß meine Mutter ein Genie der Liebe war. So wie die deine, du, der du da liest. Und ich erinnere mich an alles, alles, wie sie des Nachts bei mir wachte, wenn ich krank war, wie bestürzend nachsichtig sie war, und wie rasch sie darauf eingegangen war, mit einigem Bedauern zwar, aber mit der

Schwäche der Liebe, mir ihren schönen Ring zu schenken. Ihr Windbeutel von zwanzig Jahren trug so leicht den Sieg über sie davon. Und ihre heimlichen Ersparnisse, die, als ich studierte, nur für mich bestimmt waren, und alle ihre Tricks, damit mein Vater nichts von meinen Streichen erfahre und dem verschwenderischen Sohn nicht zürne. Und ihr naiver Stolz, als ihr der gewitzte Schneider, um sie einzuwickeln, sagte, ihr dreizehnjähriger Sohn habe «Schick». Wie hatte sie dieses gräßliche Wort genossen. Und ihre Finger, die heimlich das Zeichen gegen den bösen Blick machten, wenn Frauen ihren kleinen Wunderknaben ansahen. Und ihr Koffer, der während ihres Aufenthalts in Genf immer voll Süßigkeiten steckte, diesen Süßigkeiten, die sie «Gaumentröster» nannte und vorsorglich im geheimen einkaufte, falls ich auf irgend etwas Lust haben sollte. Und ihre Hand, die sie mir plötzlich reichte, um mir, wie einem Freund, die meine zu drücken. «Mein kleines Känguruh» nannte sie mich. Das alles ist so nahe. Es ist ein paar tausend Stunden her.

Meine Tochter liebt mich. Aber während ich allein dasitze und schreibe, ißt sie mit einem kleinen Dummkopf zu Mittag, der sich für Kunst und Schönheit begeistert. (Er spricht es Scheenheit aus.) Meine Tochter liebt mich, aber sie hat ihr Leben und läßt mich allein. Für meine Mutter gab es nichts Wichtigeres, als neben mir zu sitzen und zu nähen. Sie schluckte ein wenig Speichel, nähte, und dann sahen wir uns an, und ich fühlte mich an meinem Platz, sicher, ein Sohn. Dann stand sie auf, ging in ihre geliebte Küche, ihren Kommandoturm, um ihre kleinen geheiligten Aufgaben zu erfüllen, den Klößen sinnlose Klapse zu geben, fürchterliche Papierspitzen auf die Stellagen zu legen. Und dann rief sie mich, um mir die Papierspitzen vorzuführen, und sah mich an, ob sie mir auch gefielen. Aus solch bescheidenen Dingen besteht eine erhabene Liebe.

Der eine braucht Leidenschaft und junge Jägerinnen mit langen Schenkeln, oder herrliche Stars, die sich, nebenbei gesagt, auch in Taschentücher schneuzen, und es fallen keine Perlen dabei heraus. Das ist seine Sache, und es möge ihm gut bekommen. Was mir wichtig ist, ist meine Mutter und, vor allem, die alternde Mama, ihre weißen Haare und ihre schwärmerischen Reden, die ich im vorhinein schon auswendig kenne. Für mich zählt meine alte Mutter, ja, und das Gebiß ihrer letzten Jahre, das Gebiß, das sie unter dem Wasserhahn wusch. Sie war reizend, wenn sie ihr Gebiß herausgenommen hatte, so wehrlos, so gut in der Harmlosigkeit eines zahnlosen Säuglings kindlich, und die Worte ohne ihre falschen Zähne schlecht aussprechend, aber in mütterlicher Koketterie darauf bedacht, nicht zu lachen und sich die Hand vor den leeren Mund zu halten. Mit ihr allein war ich nicht allein. Jetzt bin ich allein mit allen.

Vor den am meisten geliebten Menschen, vor Freunden, vor meiner Tochter, vor liebenden Frauen muß ich ein wenig schauspielern, mich ein wenig verstellen. Bei meiner Mutter mußte ich nur sein, was ich war, mit allen meinen Ängsten, meinen armseligen Schwächen, meinen Erbärmlichkeiten des Körpers und der Seele. Sie liebte mich deshalb nicht weniger. Liebe meiner Mutter, die keiner anderen gleicht.

Mit ihr allein hätte ich fern von der Welt leben können. Niemals hätte sie mich verurteilt oder kritisiert. Niemals hätte sie, wie die andern, gedacht: er veröffentlicht keine Bücher mehr, oder: er wird alt. Nein. Mein Sohn, hätte sie voller Vertrauen gesagt. Die Augen von dir geadelt, sende ich nun durch Raum und Schweigen das gleiche Glaubensbekenntnis zu dir und sage in tiefem Ernst: meine Mama.

Tschingis Aitmatow

Der Weg des Schnitters

«Sag mir, liebe Erde, wann, in welchen Zeiten mußte je eine Mutter so leiden, sich so quälen, um nur ein einziges Mal für einen winzigen Augenblick ihren Sohn zu sehen?»

«Ich weiß es nicht, Tolgonai. So einen Krieg, wie zu deiner Zeit, hat die Welt noch nicht gekannt.»

«So will ich die letzte Mutter sein, die so ihren Sohn erwarten mußte. Bewahre uns Gott, daß je wieder ein Mensch eiserne Schienen umarmt und sich den Kopf an Bahnschwellen wund schlägt!»

«Als du heimkehrtest, war dir schon von weitem anzusehen, daß du deinen Sohn nicht hattest umarmen können. Ganz gelb warst du im Gesicht und hattest zerquälte, eingefallene Augen, wie nach einer langen Krankheit.»

«Besser wär's gewesen, ich hätt' wirklich einen Monat lang im Fieber gelegen.»

«Meine arme Tolgonai. Jenes Jahr brachte dir die ersten grauen Strähnen. Und was hattest du früher für dicke, schwere, schwarze Zöpfe. Schweigsam wurdest du und hart. Schweigend kamst du hierher, und schweigend gingst du wieder, mit zusammengebissenen Zähnen. Aber ich wußte es, ich sah es an deinen Augen, von Mal zu Mal war dir schwerer ums Herz.»

«Ja, Mutter Erde, gegen seinen Willen wird man so. Wär' es nur mir so ergangen, aber es gab ja keine Familie mehr, die der Krieg nicht bei der Gurgel gepackt hätte. Und wenn die schwarzen Schreiben – die Todesnachrichten – kamen, wenn an einem Tag gleich in zwei, drei Häusern des Ails Klagen und Verwünschungen ausgestoßen wurden, dann fing mir das Blut an zu kochen, Verlangen nach Vergeltung verdunkelte mir die Augen und brannte mir im Herzen. Ich bin stolz darauf, daß ich gerade in jenen Tagen Brigadier war, mein eigenes und fremdes Leid trug, alle Unbill, Hunger und Kälte mit dem Volk teilte. Deshalb hielt ich auch stand, für die anderen hielt ich stand, sonst hätte es mich umgeworfen, hätte der Krieg mich zu Staub zerstampft. Damals begriff ich, nur auf eine Weise ist der Krieg zu bezwingen: kämpfen, kämpfen und siegen. Sonst – der Tod! Das ist es, mein liebes Feld, weshalb ich immer zu Pferd hierhergekommen bin und dich nicht gestört habe, dich nur schweigend begrüßt habe und still wieder umgekehrt bin.»

Es kam der Tag, da ein Brief von Kassym eintraf. Ich schwang mich aufs Pferd und galoppierte querfeldein durch Aryks und Schneewehen. Aliman und Dshainak streuten Dung. Schon von weitem schrie ich ihnen zu: «Sujuntschu, Sujuntschu!»

Ich konnte ihnen die freudige Nachricht nicht schnell genug überbringen, hatten wir doch schon zwei Monate keine Zeile mehr von Kassym bekommen und wußten nicht, was mit ihm los war. Im Brief schrieb er, zweimal sei er bei der Verteidigung Moskaus eingesetzt gewesen und beide Male mit heiler Haut davongekommen. Er schrieb, sie hätten die Deutschen zum Stehen gebracht, hätten ihre Stoßkraft gebrochen, und sein Regiment läge jetzt in Ruhestellung.

Wie glücklich war Aliman! Sie sprang vom Wagen, rannte mit Dshainak um die Wette und überholte ihn.

«Mama, Honig auf deine Lippen!» Mit zitternden Händen ergriff sie den Brief und war so außer sich vor Freude, daß sie gar nicht lesen konnte. Sie wiederholte nur unaufhörlich: «Er lebt! Lebt und ist gesund!»

Inzwischen waren auch die anderen Frauen herbeigeeilt und umringten sie.

«Lies vor, Aliman, was schreibt dein Mann? Schreibt er was von unseren?»

Und sie: «Gleich, meine Lieben, gleich!» Dabei konnte sie keine Zeile zusammenbringen.

Dshainak hielt's nicht mehr aus.

«Gib mal her, ich will ihn vorlesen.» Er nahm den Brief und las ihn laut vor.

Aliman hockte sich hin, nahm ganze Hände voll Schnee und kühlte sich die Stirn. Als Dshainak fertig war mit Lesen, stand sie auf und vergaß sogar, sich das Gesicht abzutrocknen, mit vor Freude geröteten Wangen stand sie da, Rinnsale tauenden Schnees liefen ihr übers Gesicht.

«So, nun wollen wir weiterarbeiten!» sagte sie leise und ging langsam durch den Schnee.

Sie ging und blickte still umher. Woran mochte sie denken zu dieser Stunde, wer konnte es wissen; vielleicht daran, wie sie im Sommer mit dem Krug in der Hand über das Stoppelfeld zu ihrem Mann gelaufen war. Vielleicht auch daran, wie Kassym hier Abschied genommen hatte von seinem Mähdrescher. Mir schien, daß Aliman noch einmal all das durchlebte, was ihr lieb und teuer war und was sich ihr tief ins Gedächtnis geprägt hatte. Bisweilen erhellte ein Lächeln ihre Augen, dann erloschen sie wieder. Lange blickte sie zur Landstraße hinüber, gewiß erinnerte sie sich daran, wie der rehbraune Zelter dort mit hallendem Hufschlag davongesprengt und wie sie hinter Kassym dreingelaufen war.

Dshainak ging neben ihr her und ärgerte sie, ließ sie nicht in Ruhe.

«Komm doch wieder zu dir. Der ganze Ail lacht ja über dich. Nicht mal den Brief konnte sie vorlesen! Ach du ... Ich schreib' Kassym, ich hätte seine Frau noch mal zur Schule geschickt, in die erste Klasse, das Abc lernen!»

Aliman trommelte mit den Fäusten auf ihn ein, sie tollten über den Acker, einer jagte hinter dem andern her. Nachdenklich kehrte ich um. Gewiß, wer sollte das Volk verteidigen, wenn nicht solche Dshigiten wie meine Söhne! Wenn sie nur am Leben blieben und als Sieger zurückkehrten. Alles andere würden wir überstehen und ertragen, mochte es uns auch noch so elend gehen, wenn wir nur den Sieg erlebten. Ach, wenn er doch bald, recht bald käme, der Sieg! Und weil das nicht nur mein Wunsch war, sondern Traum und Ziel des ganzen Volkes, scheute ich vor nichts zurück um seinetwillen, war ich zu allem bereit.

Selbst als mein jüngster und letzter Sohn, Dshainak, an die

Front ging, er war noch nicht achtzehn, biß ich die Zähne zusammen und ertrug es, ohne zu klagen. Gegen Ende des Winters wurde er immer öfter ins Kriegskommissariat beordert. Freilich nicht er allein, sondern viele junge Burschen, sie erhielten dort ihre militärische Ausbildung. Nun, das war nichts Besonderes, und ich machte mir weiter keine großen Sorgen. Jedesmal wurde etwa zehn Tage mit ihnen herumexerziert, dann entließ man sie wieder nach Hause. Einmal jedoch kam er sehr schnell zurück, schon am nächsten Tag.

«Wieso haben sie dich denn so schnell wieder entlassen?» fragte ich verwundert. «Oder haben sie dich ganz freigestellt?»

«Nein, Mama», antwortete Dshainak, «morgen muß ich wieder hin. Sie haben mich für einen Tag nach Hause gelassen. Diesmal behalten sie uns länger da, mach dir also keine Sorgen.»

Ich glaubte ihm auch, ohne zu ahnen, was los war, obwohl er sich ganz seltsam benahm an diesem Tag, als bereite er sich auf einen weiten Weg vor. Den ganzen Morgen lief er mit Hammer und Nägeln umher, nagelte hier etwas an und machte dort etwas fest. Dann sah ich, wie er einen ganzen Haufen Holz hackte, den Mist vom Hof karrte, das Heu auf dem Scheunendach wendete, damit es trocknete. Als ich abends von der Arbeit kam, hatte er den Hof gefegt und die zerfallene Pferdekrippe wieder in Ordnung gebracht. Als der Vater noch zu Hause war, war sie gebraucht worden, er hielt sein Pferd immer gern bei sich auf dem Hof.

«Wozu plagst du dich jetzt mit der Pferdekrippe ab, Junge», sagte ich zu ihm, «du hast doch noch den ganzen Sommer über Zeit, sie zu reparieren.»

Er antwortete, er müsse es rechtzeitig tun, später habe er keine Gelegenheit mehr dazu. Selbst da wurde ich noch nicht stutzig. Freiwillig ging er an die Front, im Komsomolaufgebot. Wir erfuhren es erst, als er bereits unterwegs war. Auf dem Bahnhof hatte er seinem Kameraden einen Brief mitgegeben. Ach, du mein Nichtsnutz, du mein armer Junge, wenn du auch einen Brief geschrieben hast, war es vielleicht recht von dir, wegzugehen, ohne Abschied zu nehmen? Und hätt' ich drum auch den Verstand verloren, du hättest es sagen müssen. In dem Brief bat er Aliman und mich um Verzeihung, daß er gegangen war, ohne etwas zu sagen. So wäre es leichter gewesen, meinte er. «Ich wollte», schrieb er, «daß Ihr Euch nicht vorzeitig grämen, daß Ihr meine Entscheidung als unverrückbaren Entschluß aufnehmen, Euch mit ihr abfinden und mir zustimmen solltet.» Wer weiß, vielleicht hatte er recht. Natürlich wäre es ihm schwergefallen, es mir ins Gesicht zu sagen, vielleicht hatte er auch Angst, daß ich weinen, ihn bitten, ihn zurückhalten würde.

Selbst jetzt noch, da ich ihn schon lange verloren habe und so viele Jahre vergangen sind, spreche ich mit ihm, wie ich auch mit der Erde spreche.

Dshainak, hör mich an! Du brauchst dir keine Vorwürfe zu machen, ich bin dir nicht gram. Ich hab' dir schon damals verziehen, Dshainak, du mein Jüngster, mein Füllen, mein Übermut! Denkst du denn, ich habe nicht verstanden, weshalb du gegangen bist, ohne Abschied zu nehmen, weshalb du mich allein gelassen hast, weshalb du deine Jugend, dein ganzes künftiges Leben hingegeben hast? Keck und ausgelassen warst du, und längst nicht alle wußten, wie sehr du die Menschen liebtest. Du konntest unser Elend nicht länger mitansehen und gingst. Du wünschtest so sehr, daß die Menschen Menschen blieben, daß der Krieg sie nicht seelisch verkrüppelte und nicht ihre Güte und ihr Mitgefühl zerstörte. Und du tatest alles dafür. Nur die guten Taten haben Bestand, leben weiter, alles andere stirbt. Auch deine gute Tat lebt, während du längst verschollen bist. Du schriebst, du seist bei den Fallschirmspringern und seist bereits dreimal im Hinterland des Feindes gewesen. Und dann, in einer finsteren Nacht des Jahres vierundvierzig, bist du, um den Partisanen zu helfen, zusammen mit deinen Kameraden aus einem Flugzeug abgesprungen und bist verschollen. Ob du im Kampf gefallen bist oder ob eine zufällige Kugel dich ereilt hat, ob du in Gefangenschaft geraten oder im Sumpf umgekommen bist – niemand weiß es. Aber wenn du noch lebtest, so hätte uns in all diesen Jahren zumindest ein Lebenszeichen von dir erreicht. Ja, Dshainak, du bist also nicht mehr. Blutjung warst du, als du fortgegangen bist, erst achtzehn Jahre, und hast dich den Menschen nicht sehr tief ins Gedächtnis geprägt. Doch ich denke an dich und sehe dich vor mir, wie du an die Front gegangen bist und nicht gewagt hast, es mir zu sagen, weil du mich lieb hattest und ich dir leid tat. Ich erinnere mich daran, wie du einmal auf dem Bahnhof einem Jungen deinen Halbpelz geschenkt hast. Du hattest eine evakuierte Familie gesehen, eine Mutter mit vier Kindern, und hattest dem ältesten Jungen, der nichts Warmes anhatte, deinen Halbpelz gegeben, während du selbst nur mit einer dünnen Jacke bekleidet und vor Kälte zitternd nach Hause kamst. Vielleicht denkt auch er, der heute schon ein Mann ist, manchmal an dich, erinnert er sich des jungen Burschen, denn jetzt bist du ja viel jünger als er. Doch du bist sein Lehrer gewesen. Güte liegt nicht auf dem Weg, man liest sie nicht zufällig auf. Güte lernt ein Mensch vom anderen.

Ach, wozu davon sprechen, Worte ändern da nichts. Wieviel Menschen hat der Krieg umgebracht. Wäre er nicht gewesen, was für ein schöner, seelenvoller Mensch wäre mein Dshainak heute.

Es tut mir weh, mein Sohn, daß du keine einzige der zwölf Blüten des Lebens pflücken konntest. Du hattest gerade erst begonnen zu leben, und ich weiß nicht einmal, welches Mädchen du geliebt hast . . .

Die letzte Kerze brennt in meiner Seele. Bald wird auch sie verlöschen. Doch erinnere ich mich an alles, auch an jenen unglückseligen Tag, als der alte Mann zu mir aufs Feld kam.

Es war Vorfrühling. Die Schneeglöckchen blühten noch, wir hatten gerade mit dem Pflügen begonnen. Aus der Gelben Ebene wehte ein warmer Wind herüber, der Herbstacker trocknete, in der Sonne zeigte das Gras sein erstes frisches Grün.

Langsam ritt ich hinter dem Traktor her, atmete den Erdgeruch der Furchen und dachte daran, daß von Suwankul und Kassym schon lange keine Nachricht mehr gekommen war. Indes kam einer unserer Alten angeritten, in keiner sehr dringenden Angelegenheit, wie es schien. Ich sagte zu ihm:

«Sie kommen gerade zur rechten Zeit, Aksakal, geben Sie uns Ihren Segen zum guten Beginn des Pflügens.»

Er strich sich den Bart, hob die Arme und murmelte: «Möge Dyjkan-baba, der Beschützer der Ackerbauern, hier verweilen, möge die Ernte reichlich sein, wie das Hochwasser im Fluß.» Dann sagte er zu mir:

«Ein Vorgesetzter aus dem Kreis möchte dich sprechen, Tolgonai. Du sollst in die Verwaltung kommen. Ich bin hier, um dich zu holen.»

«Ist recht, Aksakal, ich komme gleich.»

Den Pflügern sagte ich, daß ich am Abend wiederkommen und ihre Arbeit überprüfen würde, dann machten wir uns auf den Weg zum Ail. Ohne Eile ritten wir dahin, unterhielten uns über dies und jenes, über unser Leben, und der Alte flocht im Laufe des Gesprächs vorsichtig ein:

«Hab Dank, Tolgonai, daß du in dieser bitteren Zeit zu Pferd dem Volke dienst. Obwohl du eine Frau bist, gehst du uns allen voran. Halt dich auch fürder so, Tolgonai, halt dich fest im Sattel. Wenn etwas ist, denk dran, wir alle sind dir Halt und Stütze, so wie du uns. Gewiß, dir fällt es auch nicht leicht, wir wissen es. Das menschliche Leben gleicht einem Bergpfad: Mal geht's aufwärts, mal abwärts, dann wieder gähnt jäh ein Abgrund. Für den einzelnen ist er oft nicht zu bezwingen, doch alle gemeinsam schaffen es ... So ist es nun mal in unserem nichtigen Leben ...»

Wir waren schon auf der Dorfstraße, als ich den Menschenauflauf vor unserem Haus bemerkte. Aus irgendeinem Grunde maß ich dem aber keine Bedeutung bei. Da nahm der Alte plötzlich mein Pferd beim Zaum und sagte, ohne mich anzusehen:

«Steig ab, Tolgonai, du mußt jetzt zu Fuß gehen.»

Ich starrte ihn erstaunt an. Er saß ab, bot mir die Hand und wiederholte:

«Du mußt jetzt absteigen, Tolgonai.»

Ich begriff noch immer nicht, was los war, doch eine schreckliche Ahnung überkam mich, langsam, mehr tot als lebendig, stieg ich vom Pferd und sah Aliman, die zusammen mit drei Frauen auf unser Haus zuging. Sie hatten an diesem Tag die Aryks gereinigt. Aliman trug den Ketmen über der Schulter. Eine der Frauen nahm ihn ihr ab. Da begriff ich mit einem Mal alles.

«Was wollt ihr? Was ist passiert?» schrie ich, daß es über die ganze Straße gellte. Auf meinen Aufschrei kamen einige Frauen aus dem Hof unserer Nachbarin Aischa. Schweigend eilten sie auf mich zu, hielten mich fest und sagten:

«Fasse dich, Tolgonai, wir haben unsere Falken verloren. Suwankul und Kassym sind gefallen.»

In diesem Augenblick hörte ich, wie Aliman aufschrie, wie alle laut zu klagen anfingen:

«Mein Gott – unsere Brüder! Mein Gott!»

Weiter hörte ich schon nichts mehr, ich wurde auf einmal ganz taub. Wahrscheinlich war ich von meinem eigenen Schrei taub geworden. Die Straße wankte, mir war, als fielen die Bäume um und stürzten die Häuser ein. In der unheimlichen Stille wechselten vor meinen Augen die Wolken am Himmel und irgendwelche entstellten, stummen Gesichter. Ich wollte mich losreißen, versuchte, die Arme frei zu bekommen, die von irgendwelchen fremden Händen umklammert wurden. Ich begriff nicht, wer mich da festhielt, was für Menschen da vor dem Haus standen. Ich sah nur Aliman. Sah sie erbarmungslos deutlich. Sie war furchtbar anzuschauen mit dem blutig zerkratzten Gesicht, dem zerrauften Haar und dem zerrissenen Kleid. Die Frauen hatten ihr die Arme auf den Rücken gedreht und hielten sie so fest, sie aber strebte mit aller Kraft zu mir, dabei schrie sie so laut, daß ich nichts hörte. Auch ich strebte zu ihr, nur beseelt von dem einen Wunsch, bei ihr zu sein, ihr zu helfen. Aber es verging, wie mir schien, eine Ewigkeit, bis wir endlich zueinander gelangten. Und erst da, als mir Aliman um den Hals fiel, vernahm ich ihr herzzerreißendes, heiseres Schreien:

«Mama, Witwen sind wir! Unglückliche Witwen! Unsere Sonne ist erloschen. Ein schwarzer Tag! Mama! Ein schwarzer Tag!»

Ja, wir waren Witwen. Zwei Witwen – Schwiegermutter

und Schwiegertochter –, beklagten wir unser Schicksal, einander umarmend und brennende Tränen vergießend. Doch sie ließen uns nicht lange klagen. Am siebten Tag kamen die Kolchosbauern, um noch einmal das Andenken der Gefallenen zu ehren, und sagten zu uns:

«Ein ganzes Trauerjahr, auch das wäre wenig. Wir werden ihrer stets gedenken, doch der Lebende soll leben. Was sie nicht mehr erleben konnten, mögen Masselbek und Dshainak erleben.» – (Von Dshainak bekamen wir damals noch fast jede Woche Post.) – «Mögen sie als Sieger heimkehren. Euch aber gestatten wir, zur Arbeit zu gehen. Es ist die Zeit der Aussaat, und die Erde wartet nicht. Nehmt euer Herz fest in die Hand. Seid mit uns. Das sei unsere Rache am Feind.»

Aliman und ich berieten uns und stimmten ihnen zu. Am nächsten Morgen, als wir gerade zur Arbeit gehen wollten, brachte uns der Vorsitzende Ussenbai zwei kleine Schreiben. «Das sind die Todesanzeigen», sagte er, «bewahrt sie gut auf.» Dabei stellte sich heraus, daß Kassyms Todesanzeige schon vor einem halben Monat im Kolchos eingegangen war. Er war bei der Gegenoffensive vor Moskau gefallen, im Dorf Orechowka. Noch ehe sie sich im Kolchos dazu entschließen konnten, uns die traurige Nachricht zu überbringen, traf die Mitteilung ein, daß auch Suwankul gefallen sei. Er war ebenfalls bei der großen Gegenoffensive ums Leben gekommen, südlich von Jelez hatte er den Tod gefunden. Den Ailbewohnern blieb nichts anderes übrig, als uns die Wahrheit zu sagen. Sie mußten uns an einem Tag zwei Todesnachrichten bringen. Ja, weiter gibt's nicht viel darüber zu reden. Wieder gürtete ich mich, wieder bestieg ich das Pferd des Brigadiers.

Hätte ich geklagt, mein Schicksal verflucht und die Hände in den Schoß gelegt, was wäre aus Aliman geworden? Sie grämte sich so sehr, daß mir himmelangst wurde. Kein geringerer Schmerz hatte mich getroffen, ich hatte Mann und Sohn auf einmal verloren, einen doppelten Verlust erlitten, und trotzdem war meine Lage anders als ihre. Mochte es kurz oder lang gewesen sein, Suwankul und ich hatten ein ausgefülltes Leben hinter uns. Vieles hatten wir gesehen, vieles erlebt, schwere und glückliche Stunden hatte es gegeben. Kinder hatten wir gehabt, eine Familie, hatten gemeinsam gearbeitet. Wäre nicht der Krieg dazwischengekommen, wären wir bis ans Lebensende zusammen gewesen. Und was hatten Aliman und Kassym kennengelernt? Ihr ganzes Leben hatte noch in der Zukunft, in ihren Träumen gelegen. In der Blüte ihrer Jugend hatte der Krieg es zerbrochen. Gewiß, mit der Zeit wären auch Alimans Herzwunden verheilt, hätte auch sie einen Menschen gefunden, ihn vielleicht sogar liebgewonnen, und mit neuen Hoffnungen wäre das Leben zu ihr zurückgekehrt. Bei den anderen Soldatenwitwen war es so. Nach dem Krieg heirateten sie wieder. Manche trafen es gut, andere weniger gut, aber sie blieben nicht allein, heute sind sie alle Ehefrauen und Mütter. Viele von ihnen haben ihr Glück gefunden. Doch die Menschen sind verschieden. Einige vergessen ihr Leid schnell und beginnen rasch einen neuen Lebensweg, andere aber treten qualvoll, verzweifelt auf der Stelle, unfähig, über das Vergangene hinwegzukommen. Zu ihrem Unglück gehörte zu den letzteren auch Aliman. Sie konnte das Gewesene nicht vergessen, konnte sich nicht mit ihrem Schicksal abfinden. Hier liegt auch meine unverzeihliche Schuld. Ich war zu schwach, hab' mein Mitleid bezwingen können . . .

Im Frühjahr hob unsere Brigade Aryks aus. Ich war ebenfalls dort. Eines Tages waren wir früher fertig als sonst, und die Leute gingen bereits vor Sonnenuntergang nach Hause. Ich mußte noch zu den Pflügern und bat Aliman, nicht auf mich zu warten. Das Zelt der Pflüger war nicht weit enfernt. Sie saßen gerade beim Abendbrot. Ich besprach alles Notwendige mit ihnen und wollte mich gerade aufs Pferd schwingen, als ich Aliman sah. Sie war also doch nicht nach Hause gegangen. Allein geblieben, ging sie über die Wiese und pflückte Tulpen. Sie liebte doch Blumen wie ein kleines Mädchen. Ach, Aliman, Aliman, mein unglückliches Schwiegertöchterchen! Sie mochte etwa ein Dutzend prächtige Tulpen in der Hand halten, wahrscheinlich wollte sie den Strauß mit nach Hause nehmen. Als ich sie so mit den Blumen sah, trat mir der Schweiß auf die Stirn. Damals bei der Mahd, als sie am Feldrand die wilden Malven gepflückt hatte, hatte sie ebenso dagestanden. Nur hatte sie damals ein rotes Kopftuch getragen und weiße und rosa Blumen im Arm gehabt, jetzt war das Kopftuch schwarz, und die Blumen waren rot. Das war der einzige Unterschied. Doch wie schnitt er mir ins Herz! Aliman blickte auf und sah sich um, dann ließ sie erneut den Kopf hängen und starrte trübsinnig auf die Blumen, als wollte sie sagen: ‹Was soll ich mit ihnen, für wen?› Plötzlich kam Bewegung in sie, sie warf sich nieder, riß die Tulpenblüten in Fetzen und peitschte mit den Stengeln die Erde, dann wurde sie still, barg ihr Gesicht in den Händen und blieb so liegen, mit zuckenden Schultern. Ich hielt mich hinter dem Zelt verborgen, ich wollte sie nicht stören. Mag sie sich ausweinen, dachte ich, vielleicht wird ihr leichter davon. Mit einemmal sprang sie auf und rannte über die Wiese zur Landstraße. Ich erschrak, schwang mich in den Sattel und jagte ihr nach. Ich konnte nicht mitansehen, wie meine Schwiegertochter davonlief, wie sie mit schwarzem Kopftuch über die rote Wiese hastete.

«Aliman! Warte! Was hast du? Bleib stehn!» rief ich, sie aber rannte weiter. Sie lief bis zur Landstraße, wo einst der rehbraune Zelter davongetrabt war, dort holte ich sie ein.

«Sag mir nichts, Mama! Nichts sagen, Mama! Ich bitte dich!»

Ich zog die Zügel an, sie kam herbei, hielt sich an der Mähne des Pferdes fest, preßte den Kopf an mein Bein und brach in Tränen aus. Ich schwieg. Was hätte ich sagen sollen? Dann hob sie den Kopf, wandte mir ihr lehmverschmiertes, verweintes Gesicht zu und sagte schluchzend:

«Sieh nur, Mama, wie die Sonne strahlt, sieh nur, was für ein Himmel und dazu die blumenübersäte Steppe! Und Kassym kommt nie wieder, nie? Niemals?»

«Nein, er kommt nicht wieder», antwortete ich. Aliman seufzte schwer.

«Verzeih, Mama», sagte sie leise. «Ich wollte fortlaufen und sterben wie er.»

Ich konnte nicht mehr, fing selbst an zu weinen und sagte

kein Wort. Wär' ich eine weise, eine weit vorausblickende Mutter gewesen, hätt' ich hart zu ihr sein und sagen müssen: ‹Was soll das? Du bist doch kein kleines Kind. Es geht dir nicht allein so, wie viele sind verwitwet, die ebenso jung sind wie du, sie sind gar nicht zu zählen. Du mußt es durchstehen. So ungeheuerlich das auch für dich klingen mag – vergiß Kassym. Was vorbei ist, ist vorbei. Eines Tages wirst du einen Mann finden, der dir gefällt. Du mußt darüber hinwegkommen. Du darfst dich nicht so grämen, du bist noch jung und mußt leben.›

Wie bereue ich jetzt, daß ich nicht gewagt habe, ihr diese bittere, diese einzige Wahrheit zu sagen. Auch später hat es viele günstige Gelegenheiten gegeben, wo mir diese Worte auf der Zunge lagen, wo ich mich jedoch nicht entschließen konnte, sie auszusprechen. Eine unüberwindbare Kraft hielt mich davor zurück. Und Aliman wollte mich ja auch gar nicht anhören. Jedes Wort hat seine Zeit, da es sich zum Schmieden eignet wie glühendes Eisen, ist jedoch der rechte Augenblick verpaßt, so erkaltet es, erstarrt und lastet als schwere Bürde auf der Seele, und es ist nicht leicht, sich davon zu befreien. Das sage ich jetzt, nach so vielen Jahren, aber damals, im Alltagsgetriebe, mit all den Sorgen und Nöten im Kolchos, blieb keine Muße zum Nachdenken, zum gründlichen Überlegen. Alle unsere Erwartungen, all unsere Gedanken waren nur auf eines gerichtet: so schnell wie möglich den Sieg erringen, so schnell wie möglich den Krieg beenden. Alles andere, meinten wir, hätte Zeit und käm', wär' nur der Krieg erst zu Ende, ganz von selbst wieder ins Lot. Doch die Wirklichkeit war anders ...

«Warum, Mutter Erde, stürzen nicht die Berge ein, warum treten nicht die Seen über die Ufer, wenn solche Menschen fallen wie Suwankul und Kassym? Beide, Vater und Sohn, waren tüchtige Ackerbauern. Seit Urgedenken lebt die Welt durch solche Männer, von ihnen wird sie ernährt, von ihnen im Krieg verteidigt, sie werden als erste Soldat. Wäre der Krieg nicht gewesen, was hätten Suwankul und Kassym noch alles vollbringen können, wieviel Menschen hätten sie mit den Früchten ihrer Arbeit beschenken, wieviel Felder bestellen und wieviel Korn ausdreschen können. Und sie selbst, hundertfach belohnt mit den Früchten der Arbeit anderer, wieviel Schönes hätten sie noch erleben können. Sag mir, Mutter Erde, sag mir die Wahrheit: Können die Menschen leben ohne Krieg?»

«Eine schwierige Frage hast du mir da gestellt, Tolgonai. Es gab Völker, die durch Kriege ausgerottet wurden, es gab Städte, die in Schutt und Asche fielen, und es gab Jahrhunderte, da ich davon träumte, eine menschliche Spur zu finden. Und jedesmal, wenn die Menschen wieder einen Krieg anzettelten, rief ich ihnen zu: ‹Haltet ein, laßt das Blutvergießen!› Und auch jetzt wiederhole ich: ‹Ihr Menschen hinter Bergen und Meeren! Ihr Menschen auf der ganzen Welt, was fehlt euch – Land? Hier bin ich – das Land, die Erde! Ich bin für euch alle dieselbe, und für mich seid ihr alle gleich. Nicht euren Hader brauche ich, sondern eure Freundschaft, eure Arbeit! Werft ein einziges Korn in die Furche, und ich gebe euch hundert Körner dafür zurück. Steckt ein winziges Reis in den Boden, und ich ziehe euch eine Platane groß. Legt einen Garten an, und ich überschütte euch mit Früchten. Züchtet Vieh, und ich werde Gras sein. Baut Häuser, und ich werde Mauer sein. Pflanzt euch fort, vermehrt euch, und ich werde euch allen eine herrliche Heimstatt sein. Ich bin unendlich, ich bin grenzenlos, ich bin tief, und ich bin hoch, ich habe Platz für euch alle!› Und da fragst du noch, Tolgonai, ob die Menschen ohne Krieg leben können. Das hängt nicht von mir ab, das hängt von euch Menschen ab, von eurem Willen und eurem Verstand.»

«Bedenke doch, teure Erde, gerade deine besten Arbeiter, deine geschicktesten Meister mordet der Krieg. Ich bin damit nicht einverstanden, mein ganzes Leben bin ich nicht einverstanden damit! Die Menschen können und müssen dem Krieg Einhalt gebieten.»

«Denkst du denn, Tolgonai, ich leide nicht unter den Kriegen? Doch! Ich leide sehr. Ich sehne mich nach den Händen der Bauern, ewig beweine ich meine Kinder, die Ackersleute, immer werden mir Suwankul, Kassym und alle gefallenen Soldaten fehlen. Wenn ich ungepflügt bleibe, das Getreide ungemäht und ungedroschen bleibt, rufe ich sie: ‹Wo seid ihr, meine Pflüger, wo seid ihr, meine Säer? Steht auf, meine Kinder, meine Ackersmänner, kommt und helft mir, ich ersticke, ich sterbe!› Wie schön wär' es, wenn dann Suwankul mit dem Ketmen in der Hand, Kassym mit seinem Mähdrescher und Dshainak mit seinem Fuhrwerk kämen! Doch sie geben keine Antwort . . .»

«Hab auch dafür Dank, Erde! Du trauerst also um sie wie ich, du beweinst sie also wie ich. Hab Dank, Erde.»

IV. DER ABSCHIED VON DER MUTTER

Marie von Ebner-Eschenbach
Die Totenwacht

Es war am Ende eines kleinen Dorfes im Marchfeld, das letzte, das ärmlichste Haus. Seine niedrigen Lehmmauern schienen jeden Augenblick aus Scham über ihre Blöße und all ihre zutage gekommenen Gebrechen in sich zusammensinken zu wollen. Das schiefe Strohdach bot nur noch einen sehr mangelhaften Schutz gegen Hitze und Kälte, Sturm und Schnee. Die Eingangstür, die des Schlosses entbehrte, war mit Stricken an den verrosteten Angeln befestigt, klaffte von allen Seiten und hatte längst aufgehört, eine feste Schranke zu bilden zwischen der Straße und dem einzigen Wohnraume der Hütte. Durch eine seiner Fensterluken drang ein schwach flackernder Lichtschein in das Dunkel der Oktobernacht. Er ging von einer Talgkerze aus, die am Fußende eines Sarges brannte. Der Sarg stand noch offen auf einem Schragen mitten in der Stube, und in ihm ruhte die Leiche einer kleinen, alten Frau. Sorgfältig angetan, mit dem Ausdruck seligen Friedens auf dem greisen Gesichte, nahm sie sich fast zierlich aus in ihrem letzten Bette. Ein weißes Tüchlein war um ihren Kopf gewunden und unter dem Kinn zusammengesteckt; die grauen Haare waren glatt gescheitelt, die Hände über der Brust gekreuzt und mit einem Rosenkranz umwickelt.

Die Wacht am Sarge hielt die Tochter der Verstorbenen, ein nach dörflichen Begriffen altes Mädchen. Dreißig Jahre der Entbehrung und der Arbeit wägen schwer; aber sie schien ihre

Last nicht zu fühlen. Eine trotzige Leidensfreudigkeit sprach aus ihrem dunklen, noch schönen Gesichte; ihre Gestalt war schlank und geschmeidig geblieben.

Die Arme um die Knie gespannt, saß sie auf einem Bänkchen neben der Toten, legte von Zeit zu Zeit den Kopf auf die Kante des Sarges, schloß die heißen, trockenen Augen und murmelte ein Gebet.

Aus der Ferne drangen zwölf schwache Pfiffe; der Nachtwächter zeigte die Mitternachtsstunde an. Im Stalle des nächsten Nachbars meckerte äußerst kläglich eine junge Ziege, und gleich darauf erhob sich ein lautes Brüllen, setzte tief und gewaltig ein und endete mit einem schrillen, sägenden Laut. Das war die Kuh des andern Nachbars, drüben jenseits der Straße, des Huber Georg, die braune, die er um schweres Geld und doch nicht zu teuer gekauft hatte. Sie lag in frischem Stroh bis über die Ohren und ließ sich's wohl sein. Die Kuh des Huber Georg hat einen guten Pfühl, dachte das Mädchen und sah über den Sarg hinweg nach der elenden Lagerstätte, auf der ihre Mutter gestorben war.

«Meine arme Mutter», flüsterte sie leise, streichelte die wachsgelbe Wange der Toten und vertiefte sich in die Erinnerung an all das Leid, das in wenig Stunden mit der alten Frau ins Grab versenkt werden sollte. Für immer versenkt. Amen.

Eine letzte, schwerste Trennung noch und dann: Leb wohl, Heimat! Grüß Gott, liebe Fremde, in der es keinen Huber Georg gibt, in der man ihm nie begegnen, in der sein blankes Haus einem nicht entgegenprunken kann und man seine verwöhnte Kuh nicht brüllen zu hören braucht.

Alles war wieder still geworden, nicht ein Lüftchen regte sich; die alte Frau im Sarge lag da, jetzt schon von Grabesruhe umgeben.

Plötzlich wurde das Geräusch einer vorsichtig geöffneten und wieder geschlossenen Tür hörbar, und von der Straße her näherten sich, öfters innehaltend, schwere, zögernde Schritte. Nun hielten sie vor dem Hause an, und im nächsten Augenblick trat Georg Huber über die Schwelle.

Er war groß und breitschulterig und hatte einen kleinen

Kopf und ein hübsches Gesicht mit niedriger Stirn und schlanker, gerader Nase. Seine blauen, ein wenig vorstehenden Augen schauten unsicher und betroffen drein; trotzdem aber nahm er sich aus recht wie ein Herr in seinen städtischen Kleidern, und seine neuen Stiefel knarrten gar vornehm.

Die Pelzmütze lüftend, grüßte er die Tote, vermied jedoch, sie anzusehen, und brachte ein halb unverständliches «Wünsch guten Abend, Anna» hervor. Die Zunge schien ihm schwer im Munde zu liegen, seine Oberlippe zuckte unter dem Schnurrbärtchen, seine Rechte schob die Mütze weit zurück ins Genick. «Guten Abend, Anna», wiederholte er.

Sie runzelte die Stirn, warf einen Blick voll feindseligen Erstaunens auf ihn und blieb stumm.

Der wenig Beredsame mußte von neuem beginnen: «Dich wundert's, daß ich komm. Ich komm, weil ich gehört hab, daß sie» – er deutete auf die Tote – «mir verziehn hat, eh sie g'storben ist.»

«Wer hat dir das g'sagt?» fragte Anna; heißaufwallender Unwille trieb ihr das Blut in die Wangen.

«Der Herr Pfarrer hat mir's g'sagt, und dir kann's recht sein», antwortete Georg und nahm, ohne ihre abwehrende Bewegung zu beachten, Platz auf dem Bette, das unter seiner Wucht erzitterte und stöhnte. «Ich komm auch», begann er wieder, da sie in ihrem düsteren Schweigen verharrte, «weil du ganz allein die Totenwacht haltst. Die alten Weiber lassen sich nicht sehn, wenn man keinen Branntwein zahln kann.»

«Wenn ich sie eing'laden hätt, wären ihrer gekommen mehr als g'nug. Aber ich hab die letzte Nacht allein bleiben wollen mit meiner Mutter. In ein paar Stunden kommen s' ohnehin und tragen sie mir weg.»

Er verstand den Wink nicht, er blieb sitzen. Nach einer Weile mahnte ihn das Mädchen: «Bet ein Vaterunser und geh.»

Er verschränkte die Finger, betete halblaut und sagte am Schlusse: «Gott hab Euch selig, Mutter Theres.»

Der Nachtwächter kam jetzt auf seiner Runde in die Nähe des Hauses, entlockte seinem Pfeifchen einen langgezogenen Ton, ging vorbei und pfiff wieder: ein Uhr.

Georg traf noch immer keine Anstalt zum Aufbruch. Er hatte sich tief gekrümmt, die Ellbogen auf die ausgespreizten Knie, das Gesicht in die gefalteten Hände gelegt, und rührte sich nicht.

«Du schlafst!» rief das Mädchen ihn endlich an. «Geh nach Haus schlafen.»

«Ich schlaf nicht», sagte er, ohne seine Stellung zu verändern; «ich denk an deine Mutter. Ich denk, wie sie mir gedroht hat: wenn ich vorm lieben Herrgott stehen werd, werd ich dich bei ihm verklagen. Sie tut's aber nicht.»

«Sie hätt Wort halten sollen, sie hätt dir nicht verzeihen sollen; sie war zu gut, viel zu gut, übergut!» sprach Anna dumpfen Tones.

Georg hob ein wenig den Kopf und warf einen halb kekken, halb scheuen Blick auf sie: «Du meinst halt, grad so wenig hätt sie mir verzeihen sollen, wie du mir verzeihst. Wirst aber schon, wenn du hörst, mit was für Gedanken ich herkomm.»

Sie verzog den Mund zu einem verächtlichen Lächeln; auf eine andere Antwort wartete Georg umsonst und mußte, um das Gespräch nicht ganz fallenzulassen, wieder beginnen: «Der Herr Pfarrer meint; wenn er's aber auch nicht meinen möcht, ich mein's von selbst.»

«Ich mein auch was», unterbrach sie ihn. «Daß du daher nicht g'hörst; auch wenn sie dir zehnmal verziehn hätt, hättst nicht da zu sitzen. Geh.»

«Weil ich jetzt bleiben möcht», erwiderte er grollend, «heißt's: Geh! Und so warst immer. Alle Schuld liegt auch nicht an mir; du bist bös g'nug.»

«Du hast mir's nicht vorzuwerfen, du nicht! War ich's denn? Nein. Ich bin's durch dich geworden.»

«Natürli!» höhnte er. «Alle Schuld wird immer auf mich g'wälzt. Durch mich allein bist bös worden, durch andre nicht; am wenigsten schon durch dein Vatern.»

Sie war wild aufgefahren, warf einen Blick auf die stille Frau im Sarg und bezwang sich. – «Ausg'standen hab ich g'nug durch ihn, bös bin ich durch ihn nicht g'worden», sagte sie. «Was dein Vater tut, muß dir recht sein, hab ich immer von der Mutter g'hört, und vom Herrn Pfarrer: Was der liebe Gott tut, muß uns recht sein. Ob also der Vater dreing'schlagen hat oder der Blitz, etwas anderes als: duck dich! ist mir zuletzt dabei nicht mehr eing'fallen. Eine Heimsuchung vom lieben Gott ist das, einen Lumpen zum Vater zu haben, der alles vertut, einem das Dach überm Kopf verspielt und die Kleider vom Leib ...»

«Ehnder noch, weißt noch damaln», fiel ihr Georg mit naiver Schadenfreude ins Wort, «das Kleid mit die roten Tupfen?»

«Mit die roten Tupfen ... das war was! Und dazu dein ewig's Frotzeln: ‹Du hast ja so ein schönes Kleid kriegt, wo is's denn? Hebst dir's auf, auf den Sonntag?› Ich hätt von selbst nicht mehr dran gedacht, du hast mich immer g'mahnt ... Auch jetzt mahnst mich wieder ...» Sie schwieg, sie ließ den Kopf auf die Brust sinken. Die Erinnerung an eine der kläglichsten Begebenheiten in ihrem kläglichen Kinderleben tauchte wieder auf. Bild an Bild zog vorüber, deutlich zum Greifen.

Da stand sie eines Winterabends mit anderen armen Kindern in einem großen, herrlichen Saale. Unzählige Kerzen brannten, es war hell und warm wie im Himmel. Und Sachen gab es auf einem Tisch ausgebreitet und aufgestellt, daß einem die Augen übergingen und das Wasser im Munde zusammenlief. Annas Blicke wanderten verzückt umher und blieben plötzlich wie gebannt auf einem Kleide haften – ein Bild von einem Kleide, heute noch hätte sie's malen können. Es war grau und ganz besät mit roten Tupfen, nicht größer als Grießkörner, und das Leibchen hatte eine schmale, kirschrote Einfassung und die Schürze einen kirschroten Saum und wirkliche Taschen, und aus der einen guckte ein Tüchlein heraus mit roten Tupfen, und *die* waren linsengroß.

‹Du lieber Gott, was bliebe einem noch zu wünschen übrig auf der Welt, wenn man dieses Kleid hätte, diese Schürze, diese Tüchlein?› fragte sich das Kind und geriet vor lauter Nachdenken, Staunen, Bewundern in einen Zustand des wachen, wonnigen Traumes. Jedes Wunder paßte in den hinein, und das lieblichste begab sich. Eine feine Hand legte sich unter Annas Kinn und bog ihren Kopf sanft zurück, und die Augen des kleinen Mädchens erhoben sich und begegneten einem Paar großer, tiefdunkler Augen voll unsagbarer Güte und unendlicher Traurigkeit. Das waren die Augen der einsamen Schloßbewohnerin, der vielverehrten und vielbedauerten «Komteß», der armen Reichen, die so schweres Herzeleid erfahren hatte und langsam hinschwand und sich zu Tode kränkte.

«Du Kleine», sagte sie, und ihre liebreiche, etwas verschleierte Stimme klang wie gedämpfte Musik, «dieses Kleid gefällt dir. Schau nur, wie gut sich das trifft, ich hab's für dich genäht. Nimm, es ist dein, nimm auch die Stiefelchen und das Tuch. – Nun, Annerl, so nimm!»

Aber Annerl rührte sich nicht; sie fürchtete, durch ein Wort, eine Gebärde den holden Traum zu zerstören, von dem sie sich befangen wähnte.

Da nahm die Komteß ein großes, weiches Umhängetuch vom Tisch und wickelte das ganze Kind vom Kopf bis zu den Füßen hinein. Sie zog seine Ärmchen unter dem Tuche hervor und belud sie mit einem Paar warmer, rot gefütterter Stiefel und mit dem von Annerl eben noch gleich einem Märchenbilde angestaunten Kleide. Die Kleine hatte alles geschehen lassen und war stumm geblieben. Jetzt brachen zwei Worte voll des Jubels über ihre Lippen: «Die Mutter!»

Was wird sie sagen, die Mutter, die immer stopft und flickt an des Töchterleins altem «G'wandl» und gestern erst bitterlich geweint hat, weil ihr das morsche Zeug unter der Nadel zerfiel – was wird sie sagen?

Die Kleine war blaß gewesen vor innerster Erregung; auf einmal schoß ihr das Blut ins Gesicht, sie wandte sich und lief davon. Vergeblich wurde ihr nachgerufen: «Warte, du bekommst noch mehr!» Sie lief und lief. Hinter ihr schallte das Gelächter und Geschrei der anderen Kinder. Der Lichterglanz des beleuchteten Schlosses, der sie noch eine kleine Weile begleitet hatte, erlosch; sie preßte ihren Schatz an die Brust und gar oft an den Mund und rannte weiter in die Nacht hinein, längs der Gartenmauer ins Dorf, von dem Gedanken an die Mutter getragen wie von Flügeln.

Der kürzeste Weg führte am Wirtshause vorbei; den schlug sie ein. Wüster Lärm schallte ihr entgegen; es gab wieder Streit in der Schenke. Ein Raufbold oder ein Lump mit leerer Tasche wurde hinausgeworfen. Jetzt stand er unter der Laterne vor der Tür, und voll Schrecken erkannte die Kleine: Das ist der Vater!

Es überrieselte sie bei dem Gedanken an die Gefahr, der sie sich mit jedem Schritte näherte, und doch lief sie weiter; ihr fiel gar nicht ein, daß sie gut täte, die Dorfstraße zu vermeiden, um die Ecke zu biegen und auf dem Feldwege nach Hause zu eilen. Nur vorbeihuschen an dem Schimpfenden, Fluchenden, bereits sehr Angetrunkenen wollte sie. Sie lief nicht mehr, sie schlich langsam und leise, drückte sich an die der Schenke gegenüberstehenden Häuser, hoffte schon glücklich zu entkommen im Schutze der Dunkelheit. Fast auch wäre es gelungen, wenn nicht ihr Freund, der Spitz des Wirtes, die Nähe seiner Spielgefährtin witternd, mit lautem Freudengebell auf sie zugesprungen wäre. Sie wich zurück, sie flüsterte ihm zu: «Still, Spitzerl! Still, du liebes dummes Tier!» – Der Spitz trieb es je toller, je ängstlicher sie ihn abwehrte, und nun rief auch schon der Vater herüber, streitlustig wie immer bei halbgelöschtem Durste: «Wer geht da, wer hat da zu gehen?»

Sie gab keine Antwort, sie ergriff die Flucht, und der Hund bellte und sprang, und der Vater stolperte ihr nach und hatte sie bald eingeholt mit seinen langen Beinen. Das Tuch war ihr vom Kopfe herabgerutscht, er erwischte und zerrte sie an ihrem dicken Zopfe.

«Ich bin's, Vater, um Gottes willen, laßt mich», schrie sie auf und wehrte sich, als er an dem Pack, den sie trug, gierig herumtastete.

«Was hast da? Hast was g'stohlen?»

«Bekommen hab ich's! Mein ist's, mein!»

«Her damit! Ich leid nicht, daß was g'stohlen wird. Ich bin ein ehrlicher Mensch. Her mit dem G'stohlenen!»

Er wollte alles auf einmal nehmen, aber das gelang ihm nicht. Sie kratzte und biß und verteidigte jedes einzelne Stück ihres köstlichen Eigentums mit verzweifeltem Mute. Aus den Händen, aus den Zähnen mußte der Vater es ihr reißen und tat's, und als sie sich an das letzte, das er ihr abrang, das große Tuch, festklammerte und im Kampfe niederfiel, schleifte er sie unbarmherzig hinter sich her, bis ihre Kraft versagte und sie das Tuch fahrenließ. Blutend und zerschlagen richtete sie sich auf die Knie auf, streckte den Hals und schaute. Der Vater stand wieder unter der Laterne vor dem Wirtshause, klopfte an und rief mit dem Selbstbewußtsein eines Kapitalisten: «Heda, Jud, abrechnen! Ich bring was! Ich bezahl!»

Man öffnete, man ließ ihn ein, den Dieb und Räuber! Annerl stürzte ihm nach, sie schrie sich heiser, stieß dem Vater abgelernte Flüche vor, polterte in sinnloser Wut mit ihren kleinen Fäusten an die Tür, bis sie endlich aufging und ein Fußtritt, gut gezielt, einer von der wohlbekannten Art, das Kind zum Schweigen brachte. Aber nicht zum Weichen. Annerl blieb auf der Schwelle sitzen, an der Unglücksstätte, wo ihr höchstes, noch kaum genossenes Gut verschachert wurde. Empörung kochte in ihrem Herzen; ihr verzweiflungsvoller Schmerz schrie zum Himmel aus ihrem leisen Weinen, ihrem unterdrückten Schluchzen, und wurde nicht gehört, nicht damals – und nie!

Erinnerungen ohne Zahl brachen über sie herein in dunkel wogenden Fluten. Sie preßte die Hände an ihre Stirn und an ihre Schläfen.

«Du hast's anders gehabt, Herr Jesus, wie gut hast du's gehabt», sprach sie tief aufseufzend, «und wie hast du mich drum veracht'!»

Er protestierte ziemlich laut: «Was dir einfallt – veracht' ... Warum denn?»

«Frag nicht, was du weißt. Weil du reich warst und weil ich arm, darum. Weil du in Stiefeln gegangen bist von klein auf und ich bloßfüßig gelaufen bin. Weil deine Kleider ganz waren und die meinen zerlumpt. Weil du immer satt warst bis daher» – sie legte den Rücken der flachen Hand an den Hals –

«und ich immer ausg'hungert . . . so ausg'hungert – daß ich . . . Heut noch, wenn ich's denk, schäm ich mich in die Haut hinein . . .»

Sie lächelte mit zuckenden, schmerzvoll verzogenen Lippen.

«Daß ich aufgepaßt hab jeden Nachmittag, ob du herauskommst mit deiner Jausen. Du richtig gekommen, und ich gewartet und gehofft, jetzt und jetzt krieg ich einen Brocken; und du hineingebissen in dein Butterbrot, das dickbeschmierte, und g'schmatzt und herumg'schaut, wer dich bewundert, daß du so reich bist und essen kannst, solang dir's schmeckt. Wenn ich das denk! Ich aber bin g'standen und hab mich nicht g'rührt, bis du g'nug und überg'nug g'habt hast und den lumpigen letzten Bissen übern Zaun hing'worfen hast auf die Straßn. Der war für mich! Über den bin ich herg'fallen wie ein hungriger Hund . . . Weißt noch?» fragte sie und maß ihn mit ruhigen Augen, in denen es blinkte, kalt wie Eis und unerbittlich wie Haß. «Ich weiß, und wenn ich mich drauf b'sinn, gibt's auf der weiten Welt unter die vielen schlechten Leut nicht zwei, die mir so völlig z'wider sind wie du und wie ich mir selber.»

Er war ein wenig verlegen geworden und versetzte: «No ja, wir sind halt Kinder g'west. Kinder sind alleweil ungut.»

«Daß ich nicht wüßt. Und du hast zur Ungutheit schon gar keine Ursach g'habt. Aber grad wenn ei'm zuviel Guts g'schieht, tut man nix Guts. Deine Eltern waren brav und haben sich geplagt von früh bis abends für dich. Meine Mutter hat sich freilich auch geplagt, aber was hat's g'nutzt. Wenn sie fünfzig Kreuzer verdient hat, hat der Vater sechzig vertrunken . . .»

Sie hielt inne, sann nach und fuhr dann eifriger und rascher fort:

«Wie unsre Eltern sich da angebaut haben an der Straßn, da war, so heißt's, unser Haus das schönere, und das Feld war dabei, das meiner Mutter g'hört hat – g'hört und nicht g'hört, denn was g'hört einer, die einen Lumpen zum Mann hat – das Feld, auf das dein Vater immer neidisch war.»

«Neidisch?» rief Georg, «nit im Traum.»

«Warum denn nicht? Er hat's sein dürfen; das Feld is dernach. Du weißt es am besten, was 's wert is.»

«Was 's wert is, is wert, und das hat mein Vater dafür 'geben und hat's auszahlt bei Heller und Pfennig.»

«Ich sag's auch nicht anders. Ich sag dein Vatern nix Schlecht's nach. Ich hab ihn gern g'habt, er hat mich oft in Schutz g'nommen, wenn du gedroht hast, du wirst mir's schon zeigen, ich soll nur probieren zu raufen mit einem, der so is wie du, der so eine Kraft hat wie du.»

«Ja, Schläg g'nug hab ich deinetwegen kriegt.»

«Hast auch allemal mit Steinen nach mir g'worfen.»

«Und du vielleicht nicht nach mir?»

«Schon auch. Aber ich hab g'fehlt, und du hast getroffen. Das war der Unterschied.»

Georg schmunzelte wohlgefällig. «Schon gar damaln», sprach er, mit dem Zeigefinger eine Stelle an seiner Stirn bezeichnend, an der die ihre ein Mal trug, rötlich und spitz zulaufend wie ein Flämmchen.

«Grad das hat nix g'macht», entgegnete sie. «Nur was vorhergegangen is, deine Bosheit, garstiger Bub, der du g'wesen bist. Nix hast mir gegönnt. Die liebe Sonn hättst mir verhängt mit einem Kotzen, wenn du gekonnt hättst. Dein weißes Katzerl, nicht einmal anschaun hab ich's dürfen; wie wenn ich ihm was wegschaun könnt, so hast du's g'trieben.»

Auch diese Erinnerung an seine kindlichen Großtaten ergötzte ihn. «So hab ich's trieben?» fragte er.

«Da hat sie einmal mit einer Nuß g'spielt; das war zum Lachen. Immer drauf mit der Pfoten, und die Nuß weggekugelt, und das Katzerl einen Satz g'macht, ihr nach, und ein G'sicht, wie wenn sich's denken möcht: Was bist denn? Bist am End lebendig? Bist am End gar eine Maus? – Ich g'lacht, daß ich mich g'wunden hab, und höher hinaufgekraxelt auf unsern Zaun und mich g'streckt, daß ich nur gut seh. – Herr Jesus! Da stehst auf einmal du hinter dei'm Zaun und schreist mich ganz pamsig an: ‹Was schaust? hast nit zu schaun! Schau nit!›, und ich ärger mich: Dummer Bub, jetzt just! und seh noch, daß du den Arm hebst, und dann seh ich nix mehr, fühl nur, daß mir was Warmes über mein G'sicht lauft und daß ich hinfall wie ein recht Müdes in sein Bett.»

Georg strich sich ein paarmal über den Kopf mit seiner flachen Hand. Er erinnerte sich noch recht gut, wie ihm damals zumute gewesen war nach jenem Steinwurf, als es drüben unheimlich still wurde und er gerufen und keine Antwort bekommen und nichts andres geglaubt hatte, als daß sie etwas besonders Tückisches gegen ihn aushecke. Er war auf dem Bauche über die Straße gerutscht und hatte durch eines der vielen Löcher im Zaune des Nachbars unten durchgeguckt. Da hatte er die kleine Anna liegen gesehen, regungslos, blutüberströmt, und vor Entsetzen über den Anblick den Kopf verloren und ein Geschrei erhoben, daß die Leute zusammenliefen: «Sie is tot! Anna is tot, ich hab sie totg'macht!»

«Das war weiter kein Schrocken», schloß er, und sie sprach: «Wenn's nur wirklich so g'wesen wär, wenn du mich nur wirklich totg'macht hättst damaln, du hättst mir später das viel Ärgere nicht antun können ...» Die Stimme wollte ihr versagen; schwer atmend fuhr sie fort: «Wenn *das* meine Mutter g'wußt hätt ...! Aber sie hat's nicht g'wußt, ich hab ihr's nicht sagen können, die Scham hat mir's Wort in der Kehln zusammeng'würgt ... So is 's auf mir sitzenblieben wie ein Mühlstein. Ich hab's g'schleppt durch mein ganzes Leben. Wie mich jemand ein bissel lang ang'schaut hat, is mir's wie Feuer zum Kopf g'stiegn: Meinst vielleicht *das?* Aufschrein hätt ich mögen: Menschen, Menschen, glaubt's nix Schlechts von mir, ich bin nicht schlecht ...! Verkriechen hätt ich mich mögen, so tief, so weit, daß keine Seel mir hätt nachkommen können ... Was hätt ich nicht alles anfangen mögen? O mein Heiland, der du für uns g'litten hast, mir hast nix wegg'litten, mein Teil is ganz übrigbliebn!»

«Was für ein G'red, dös g'hört si nit, so ein G'red», ermahnte Georg, und das Mädchen brach aus: «Dir war's freilich recht, daß ich g'schwiegen hab, und am liebsten wär's dir, ich schweiget noch. Aber nein! Einmal sag ich's, jetzt sag ich's meinem alten, lieben, kleinen Mutterl, weil sich's drüber nicht mehr zu Tod kränken kann und mich doch hört vom Himmel aus, in den's aufg'fahren is ...! Hör mir zu, Mutter, und klag's dem allgerechten Herrgott, bei dem du bist.»

«Gib Ruh mit die alten G'schichtn!» rief Georg. Sie aber legte die Hand auf das Haupt der Toten.

«Ihr sind s' nicht alt und mir auch nicht. Immer neu, immer brechen die versteckten Wunden auf, und einmal solln s' ausbluten!»

Halb flehend, halb befehlend stieß er hervor: «Sei still!»

«Aha, jetzt wird dir bang! – Wär dir damaln bang worden. Aber vor der Sünd fürchtst dich nicht, nur vor der Straf, und das is so gar dumm, denn die Sünd muß nicht sein, aber die Straf muß sein und is! Da verlaß dich drauf!»

«Gib Ruh!» wiederholte er. Seine Augen, die bisher die Tote scheu gemieden hatten, richteten sich flüchtig auf sie; ihm war, als runzle sie die Brauen. «Was ich g'fehlt hab, mach ich wieder gut», murmelte er.

«Meinst denn, das geht? 's geht nicht! B'sinn dich und dann sag, ob so was zum Gutmachen is. B'sinn dich, wie du mir in den Weg getreten bist droben im Wald auf dem einsamen Fußsteig ...» Sie beugte sich, sie suchte seinen Blick, der dem ihren auswich, festzuhalten. – «Abends is g'wesen und doch noch schwül zum Ersticken, und ich bin aus der Arbeit gegangen und war müd. Auf einmal stehst du da. Hast mir g'wiß aufgepaßt.»

«Nein!» unterbrach er sie, «das is mir bei Gott nit eing'fallen.»

«Du bist von einer Hochzeit gekommen und warst lustig und aufg'legt zu jeder Nixnutzigkeit und hast mich so freundlich ang'schaut und ang'redt wie dein Lebtag nicht.»

«Wirst mir das auch noch vorwerfen? Ich hab dich ang'schaut, weil ich mir denkt hab: So arm ang'legt, wie s' is, is schöner als andre im größten Putz.»

Sie schüttelte den Kopf: «Angetrunken wärst g'wesen, wenn du so was g'funden hättst. Du warst aber nicht angetrunken, und auch ich hab meine fünf Sinn beieinander g'habt und weiß heut noch jeden Gedanken, der mir damaln durch den Kopf gegangen is. Daß d' ja im Grund kein übler Bursch bist, daß ich dich nur noch nie drauf ang'schaut hab und daß d' auch nicht bös bist gegen wen andern, außer gegen mich. Allerhand, was ich dir angetan hab, hat mich g'reut. Sogar leid hast mir getan, weil ich schon als Kind g'lernt hab: Eher geht ein Kamel durch ein Nadelohr als ein Reicher durchs Himmelstor. Und wie du so gut und herzlich mit mir g'sprochen hast, ist mir ganz merkwürdig worden – völlig mit dir ausg'söhnt. Was liegt dran, wenn man als Kind noch soviel miteinander g'rauft hat, hab ich mich g'fragt. Später kann man doch gut werden. Wer weiß, vielleicht erst recht. So bin ich halt stehnblieben und hab dir zug'hört und mir erzählen lassen von der Hochzeit. Ein Reicher hat eine Arme g'heirat, sie haben einander gern gehabt und waren glücklich und froh. Und haben's nicht erwarten können, daß die Gäst fortgehn, damit sie allein bleiben und sich in die Arm fallen und küssen können nach Herzenslust, und hast mir zeigen wollen, wie. Im Spaß nur hast mir's zeigen wollen ... O Herr Jesus, das war ein Spaß ...! Was du wirklich im Sinn g'habt hast, bei Gott und der allerheiligsten Jungfrau Maria, is mir nicht eing'fallen. Wie hätt ich mir vorstellen sollen, daß du willst, was sich nur einer verlangt, der einen gern hat?»

«Ich hab dich auch gern g'habt, schon lang, schon immer, ich hab dir's nur nicht zeigen wollen, daß du dir nix einbildst», erwiderte er. «Du warst mir lieber, wenn du noch so fuchtig g'wesen bist, als die andern, wenn's mir schön g'tan haben.»

«Geh! Geh!» rief sie aus und ballte die Faust gegen ihn. «Damaln hast dich an mir versündigt, schrecklich, fürchterlich ... nicht zum Sagen! Just wie ich Vertrauen g'faßt hab, just wie ich g'meint hab: So arg bös is er doch nicht, bist über mich herg'fallen wie ein wildes Tier, daß ich mir nicht hab helfen können, mich nicht hab retten können vor dir und deiner Kraft, deiner verfluchten Kraft, Verfluchter!»

«Hör auf, hör auf!» murmelte er, sie ließ sich aber nicht unterbrechen: «Schandbub du, mit deiner Kraft! O Jesus! Daß eins sich wehren kann, wie ich mich g'wehrt hab, und doch

. . . Is das eine Gerechtigkeit? – Herr, mein Gott, für welche Sünd hast mich so g'straft? Warum hast du das zug'lassen?»

Georg wetzte auf seinem Platze hin und her, machte einen immer runderen Rücken und blickte zur Seite, indes sie fortfuhr: «Weißt noch, wie du mir am nächsten Tag wieder nachg'stiegen bist und auch später die ganze Zeit und wie ich mich hab einsperren müssen vor dir, wenn ich allein war im Haus? Und wie ich mein Unglück erkannt hab, weißt noch, wie ich da gekommen bin und dir's g'sagt hab und wie du mich ausg'lacht hast und mir ausg'wichen bist von dem Tag? Und wie ich mir am End keinen Rat mehr g'wußt und deinen Vater um Hilf ang'rufen hab, da hat er gleich ungläubig g'schmunzelt, und du hast alles g'leugnet mir ins G'sicht!»

Er griff sich an den Kopf: «Ich hab halt soviel Angst g'habt vor mein Vatern, er war gar streng.»

«Angst? Das gibt's, daß einer so eine Kraft hat und doch Angst? Aus Angst hat der Schandbub g'sagt: Ich weiß nix von ihr . . .!»

Sie preßte die Wange auf die Brust der Mutter: «Hörst du mich, ich schwör dir's, meine Hand liegt auf dei'm Kopf, mein G'sicht liegt auf dei'm Herzen. Ich bin ganz unschuldig g'wesen; du kannst auf mich herabschaun vom Himmel und brauchst dich nicht kränken. Tu's nur, schau auf mich herab. Jetzt kann ich zu dir sprechen und werd nicht einmal mehr rot. Wie du g'lebt hast, konnt ich nur sagen: 's is g'schehn, und der Georg hat's getan. – Mehr konnt ich nicht sagen, und du hast g'sehn, wie ich mich herunterkränk, und warst voll Angst, daß ich mir was antu, wenn d' viel fragst . . . Und der Vater, der . . .» Sie hob den Kopf, verbiß ein Schimpfwort und sprach mit bitterem Hohne: «Dem war's eher recht, er hat einmal einen ordentlichen Grund g'habt, mich durchzupeitschen, und is dann gar nimmer aus 'm Wirtshaus gekommen, wo er sich Trost g'holt hat für *mein* Unglück . . . *Mein* Unglück, das der da verschuldet hat . . . O Mutter!» brach sie leidenschaftlich aus. «Einmal, ein einziges Mal noch mach deine Augen auf und schau den an. Sieht er nicht aus wie 's böse

G'wissen? Nimm deine Verzeihung z'ruck und fluch ihm, wie er's verdient!»

Er bückte sich unwillkürlich unter der Verdammung, die sie auf ihn niederrief.

«Schweig einmal», sprach er. «Warum mußt mich so niederdonnern? Ich will alles gutmachen, wie g'sagt. Ich nehm dich. Ich hätt dich schon lang g'nommen, aber hatt's denn sein können? Ich hab warten müssen, bis dein Vater nimmer is. Wie der war, hätt er uns an den Bettelstab bracht. Dein Vater hat halt zu lang g'lebt.»

Ganz versunken in ihre Gedanken, hatte sie ihn reden lassen, ohne hinzuhören. Bei den letzten Worten wurde sie aufmerksam und nickte zustimmend: «Zu lang g'lebt, wie alle bösen Leut. *Dein* Vater, der hat's g'schwinder g'macht, der hat sich ganz stat wegg'stohlen, wie du das Alter g'habt hast, Herr zu sein im Haus. Oh!» begann sie nach kurzem Schweigen wieder, «nur ein paar Jahr früher, wenn der meine g'storben wär, wir hätten uns hinaufgebracht, meine Mutter und ich. Wir waren fleißige Arbeiterinnen, um uns is immer ein G'riß g'wesen. Aber Elend und Not und die letzte schwere Pfleg! An der is die Mutter zugrund gangen. Den ganzen Tag schaffen, die ganze Nacht wachen, das hat sie nicht ausg'halten.»

Georg räusperte sich so gewiß ablehnend und überlegen. «No ja, freili. Jetztunter aber sein s' beide tot, und ich nehm dich also. Der Herr Pfarrer verkündigt uns am nächsten Sonntag zum ersten Mal, und in drei Wochen hol ich dich zur Trauung. 's is höchste Zeit, daß d' fortkommst. Der Gersthofer, der den Krempel» – er sah sich geringschätzig um – «gekauft hat, kann's eh nit erwarten, daß er leer wird und daß er ihn niederreißen kann.»

«Ich weiß ohnehin», erwiderte sie. «Ich werd ihm auch nit lang zur Last fallen. Meinem Mutterl geb ich noch 's G'leit, wenn sie 's hinaustragen – dann geh ich; gleich vom Friedhof weg.»

Ein Geflunker und eine Drohung erschienen ihm diese Worte, und er brummte verdrießlich: «Such dir einen andern, den d' zum Narren halten kannst. Gehn wirst? Wohin denn? Hast keine Seel auf der Welt, hast nix und niemanden.»

«Da irrst. Zwei gute Freund hab ich – die da!» Stolz und selbstbewußt streckte sie ihre kräftigen Arme aus. «Solang mich die nicht verlassen, bin ich nicht verlassen. Bei uns kommt, Gott sei Dank, noch jeder durch, der nix will und verlangt als Arbeit.»

Er zuckte die Achseln: «Was wirst anfangen? In Taglohn gehn? Oder suchst dir en Dienst?»

«Hab schon einen. Heut nacht schlaf ich schon drüben in St. Egyden. Die Weberbäuerin, bei der ich im Sommer im Schnitt g'wesen bin, hat erst gestern wieder um mich g'schickt.»

«Und bei der stehst ein?»

«Bei der steh ich ein.»

«Ich gratulier!» rief Georg, «bei der wirst's gut haben.»

«Wie ich's schon einmal g'habt hab. Streng is sie, das is wahr. Was liegt mir dran? Ich bin selber streng, und grad deswegen haben wir uns so gut vertragen miteinander. Die Weberbäuerin is nur verschrien, wie heutzutag jedes, das verlangt, daß seine Dienstleut ihre Schuldigkeit tun.»

Georg hörte ihr aufmerksam zu. Was sie da sagte, gefiel ihm über die Maßen; er ging ja seit einiger Zeit ganz im stillen mit dem Gedanken um, einen Knecht aufzunehmen. Aber nicht nur, was sie sagte, sie selbst, das schöne, tüchtige, kreuzbrave Weib gefiel ihm, hatte ihm von jeher gefallen. Er hatte sie einmal gern, lieber als alle andern zusammen, die sich um seine Gunst bemühten; er war sich's nie so deutlich bewußt gewesen wie in diesem Augenblick, nie auch hatte ihre verächtlich herbe Art ihn so bitter beleidigt und gereizt. Aus diesem Aneinanderprallen widerstreitender Empfindungen entwickelte sich in ihm ein heißes, heftiges Verlangen nach dem Besitze der – doch wohl nur zum Schein – seiner Bewerbung Widerstrebenden.

«Mach ein End!» herrschte er sie an. «Dich zu bedanken hast, nix andres. Ich nehm dich, wie d' bist, Schulden wirst ja keine haben», fügte er vorsichtshalber bei, beruhigte sich aber selbst. «Und wenn auch, viel wird's nit austragn. Was kriegt denn ein Arm's z' leihn?»

«Hast recht», sprach sie. «Ob's aber jetzt ein Guldenzettel is oder ein Kreuzer, *dich* trifft's nicht; ich nehm *dich* nicht und nehm dein Geld nicht.»

«Du nimmst mich nicht? Für so dumm wirst mich doch nicht halten, daß ich dir das glaub!»

«Ich seh schon, du hast nit g'nug an mei'm einfachen Nein», erwiderte sie, wurde leichenblaß, und ihre Augen funkelten. Sie brachte die Worte anfangs entsetzlich mühsam hervor, dann sprach sie rasch und leise, mit gewaltig niedergehaltenem und dennoch aufloderndem Zorn, und warf dabei einen ehrfurchtsvollen, um Verzeihung bittenden Blick auf die Tote.

«Weißt was? Wie das Kind gekommen is, das arme, unglückselige, hab ich, trotz Schand und allem, eine Freud an ihm gehabt. Ich hab nix, hab ich mir gedacht, aber dich hab ich, und dir zulieb will ich leben und mich plagen, und meine Plag soll von jetzt an meine Freud sein. Und mit jedem Tag is meine Lieb zu dem armen Wurm g'wachsen und g'stiegen. Aber es hat schon zuviel g'litten g'habt, bevor's noch g'wußt hat, was leiden heißt. Eh 's Jahr um war, is 's g'storben . . . Da liegt mein Mutterl auf dem Schragen, mein altes, liebes Mutterl, mein ganzes Inwendige is nur eine Wunden, und doch sag ich – wie mein Kind g'storben is, war mir ärger, und ich hab Gott verklagt: Hast mir's gegeben gegen meinen Willen in Not und Verzweiflung, und jetzt, nachdem's mein einzigs Glück worden is, reißt mir's weg! Unbarmherzig hab ich ihn g'scholten, den Höchsten, vor dem ich heut auf die Knie fall und zu dem ich ruf: Barmherziger! Allgütiger, du weißt, was du tust! Sei gelobt und gepriesen . . .! Du hast mein Kind zu dir g'nommen, es ist ein Engel im Himmel, und ich darf – Gott sei Lob und Dank! –, ich darf zu dem Menschen dort sagen: Ich nehm dich nicht; lieber in die Höll als in dein schönes Haus!»

Georg starrte zu ihr hinüber, es lief ihm kalt über den Rükken. Sie saß vor ihm so ruhig wie aus Stein, und doch lebte alles an ihr. Ihre Brust hob und senkte sich, ihre Lippen glühten, es ging eine Macht von ihr aus, die ihn, den sie verwarf, unwiderstehlich anzog, ihn, den Starken, beugte, seinen Willen brach und seinen Hochmut überwand.

«Verschwör's nit!» rief er. «Schau, Annerl, grad deswegen, weil ich immer g'meint hab, heiraten wer'n wir doch einmal, hab ich g'meint, ich muß dir beizeiten den Herrn zeigen. Verzeih mir's, Annerl, und gib mir ein gutes Wort und sei wieder gut.»

«So? – So?» Sie riß die Augen auf und betrachtete ihn mit einem Staunen, wie wenn er das größte Wunder wäre.

«Wieder gut?» sprach sie kaum hörbar. «Nach all'm, was ich ihm g'sagt hab, sagt der Mensch: ‹Sei wieder gut!› Merkst denn nicht, daß ich nicht könnt, auch wenn ich wollt . . .? Verzeihn tu ich dir – in Gottes Namen. Ich bin ja fertig mit 'm Leben hier daheim; was vorbei is, is vorbei. Wie wenn eins die Tür von sei'm Haus absperrt, eh's in die Fremd geht, so mach ich's. Abg'sperrt! Aus is mit jeder Lieb und Freundschaft, und mit unserer Feindschaft auch. Du hast's g'hört, jetzt steh auf und geh.»

Georg stieß einen wilden Schrei aus. «Fangst schon wieder an mit dei'm ‹Geh› . . .! Sei g'scheit, ich rat dir's, sonst gibt's ein Unglück!»

«Droh du nur!» Sie zuckte verächtlich die Achseln. «Totg'macht werden bei der Leich meiner Mutter, das wär mir grad recht.»

Er griff sich in die Haare, stöhnte und schnaubte: «Ich hab dich aber lieb über alles! Ich wär glücklich, wenn ich dich hätt. Ich bitt dich, kniefällig bitt ich dich: Werd wieder gut und werd mein Weib!»

«Ich kann nicht», sprach sie. «Jeder Bissen, den ich aus einer Schüssel mit dir essen müßt, schwellet' mir im Mund; ich könnt nicht schnaufen neben dir, und vieltausendmal lieber sterben tät ich, als dulden, daß d' mir in die Näh kommst.»

«Wird sich schon geben, da is mir nit bang», erwiderte der Mann, und ein häßliches Lächeln bog seine Lippen.

Anna warf ihm einen Blick voll Verachtung und kühner

Herausforderung zu: «Sie haben Ohren und hören nicht, hat der Herr Pfarrer neulich gepredigt. So einer bist du. Geh! Wie oft soll ich's noch sagen? Geh!»

Georg sprang auf. Lichterloh flammte Wut ihm aus den Augen. Mit hocherhobenen Fäusten stürzte er auf die Närrin zu, die es wagte, ihn so zu reizen, und die jetzt, ohne ein Zucken, ohne einen Laut, seine drohende Gebärde mit einer kalt abwehrenden beantwortete.

Er ließ die Arme sinken. In ihm war ein schwerer Kampf, ein Auf- und Abwogen der widersprechendsten Gefühle. Plötzlich stürmten sie über ihn herein und ergriffen ihn alle mit der gleichen Kraft. Dicht neben dem Sarge war er stehengeblieben, sein Blick glitt unwillkürlich über die Tote. Ein Schauer durchrieselte ihn, aber er wandte die Augen nicht ab. Es war kein Bild des Schreckens, zu dem er niedersah, es war ein verklärtes Bild der Duldung und Versöhnung. Ein tiefes Rühren erwachte in ihm.

«Mutter Theres!» schrie er auf.

Alle seine Härte war verschwunden, zerschmolzen, sein ganzes starres Wesen in Fluß geraten. Wie niedergeworfen stürzte er auf seine Knie und rief die Tote an.

«Mutter Theres, bitt's für mich! Ihr seid's so gut g'wesen und habt's mir, was Ihr g'wußt habt, verziehn. Verzeiht's mir auch das andre. Ihr wißt's jetzt alles, Ihr wißt's auch, wie gern ich die Anna hab. Bitt's für mich, daß sie mich nimmt. Ein Totes kann sich melden, meldt Euch, Mutter Theres, gebt's ein Zeichen von Euch, daß sie weiß, 's is Euch recht, wenn sie mich nimmt.»

Er beugte sich über die Leiche, er horchte, er blickte mit unaussprechlicher Spannung in ihr stilles Angesicht. Aber das Zeichen, das er erflehte, blieb aus.

«Sie antwortet dir nicht», sprach Anna mit ernstem Triumphe. «Sie rührt sich nicht. Schau, wie sich's nicht rührt, mein armes Mutterl, horch zu, wie's still is, es weiß schon, was gut is für mich. Und jetzt . . .»

Sie hielt einen Augenblick inne, dann setzte sie gelassen hinzu: «Jetzt zwing mich nicht, daß ich noch einmal sagen muß, was du nicht hören willst. Ich möcht die letzten Stunden allein bleibn mit meinem Mutterl.»

Georg erhob sich langsam; er begriff endlich, daß alles aus und vorbei war.

Ein rasendes Schluchzen brach aus seiner Brust. Unsicher und fragend streckte er dem Weibe seine Rechte entgegen. Mit abgewandtem Gesichte legte sie die ihre hinein.

«B'hüt dich Gott», sagte er, und sie antwortete: «B'hüt dich Gott!» so unwiderruflich abschließend, mit einem solchen Ausdruck seliger Erlösung, daß dem hartnäckigen Werber der letzte Hoffnungsschimmer erlosch.

Er entschloß sich denn, er ging; sie hörte ihn über die Straße schreiten, die Tür des Gartengitters öffnen und ins Schloß werfen. Da atmete sie auf und stieß ein freudiges «So!» aus befreiter Brust hervor.

Der Nachtwächter war schlafen gegangen und hatte den Hunden die weitere Sorge für die Sicherheit des Dorfes überlassen. Fahl und kalt drang die Morgendämmerung durch die Fensterluke, die Kerze erlosch und mit ihr der rötliche Schimmer und der letzte Schein von Leben auf dem Gesichte der Entschlafenen. Anna blickte lange in die teueren Züge. Unauslöschlich sollte die Erinnerung an sie sich ihr einprägen.

«So, mein Mutterl, so, jetzt haben wir beide Frieden», flüsterte sie und küßte die Stirn der erlösten Dulderin und küßte die heiligen Hände, die nur geruht hatten, um sich zum Gebet zu falten oder um sich zum Segen auf das Haupt der Tochter zu legen.

Yasushi Inoue
Meine Mutter

Als Mutter achtzig wurde, kam mir der Gedanke, etwas über sie zu schreiben, und ich schilderte sie schließlich unter dem Titel «Unter den Blüten» – in einer literarischen Form, die weder Novelle noch Essay genannt werden kann. Seitdem sind unversehens fünf Jahre vergangen, und sie ist jetzt fünfundachtzig Jahre alt. Mein Vater, der mit achtzig starb, hat ein hohes Alter erreicht, aber Mutter übertrifft ihn jetzt um fünf Jahre und ist, da Vater 1958 starb, schon zehn Jahre lang Witwe.

Eigentlich müßte sie mit fünfundachtzig älter wirken als mit achtzig, doch ist das keineswegs der Fall. Ihre Gestalt macht zwar einen kleineren Eindruck, die Augen sehen etwas schlechter, und sie hört weniger gut, aber im übrigen haben ihre Körperkräfte nicht nachgelassen. Sie sieht blühend aus, erscheint sogar jünger als sonst, und wenn sie lacht, hat ihr Gesicht nichts von der üblichen Häßlichkeit des Alters, sondern etwas Heiteres, dem alle Bosheit fremd ist. Sieht man sie zu den in der Nähe wohnenden Verwandten trippeln, könnte man glauben, daß sie vergessen hat, älter zu werden. Ihre Schultern sind nicht steif, und sie erkältet sich selten. Von ihren Backenzähnen fehlen zwar einige, doch sie besitzt nur zwei künstliche Zähne, und das ist wohl die einzige Veränderung in den letzten Jahren. Mit einem Gebiß wird sie sich kaum mehr herumärgern müssen.

Keines ihrer vier Kinder darf wohl damit rechnen, später einmal wie sie ohne Brille die kleineren Schriftzeichen in der Zeitung lesen zu können. Und wenn wir uns darüber unterhalten, wie gesund und kräftig sie noch immer ist, schwingt von vornherein ein Seufzen mit.

«Ob sie wohl auch mit vierzig, fünfzig die steifen Schultern hatte?», fragte Kuwako einmal, die, allerdings etwas früh, solche Erfahrungen an sich selbst zu machen beginnt, aber keiner von uns wußte darauf zu antworten. Am Ende hätte einer gemeint, in ihren späten vierziger Jahren habe sie freilich recht steife Schultern gehabt, und ein anderer, mit erstaunter Miene, hätte entgegnet, sowas sei doch ganz normal. Schließlich fiel die Zeit, in der man Mutter dies hätte ansehen können, in die Jahre, als Vater bereits pensioniert war, die Eltern sich in ihr Heimatdorf auf der Izu-Halbinsel zurückgezogen hatten, und nur Vater hätte darüber berichten können. Wir Kinder wohnten ja, von den Eltern getrennt, in der Stadt, doch nun war Vater tot. Von der Zeit, wo für Mutter das hohe Alter einsetzte, wissen wir nichts, und es ist ja meistens so, daß Kinder im allgemeinen über ihre Eltern nichts sagen können.

Mutter war schon immer von kleiner Gestalt, aber seit Vaters Tod ist sie sichtbar abgemagert und noch kleiner geworden, daß man sich fragt, ob das überhaupt noch ein menschlicher Körper ist. Umarmt man Mutter, hat man das Gefühl, daß sie nicht mehr wiegt als ein paar Knochen. Sieht man sie irgendwo stehen oder sitzen, denkt man an die Schwerelosigkeit trockenen Laubs. Ich schrieb eben, ihr Körper sei kleiner geworden, doch muß ich den Eindruck bestürzender Hinfälligkeit hinzufügen. Es ist, als sei dieser Körper sozusagen an seinem Endpunkt angelangt.

Ich habe Mutter vor zwei Jahren einmal im Traum gesehen. Wo es war, weiß ich nicht. Der Ort sah wie die Straße vor unserem Haus in der Heimat aus. Mutter rief laut, es solle doch irgend jemand schnell kommen und ihr helfen. Mit beiden Händen um sich fuchtelnd, wehrte sie sich verzweifelt dagegen, vom Wind fortgeweht zu werden. Seitdem habe ich das Gefühl, der allzu leicht gewordene Körper meiner Mutter sei hinfällig, doch als ich dies einmal beiläufig Shigako gegenüber erwähnte, erwiderte diese:

«Wie einfach wäre es für mich, wenn Mutter nur eben hinfällig wäre, wie du sagst! Lebe du doch nur eine Woche, nein, nur drei Tage mit ihr zusammen, dann vergeht es dir, von Hinfälligkeit zu reden. Ich denke ernsthaft darüber nach, was ich für sie tun könnte. Vor lauter Traurigkeit möchte ich am liebsten mit ihr sterben.»

Wir schwiegen betroffen. Es tat mir leid, so unbedacht wie ein verantwortungsloser Dritter geredet zu haben, und ich sah mich genötigt, das Gesprächsthema zu wechseln, um meine Schwester nicht noch mehr aufzubringen. Shigako hat es auf sich genommen, die alternde Mutter zu betreuen. Da es ihre leibliche Mutter ist, mag dies nur zu natürlich erscheinen, und doch hat sie das schwerste Los gezogen, wenn sie als einzige von uns Geschwistern Tag für Tag mit Mutter auskommen muß.

Bis vor wenigen Jahren war allerdings Kuwako in ähnlicher Lage. Die größte Veränderung in Mutters Alter war, daß sie von Tôkyô, wo Kuwako wohnte, zu Shigako in das Heimathaus auf Izu umsiedelte. Indem sie von der jüngeren zur älteren Tochter zog, änderte sich der Schauplatz ihres Lebens entscheidend.

Eigentlich hätte ich als der Älteste oder mein Bruder Mutter aufnehmen müssen, aber es war ihr lieber, bei ihren Töchtern als im Hause ihrer Söhne zu wohnen, wo es die Schwiegertöchter gab. Obgleich sie bisher auf niemand Rücksicht hatte nehmen müssen, erklärte sie, sie möchte nun, da sie alt sei, sich nicht mehr beengt und unfrei fühlen, wie dies im Hause ihrer Söhne unvermeidlich war. Das klang für jedermann ein wenig boshaft und starrsinnig.

Vier Jahre hat Kuwako mit Mutter zusammengelebt. Mutters Alterserscheinungen zeigten sich zwei, drei Jahre, nachdem sie nach Tôkyô gezogen war, also seit ihrem 78. und 79. Lebensjahr, ziemlich ausgeprägt. Es war dies aber nichts Alarmierendes, doch ihre Temperamentsausbrüche wurden immer heftiger, so daß niemand darauf kam, daß ein Teil ihres Gehirns schon beschädigt war. Erste Anzeichen waren bereits kurz vor und nach Vaters Tod festzustellen gewesen.

Die bedenkliche Entwicklung von Mutters Zustand fiel uns zum ersten Male auf, als sie das, was sie eben gesagt hatte, auf der Stelle vergaß und immer erneut wiederholte. Und wir wußten auch, daß wir auf keinerlei Einsicht ihrerseits hoffen konnten. Es war zwecklos, ihr etwa entgegenzuhalten: «Ach, Mutter, das hast du doch eben mehrere Male hintereinander schon gesagt!»

Sie war fest überzeugt, daß das nicht stimmen konnte, und war sie bei klarem Verstand, setzte sie bestenfalls eine zweifelnde Miene auf. Da sie das, was wir ihr sagten, nur für einen Augenblick aufnahm und sofort wieder vergaß, berührten unsere Worte ihren Geist nur flüchtig und ließen in ihrem Herzen keinerlei Spuren zurück. Sie wiederholte nur ständig die gleichen Worte. Es war, als drehte sich eine gesprungene Schallplatte, die unaufhörlich dieselben Worte ertönen ließ. Zunächst glaubten wir, es handle sich um puren Eigensinn unserer Mutter, aber dann begriffen wir. Nur was ihr Herz ansprach, ritzte sich in diese Platte, und dann drehte sich diese Scheibe mechanisch immer weiter. Was auf der Platte und aus welchem Grunde eingeritzt war, verstanden wir damals nicht. Gelegentlich geschah dies nur in bestimmten Zeitabständen, dann und wann aber wiederholte sie dieselben Worte ganze Tage hindurch und unzählige Male. Aus irgendeinem Grunde hatte sie aber dann das, was auf der Platte stand, völlig vergessen. Das war nicht anders zu erklären, als daß dies auf der Platte gelöscht worden war. Manchmal war es schon nach wenigen Stunden verschwunden, hin und wieder dauerte das zehn, ja zwanzig Tage.

Bei dem, was Mutter auf diese Weise immerfort wiederholte, handelte es sich um Dinge, die sich infolge eines deutlich erkennbaren Ereignisses neu in diese Platte ritzten sowie um alte Geschichten, die sich schon seit Jahren darauf befanden. Unter den vielen Erinnerungen aus ihrer Jugend besaßen nur wenige eine solche, für niemanden von uns erkennbare Eigenart, doch sie waren jedenfalls so tief eingeritzt, daß sie keinesfalls gelöscht werden konnten. Sie warteten gewissermaßen geduldig auf ihre Zeit und traten dann in einem gar nicht so überraschenden Augenblick hervor. Wenn Mutter so etwas erzählte, gewann man den Eindruck, als würde sie sich ganz plötzlich entsinnen und sie mit in die Ferne gerichteten Augen aus dem schon recht dünn gewordenen Erinnerungsgeflecht hervorholen. Es handelte sich in diesem Fall immer um eine besonders starke und lebendige Empfindung, und Mutter war davon überzeugt, daß sie sich dieser Geschichte zum ersten Mal entsann. Wer solche Geschichten immer wieder zu hören bekam, wurde ihrer überdrüssig, wer sie aber zum ersten Male vernahm, fand nichts Wunderliches dabei. Erst wenn ihm diese Geschichten nach wenigen Minuten als etwas ganz Neues aufgetischt wurden, bemerkte er, daß Mutters Geist nicht mehr ganz intakt war.

Empfing Mutter Besuch, fiel diesem zunächst nichts Absonderliches auf, wenn er nur kurz blieb. Sie führte die Unterhaltung völlig normal, und sie redete nichts Ungewöhnliches. Hier erwies sich ihr früh erworbenes gesellschaftliches Geschick. Entweder stimmte sie ihrem Gesprächspartner mit interessierter Miene zu, oder sie erzählte auf eine so persönliche und einnehmende Art, daß sich der Besuch ihr menschlich nahe fühlte. Nur wenn sie lange redete, konnte keinem entgehen, wie senil sie schon war. Ihre eigenen Worte und auch die ihres Partners besaßen nur ein wenige Augenblicke währendes Leben. Gleich darauf hatte sie alles vergessen.

Es war nur allzu verständlich, daß Kuwako, die mit Mutter zusammenlebte, hin und wieder ihrer schmerzlichen Bedrängnis Ausdruck gab. Wenn sie zu uns kam, seufzte sie: «Sie wäre eine so liebe Mutter, wenn sie nur nicht ständig das gleiche wiederholte! Antworte ich ihr, muß ich immer die gleiche Antwort geben. Antworte ich nicht, wird sie zornig und glaubt, ich wolle mich über sie lustig machen. Was in ihrem Geist zerstört und was noch heil ist, vermischt sich miteinander. Oft ist sie in ihren Bemerkungen so schrecklich boshaft, daß man sich nur wundern kann!»

Kuwako wünschte sich sehnlichst, irgendwann einmal auch nur einen Tag nicht mit ihr verbringen zu müssen, und ich konnte ihr das nachfühlen.

Hin und wieder wurde Mutter zu uns geschickt, damit sich Kuwako ein wenig erholen konnte. Da ohne Angabe eines zwingenden Grundes Mutter aber nicht bereit gewesen wäre, zu mir zu kommen, übernahm es mein Bruder, sie zu überreden. Entschloß sie sich dann, erwies sie sich unerwartet verständnisvoll. Sie brachte einen Koffer mit Kleidung mit, um eine Woche oder vierzehn Tage zu bleiben, aber kaum war sie bei uns, pflegte sie davon zu reden, bald zurückkehren zu wollen. Es machte sie unruhig, in einem ungewohnten Raum zu schlafen, sie sorgte sich Kuwakos wegen, und bereits nach einer Nacht fühlte sie sich leicht gereizt. Dennoch schien sie sich Zurückhaltung aufzuerlegen, aber nach ein paar weiteren Nächten waren ihre Gedanken so voller Sehnsucht bei Kuwako, daß sie mir leid tat. Während sie bei uns wohnte, ging sie oft in den Garten und jätete Unkraut, sie räumte die Zimmer auf oder brachte für meine Gäste manchmal Tee. Sobald sie entgegen ihrer Veranlagung, sich möglichst viel zu bewegen, einmal stillhielt, war sie unzufrieden. Wo auch immer sie gerade war, sie wollte, wenn an der Haustür geklingelt wurde oder das Telefon läutete, sofort hineilen, wurde aber von uns daran gehindert. Manchmal gelang es ihr trotzdem, nach dem Telefonhörer zu greifen, und wir hörten sie sehr liebenswürdig hineinsprechen, doch kaum hatte sie aufgelegt, war ihr alles entfallen, und sie sah verlegen drein. Da vormittags ihr Geist ausgeruht war, behielt sie das Gespräch verhältnismäßig gut, doch bei Telefonaten am Nachmittag war es fast hoffnungslos.

Wenn Mutter in unserem Haus war, versammelten sich gegen Abend ihre Enkelkinder um sie. Mir und meiner Frau gegenüber war sie ein wenig befangen, aber von ihren Enkelkindern umringt zu werden, bereitete ihr Freude. Sah man ihnen so zu, erweckten alle einen sehr glücklichen Eindruck. Und die alte Schallplatte in Mutters Kopf mit der Geschichte von den beiden Brüdern Shumma und Takenori, von denen ich bereits in «Unter den Blüten» berichtete, drehte sich unaufhörlich, sobald sie inmitten ihrer Enkelkinder saß. Mir und auch Kuwako gegenüber erwähnte sie nichts davon, doch ihren Enkelkindern erzählte sie diese Geschichte jeden Abend, ja sogar mehrere Male an einem Abend. Stets wollte sie als erste die Sprache darauf bringen, doch manchmal kamen ihr die Enkel zuvor, oder sie verwechselten absichtlich die beiden Brüder.

Ich verbot den Kindern, Mutter damit aufzuziehen, aber sie korrigierte sie nur oder stritt sich ein bißchen mit ihnen, im Grunde bereitete es ihr Vergnügen, und sie war den Kindern nicht böse, weil sie in ihren jungen Zuhörern eben nur Kinder sah. Die Enkel vermuteten in Shumma den einstigen Verlobten ihrer Großmutter, und irgendwann waren sie sogar davon überzeugt und schließlich erschien auch mir dies recht wahrscheinlich. Der ältere der beiden, Shumma, trug den gleichen Familiennamen wie ich, aber selbst wenn er kein Verlobter von Mutter gewesen war, wurde sie vielleicht in dem Glauben aufgezogen, daß sie ihn eines Tages heiraten würde. Und läßt man der Phantasie freien Lauf, so nahm nach Shummas Tod vielleicht sein jüngerer Bruder, Takenori, dessen Platz ein. Aber da auch er bald darauf starb, war die Vermutung nicht von der Hand zu weisen, daß unser Vater von dieser Familie als sein Nachfolger adoptiert worden war. So gesehen, sagte die gesprungene Platte viel über Mutter aus. Sobald sie von diesen hochbegabten jungen Leuten sprach, erschien uns ihr Gesicht verändert.

Über Vater verlor Mutter fast kein einziges Wort. Kurz nach seinem Tod sprach sie zwar, wie dies Witwen eben tun, ziemlich häufig von ihm, und es gab auch Dinge, die dies unvermeidbar machten, aber danach begann irgend etwas in ihrem Geist zu zerbrechen, und sie erwähnte ihn nicht mehr. Ich kann mir das nicht anders erklären, als damit, daß die Schallplatte, in die ihr Zusammenleben eingeritzt gewesen, verlorenging oder eine solche Platte von Anfang an nicht aufgenommen worden war.

Noch etwas anderes bemerkten wir an Mutter, als sie in Tôkyô bei Kuwako wohnte. Sie begann ihr langes Dasein in gegenläufigem Sinn auszulöschen, also nacheinander die siebziger, sechziger, fünfziger Jahre ihres Lebens. Sie erzählte von diesen Jahren schließlich kaum noch. Nur vormittags, wenn ihr Geist ausgeruht war, erinnerte sie sich dieser verhältnismäßig kurz zurückliegenden Zeiten und erwähnte dieses und jenes daraus, aber nachmittags sprach sie nie davon, es waren diese Jahre in ihrem Kopf einfach nicht mehr vorhanden. Begannen wir unsererseits davon zu reden, äußerte sie höchstens: «Oh, war das wirklich so?» Dabei neigte sie den Kopf nachdenklich zur Seite, und man hatte den Eindruck, daß sie vielleicht erkannte, senil geworden zu sein. Aber das stimmte nicht. Vielmehr waren diese Ereignisse aus ihrem Gehirn spurlos verschwunden oder waren gerade dabei zu verschwinden.

Auf diese Weise ließe es sich vielleicht erklären, daß sie nie mehr von Vater sprach und nur noch von ihrer Jugendzeit erzählte.

In «Unter den Blüten» habe ich Mutter aus dieser Zeit geschildert. Im Sommer ihres achtzigsten Lebensjahres verließ sie Tôkyô und kehrte in die Heimat zurück. Die Zeitungen berichteten ausführlich über die skandalös verschmutzte Luft in Tôkyô, und da in der Nähe von Kuwakos Haus der Autostrom immer stärker wurde, konnten wir unsere alte Mutter unmöglich länger in Tôkyô wohnen lassen. Da Shigakos Mann in der Heimat gerade einen Verwaltungsposten erhalten hatte und sie in unserem alten Hause wohnten, war es naheliegend, Mutter dort unterzubringen. Kuwako, von der jahrelangen Pflege erschöpft, fühlte sich geradezu befreit, und Shigako fand es nur recht und billig, nun ihrerseits für den Lebensabend ihrer alten Mutter zu sorgen. Für diese war ein Leben in der Heimat, wo sie viele Bekannte hatte, natürlich viel angenehmer als in Tôkyô.

An dem Tage, den wir für Mutters Abreise vorgesehen hatten, regnete es stark. Mutter war schon am Vorabend zu uns gekommen, um von hier aus abzufahren. Wir versuchten sie zu überreden, die Reise wegen des heftigen Regenfalls wenigstens einen Tag zu verschieben, doch damit war sie nicht einverstanden. Gleichwohl schien sie sich um Kuwako und deren Haus, in dem sie bisher gewohnt hatte, Gedanken zu machen und fragte, bis sie in den Wagen stieg, Kuwako immer wieder besorgt, ob sie ihr Haus abgeschlossen habe. Kuwako schalt Mutter ungeduldig. Immer wenn jemand mit ihr schimpfte, war Mutter schüchtern wie ein Mädchen. Daß sie nicht wie sonst oft zornig wurde, lag wohl an der Freude, endlich in ihre Heimat zurückzukehren.

In Tôkyô hatte sie sich in letzter Zeit hin und wieder erkältet, sie litt unter Schwindelanfällen, mußte sich ein paar Tage zu Bett legen, und wir hatten den Eindruck, daß sich eben doch ihr hohes Alter auswirkte, aber kaum war sie in ihrer Heimat angelangt, war das alles vorbei. Es war fast nicht zu glauben, wie gesund sie aussah, und sie bewegte sich so aktiv, daß sie nicht einen Augenblick stillzuhalten schien. Auch bei feierlichen Gelegenheiten zeigte sie sich gern und brachte uns damit oft in nicht geringe Schwierigkeiten. Wir gaben ihr zu verstehen, eine alte Frau von über achtzig Jahren sollte nicht soviel in der Öffentlichkeit auftreten, aber davon wollte sie nichts wissen. Erhielt sie ein Rundschreiben von der Dorfgruppe, so rannte sie damit sofort in die Nachbarhäuser. Nie ging sie langsam. Zweifellos veranlaßte sie dazu der Gedanke, daß hier eine wichtige Aufgabe zu erfüllen sei, aber der entscheidende Grund war wohl, daß es ihrem körperlichen Rhythmus besser entsprach, wenn sie mit kleinen schnellen Schritten lief als wenn sie gemächlich einhertrottete. Sie fühlte sich zweifellos dabei wohler. Fragte man sie nachher, was denn in diesem Rundschreiben gestanden habe, hatte sie es vergessen, und irgend jemand von uns mußte in eines der Nachbarhäuser laufen, um sich zu erkundigen. So war das doppelte Mühe.

Mutter war gesund und fast nie müde. Jedenfalls sah es für uns so aus. Tranken wir im Nebenzimmer Tee, setzte sie sich mit ihrer kleinen Gestalt zu uns, doch ihre Augen blickten unverwandt in den Garten hinaus. Sah sie dann etwa einen Hund in den Garten laufen, wollte sie gleich aufspringen und ebenso, wenn sie beobachtete, wie ein Blatt von irgendeinem Baum herabfiel. Sie konnte es einfach nicht über sich bringen, ruhig stillzusitzen. Unzählige Male ging sie tagsüber mit Harke und Schaufel in den Garten und erlaubte nicht, daß auch nur ein einziges Blatt auf dem Rasen lag. An kalten Wintertagen versuchten wir, Mutter davon abzuhalten, in den Garten hinauszugehen, doch konnten wir nicht den ganzen Tag auf sie aufpassen. Wenn dann ihre kleine Gestalt in einer Ecke des Gartens stand, wo sich das Moos durch die Eisnadeln gehoben hatte, sah sie aus, als fröstelte sie, aber wohl weil sie abgehärtet war, erkältete sie sich nie.

In dem Jahr nach ihrer Rückkehr in die Heimat schien sich ihr Gedächtnis ein wenig erholt zu haben, aber vom nächsten Jahr an fiel sie in ihren früheren Zustand zurück, ja, es wurde noch schlimmer. Sie wiederholte die gleichen Dinge noch häufiger als früher. Kam ich zu ihr, fragte sie mich stets dasselbe, etwa ob mein Zug überfüllt gewesen sei oder ähnliches. Das wiederholte sie ständig, und ich empfand es als irritierend und schmerzlich, daß sie außerstande war, ihre Gedanken auf irgend etwas anderes zu richten. Ob es in meinem Zugabteil beschwerlich gewesen sei, das war die Frage, die sie nach meiner Ankunft besonders interessierte. Da dies offenbar in ihre lädierte Schallplatte eingeritzt war, mußte es unweigerlich eine Zeitlang wiederholt werden. Wollte ich nach Tôkyô zurückkehren, war es kaum anders. Sobald sie erfuhr, ich würde abfahren, ritzte sich irgend etwas, was meine Abreise betraf, in ihre Platte ein, und das wiederholte sie so lange, bis ich mich verabschiedet hatte und vor dem Gartentor stand.

Aus diesem Grunde gaben wir ihr möglichst lange keinen Bescheid. So mußte sie glauben, ich führe unerwartet ab. Meine Besuche bei ihr wie meine Rückkehr nach Tôkyô stellten für sie unvorhersehbare Ereignisse dar.

Shigako klagte uns Geschwistern, wenn eines von uns erschien, jedesmal ihr Leid, ähnlich wie dies früher Kuwako in Tôkyô getan hatte.

Nachdem Shigako zwei Jahre lang Mutter bei sich wohnen hatte, wirkte sie auf uns maßlos erschöpft, und es fiel uns zudem auf, wie mager sie geworden war. Natürlich mochten auch die Wechseljahre an ihren gesundheitlichen Beschwerden schuld sein, aber vor allem belastete sie die immer schwierigere Sorge für Mutter. Diese lief den ganzen Tag hinter ihr her. Ging Shigako in die Küche, folgte ihr unweigerlich auch Mutter, empfing Shigako im Flur einen Gast, begab sich auch Mutter dorthin. Es war, wie wenn ein Kind sich immerzu an den Rockzipfel seiner Mutter hängt. Solange Mutter in Shigakos Nähe war, konnte Shigako innerlich keine Ruhe finden.

Sah Shigako aber Mutter plötzlich nicht mehr, mußte sie überall umherlaufen und sie suchen. War Mutter im Hause nirgends auffindbar, eilte Shigako zur Hintertür und dann nach vorn zum Flur. Das Grundstück war siebenhundert Tsubo groß, der Garten riesig. Das war Shigakos ständige Klage.

Außer Sadayo, die Mutter auch bei Kuwako in Tôkyô bedient hatte, war nun noch eine im vorigen Jahr verwitwete Tante da. Hilfe also genug. Aber die Atmosphäre ließ einen irgendwie in diesem Hause nicht zur Ruhe kommen, wer es betrat, fühlte sich bald bedrückt.

«Ach, Mutter», seufzte Shigako oft, «ich habe dich schon verstanden! X-mal habe ich das jetzt von dir gehört!»

Nun, bei Shigako ließ sich Mutter das im allgemeinen schon gefallen, sobald aber Sadayo oder die Tante es versuchten, geriet sie in Zorn. Zwar verrauchte ihr Ärger schnell und sie hatte dann alles vergessen, doch vorübergehend war sie sehr wütend. Bei ihren eigenen Kindern fand sie das nicht so schlimm, doch von Dritten mochte sie es nicht hören. Sie rief dann in giftigem Ton etwa: «So jemand wie dich gibt es nicht noch einmal!» oder «Du bist scheußlich!» Solche extremen Worte gebrauchte sie unbekümmert, und das beunruhigte uns. In diesen Augenblicken kam etwas zum Vorschein, was mit Senilität nichts zu tun hatte, es war die Tochter aus wohlhabendem Hause, die von Kindheit an ihren Willen hatte durchsetzen können. Das Gesicht meiner Mutter mit dem heftigen Temperament ihrer Jugend tauchte unverändert vor mir auf, wie ich es aus meiner Kindheit noch im Gedächtnis hatte. Solange Mutter nicht zornig oder sonstwie erregt war, sah sie, während sie die gleiche Geschichte unaufhörlich wiederholte, sehr sanft aus. Lachten die anderen, merkte sie es entweder nicht, oder sie stimmte in ihr Lachen fröhlich mit ein. Sie wirkte dabei wie ein junges, unschuldiges Mädchen. Immer wenn ich Mutter besuchte, erkannte ich diese ihre beiden Gesichter.

In den zwei, drei Jahren nach ihrer Rückkehr in die Heimat löschte sie offenbar die siebziger, sechziger, fünfziger und auch vierziger Jahre radikal aus dem Gedächtnis. Man hatte das Gefühl, daß immer mehr von ihrer Vergangenheit verlorenging. An die Zeit, in der sie anfing zu altern, sowie an ihre mittleren Jahre erinnerte sie sich niemals allein, und sie erzählte auch nie davon. Versuchten wir unsererseits ihre Erinnerung an diese Zeit wachzurufen, war das meist vergebliche Mühe.

«Ah, so war das?» war dann ihre Reaktion, als hätte sie sich ein ganz klein wenig erinnert, aber in Wahrheit wußte sie nichts mehr davon. Sagte jemand von uns zu ihr:

«Das ist ja schlimm mit dir, Mutter!» erwiderte sie manchmal lachend:

«Ja, vielleicht hast du recht. Ich bin wohl schon senil geworden!», und damit verblüffte sie uns. Sie sagte zwar selbst, sie sei alt und kindisch geworden, aber das hieß nicht, daß sie das zugegeben oder selbst erkannt hätte. Vielmehr schien sie denjenigen, die ihr so peinlich zusetzten, damit bedeuten zu wollen: ‹Wenn ich euch so antworte, seid ihr wohl zufrieden, wie? Na ja, ich will euch den Gefallen tun. Dann will ich immer so reden, wie ihr es euch wünscht.›

Ein solch leiser Widerstand war aus ihren sanft klingenden Worten herauszuhören.

Mutter hatte mit ihrem Mann, einem Militärarzt, je ein paar Jahre in Tôkyô, Kanazawa, Hirosaki und Taipeh gelebt, aber das alles schien sie vergessen zu haben. Weil sie sich nicht daran erinnern konnte, bedeutete das praktisch, daß sie diese Jahre aus ihrem Gedächtnis gelöscht hatte. Ganz selten sagte sie, während sie uns bei einer Unterhaltung über frühere Zeiten halb zuhörte: «Ja, wenn ihr das so sagt, fällt mir vage etwas ein. Ich war also damals dort ... Aber wann war das eigentlich?»

In ihrem Gesicht war, für alle erkennbar, ein unschuldiges Erstaunen zu lesen. Sie drang offenbar für einen Augenblick in ihre Vergangenheit ein und zuckte dann, als blickte sie in einen Abgrund, unwillkürlich davor zurück. Sie machte ein geheimnisvolles Gesicht, senkte ihren Kopf ein wenig und sah aus, als dächte sie angestrengt über irgend etwas nach. Aber das dauerte nur sehr kurz und dann verschwand dieser Ausdruck aus ihrem Gesicht. Entweder war es allzu mühsam für sie, sich an Vergangenes zu erinnern, oder es war Resignation, daß sie es doch nicht geschafft hatte.

So verlor Mutter ihre Vergangenheit von ihren siebziger bis zu den vierziger Jahren, aber was da verschwand, wurde nicht etwa in schwarze Finsternis getaucht. Es schien eher von Nebel eingehüllt zu sein, wobei dieser Nebel einmal dick und einmal weniger dick war, und manchmal schimmerte durch die Nebellücken ein winziges Bruchstück jener verlorengegangenen Wirklichkeit. Der Unterschied zwischen der Situation unserer Mutter, wie sie in Tôkyô und wie sie nach ihrer Rückkehr in ihre Heimat war, entsprach vielleicht der wechselnden Dichte der nebligen Umhüllung. Der Nebel, der Mutters Vergangenheit gleichsam begrub, wurde nunmehr immer dichter und breitete sich ständig weiter aus.

Wir Kinder interpretierten die Tatsache, daß Mutters Vergangenheit gleichsam ausgetilgt wurde, so, daß sie sich langsam ihrer Kindheit näherte. Der alternde Mensch kehrt, heißt es, allmählich in seine Kindheit zurück. Und tatsächlich machte Mutter auf uns diesen Eindruck.

Es war meine Frau, die zum ersten Mal davon sprach. Mutter wohnte damals noch in Tôkyô. Die Mutter meiner Frau starb mit vierundachtzig Jahren, aber war, anders als meine Mutter, erstaunlich lang bei klarem Verstand geblieben. Erst ein halbes Jahr vor ihrem Tode verlor sie schlagartig ihr Gedächtnis und kehrte gleichzeitig ungeheuer schnell in die Kindheit zurück. Sie rief mit fast schmeichelnd und bittend klingender Stimme den Namen ihrer älteren Schwester, von der sie aufgezogen worden war, und wenige Tage vor ihrem Tode rundete sie die Lippen, als wollte sie an der Brust saugen, steckte den Daumen in den Mund und begann daran zu lutschen.

«Letzten Endes ist es dasselbe», meinte meine Frau. «Meine Mutter kehrte unheimlich rasch und plötzlich in ihre Kindheit zurück, bei deiner Mutter schreitet dieser Prozeß nur eben langsamer voran. Es dauert bei ihr vielleicht noch zwei Jahre, bis sie ein Baby ist.»

Ich hörte mir das etwas ungläubig an, doch nachdem Mutter in ihre Heimat zurückgekehrt war, sammelten wir Geschwister unwillkürlich ähnliche Vorfälle aus unserer Umgebung. Dank Mutter mußten wir uns für alte Menschen interessieren, gleichgültig, um wen es sich dabei handelte.

Einmal erzählten wir uns in unserem Heimathaus, was wir in Erfahrung gebracht hatten.

Mein Bruder berichtete, in einem Dorf bei Numazu habe eine achtundachtzigjährige Frau ein paar Jahre vor ihrem Tod mit dem Gummiball gespielt. Und er hielt es nicht für unmöglich, daß unsere Mutter bald mit Murmeln spielte. Kuwako berichtete, was sie in ihrem Schönheitssalon gehört hatte. Eine über Achtzigjährige konnte es einige Zeit vor ihrem Tod nicht erwarten, daß Essenszeit war, sie drückte beide Hände auf die Augen und schluchzte. Solche Fälle kamen offenbar häufig vor, meist handelte es sich um alte Frauen, gelegentlich aber auch um alte Männer. Der Vater einer meiner Bekannten, der in einem Zeitschriftenverlag arbeitete, erzählte, sein achtzigjähriger Vater habe sich in ein kleines Kind verwandelt, plötzlich seinen Kimono in ein Furoshiki-Tuch gewickelt und Anstalten getroffen fortzugehen. Als seine Familie ihn dabei entdeckte und fragte, wohin er denn wolle, lautete seine Antwort, er gehe nach Hause zurück. Der alte Mann war in seiner Jugend adoptiert worden und wollte nun in sein Elternhaus im Nachbardorf zurück. Diese Geschichte hat irgendwie etwas Ernüchterndes und läßt einen über das Leben ein wenig anders als üblich denken.

«Diese Leute sind», sagte Shigako, «plötzlich wieder Kinder geworden, aber ich glaube, daß Mutter noch nicht das junge Mädchen geworden ist, das sie einmal war. Hin und wieder scheint sie dreißig Jahre alt zu sein. Sobald sie von Shumma erzählt, denkt man, sie sei zehn Jahre, doch meist ist sie dreißig, denn aus dieser Zeit berichtet sie besonders häufig.»

»Als Mutter in Tôkyô wohnte», sagte Kuwako, «erzählte sie am meisten, was sie mit dreißig erlebt hat. Wenn sie das auch jetzt noch tut, müßte man eigentlich annehmen, daß sie bei ihren dreißiger Jahren stehengeblieben ist. Es wird noch sehr lange dauern, bis sie ein Baby ist.»

Und dann unterhielten wir uns, wie es wohl wäre, wenn sie von ihrem dreißigsten wenigstens in ihr zwanzigstes Lebensjahr zurückging und dabei stehenblieb. Oder auch, daß es den jetzigen Zustand nicht gäbe, wenn sie sich bis in ihr fünfzehntes, sechzehntes Lebensjahr zurückentwickelt hätte.

Schließlich äußerte auch Akio, Shigakos Mann, der ja Tag um Tag mit seiner Schwiegermutter im selben Haus zubrachte, seine Meinung.

«Ich weiß nicht, bei welchem Alter Mutter stehenbleibt, aber es handelt sich ja um Veränderungen, die sich nicht von den Lebensjahren her kalkulieren lassen. Fest steht allein, daß sich Mutter außerordentlich verändert hat. Sie ist der Außenwelt gegenüber erschreckend gleichgültig geworden. Man kann natürlich nichts dagegen tun, daß sie die Menschen nicht mehr auseinanderhält, aber sie zeigt an niemandem, der uns als Gast besucht, irgendein Interesse. Das war früher anders. Sobald sie jetzt ein Mädchen sieht, fragt sie, gleichgültig um wen es sich handelt, ob es schon verheiratet sei. Ist es das, fragte sie bestimmt weiter, ob es Kinder habe. Bei Frauen interessiert sie sich nur für die Heirat und das Kindergebären. Im übrigen ist ihr Interesse auf Kondolenzgeschenke, also auf den Tod, beschränkt. Sobald sie hört, jemand sei gestorben, holt sie das Büchlein hervor, in dem die bisher erhaltenen Kondolenzgeschenke notiert sind. Sie zeigt sich überhaupt nicht traurig, wenn jemand gestorben ist, ihr geht es nur um die dann fällig gewordenen Kondolenzgeschenke.»

Es war in der Tat so, wie Akio sagte. Mutter hatte schon in ihrer Tôkyô-Zeit angefangen, sich eifrig mit der Rückzahlung der Kondolenzgeschenke zu beschäftigen. Neuerdings aber war das immer ausgeprägter geworden, das Ganze hatte fast geschäftlichen Charakter angenommen. Hörte Mutter, es sei jemand schwer erkrankt, stand es für sie sofort fest, daß dieser Mensch bald stirbt, sie zog ihr Büchlein über die Kondolenzgeschenke hervor, um festzustellen, was zurückzuzahlen ist. Da sie die Höhe der Summe aber gleich wieder vergißt, muß sie sich immer erneut vergewissern, und selbst falls sie die Summe genau im Kopf behält, ist doch der Geldwert von damals und heute verschieden, und weil sie nicht entsprechend umrechnen kann, ist es sinnlos, in dem Büchlein nachzuschlagen. Doch sie fühlt sich erleichtert, wenn sie das tut.

«Kondolenzgeschenke empfangen und die erhaltenen Summen wieder zurückgeben», erklärte Akio weiter, «ist in unserer Leih- und Borg-Gesellschaft heute wohl von grundlegender Wichtigkeit. Irgendwie liegt zwar etwas Unheilvolles darin, doch ich finde es trotzdem in Ordnung. Die Menschen werden geboren, sie zeugen und gebären Kinder und sterben schließlich. Daran ist nicht zu rütteln. Bringt man das Leben auf eine kurze Formel, so lautet sie so. Das hat nichts mit dem dreißigsten Lebensjahr zu tun und auch nichts damit, daß alte Leute wieder zu Kindern werden. Was ist das Leben denn schon? Was eigentlich?»

Als wir das hörten, fanden wir es schwer, darauf zu erwidern. Natürlich beurteilen Kinder die Mutter etwas milder, aber bei Akio, dem Schwiegersohn, hatte man das Gefühl, daß er das, worauf es ankam, in aller Klarheit erkannte. Er beobachtete kühl und präzise, wie sich eine alte, senil gewordene Frau verhielt. Seine Worte versetzten mich in eine Stimmung, in der ich den Altersverfall meiner Mutter neu überdenken wollte. «Was ist das Leben denn schon? Was eigentlich?» hatte er gesagt. Nun stellte ich mir gleichfalls diese Frage. Wir betrachteten den Geist meiner Mutter gewissermaßen als einen Ort, an dem sich die gesprungene Schallplatte sinnlos immer weiterdrehte, aber vielleicht gab es da irgendwo auch einen kleinen Ventilator, durch den die für Mutter unnötigen, fremden Elemente nach und nach ausgestoßen wurden. Dachte man so und sah man Mutter in einem solchen Licht, erschien ihr Gesicht tatsächlich etwas verändert. Es sah aus, als wollte sie sagen: ‹Ich schwatze eben immer aufs neue, was für mich wichtig ist. Es steht mir doch frei, das beliebig oft zu wiederholen, oder nicht? Ihr redet immer davon, daß ich alles sofort vergesse, aber ich vergesse nur das, was für mich bedeutungslos ist! Gibt es denn etwas, was ich unbedingt behalten müßte?

Ich bin mit eurem Vater nach Taipeh, nach Kanazawa, nach Hirosaki gezogen, aber so schön war das nicht für mich. Daher habe ich es vergessen. Ich habe auch euren Vater vergessen. Na ja, es gab hin und wieder natürlich auch glückliche Zeiten, da wir ja verheiratet waren. Aber Freude wie Leid sind nur wie Schaumblasen in dieser Welt. Nichts ist zu schade, um vergessen zu werden. Ihr braucht nicht so überlegen zu schreien, ich hätte schon wieder dies und dies vergessen! Ich weiß nicht, wie das bei Männern ist, für Frauen sind Heirat und Kindergebären jedenfalls die wichtigsten Ereignisse in ihrem Leben. Aus diesem Grunde frage ich Frauen nur danach. Es gibt ja sonst nichts so Bedeutendes. Die Kondolenzgeschenke erstatte ich natürlich pünktlich zurück. Es ist Geld, das ich erhielt, als uns Unglück traf. Trifft es nun andere, muß ich ihnen das Geld zurückgeben. Es wird dort gestorben und hier gestorben, und die Kondolenzgeschenke bekommt und gibt man. Auf lange Sicht gibt es da weder Verlust noch Gewinn, es bleibt alles gleich, aber wir haben nun einmal eine solche Sitte bei uns. Ich möchte nicht, daß mir nach meinem Tode, also in jener anderen Welt, vorgehalten wird, ich hätte die Kondolenzgeschenke nicht zurückerstattet.

Akios Hinweis brachte mich auf die verschiedensten Ideen. Shigako aber blieb bei ihrer Auffassung, die sich deutlich von der ihres Mannes unterschied. Sie sagte noch:

«Dieses Büchlein habe ich jetzt in einem Schrank versteckt, und zwar so, daß sie es kaum finden wird. Man könnte ja geradezu meinen, daß Mutter, sobald sie alle bisher erhaltenen Kondolenzgeschenke zurückgezahlt hat, den letzten Atemzug tut. Bei allen, denen sie das Geld erstattet hat, machte sie einen Strich neben den Namen!»

Peter Handke

Wunschloses Unglück

Unter der Rubrik VERMISCHTES stand in der Sonntagsausgabe der Kärntner «Volkszeitung» folgendes: «In der Nacht zum Samstag verübte eine 51jährige Hausfrau aus A. (Gemeinde G.) Selbstmord durch Einnehmen einer Überdosis von Schlaftabletten.»

Es ist inzwischen fast sieben Wochen her, seit meine Mutter tot ist, und ich möchte mich an die Arbeit machen, bevor das Bedürfnis, über sie zu schreiben, das bei der Beerdigung so stark war, sich in die stumpfsinnige Sprachlosigkeit zurückverwandelt, mit der ich auf die Nachricht von dem Selbstmord reagierte. Ja, an die Arbeit machen: denn das Bedürfnis, etwas über meine Mutter zu schreiben, so unvermittelt es sich auch manchmal noch einstellt, ist andrerseits wieder so unbestimmt, daß eine Arbeitsanstrengung nötig sein wird, damit ich nicht einfach, wie es mir gerade entsprechen würde, mit der Schreibmaschine immer den gleichen Buchstaben auf das Papier klopfe. Eine solche Bewegungstherapie allein würde mir nicht nützen, sie würde mich nur noch passiver und apathischer machen. Ebensogut könnte ich wegfahren – unterwegs, auf einer Reise, würde mir mein kopfloses Dösen und Herumlungern außerdem weniger auf die Nerven gehen.

Seit ein paar Wochen bin ich auch reizbarer als sonst, bei Unordnung, Kälte und Stille kaum mehr ansprechbar, bücke mich nach jedem Wollfussel und Brotkrümel auf dem Boden. Manchmal wundere ich mich, daß mir Sachen, die ich halte, nicht schon längst aus der Hand gefallen sind, so fühllos werde ich plötzlich bei dem Gedanken an diesen Selbstmord. Und trotzdem sehne ich mich nach solchen Augenblicken, weil dann der Stumpfsinn aufhört und der Kopf ganz klar wird. Es ist ein Entsetzen, bei dem es mir wieder gut geht: endlich keine Langeweile mehr, ein widerstandsloser Körper, keine anstrengenden Entfernungen, ein schmerzloses Zeitvergehen.

Das schlimmste in diesem Moment wäre die Teilnahme eines anderen, mit einem Blick oder gar einem Wort. Man schaut sofort weg oder fährt dem anderen über den Mund; denn man braucht das Gefühl, daß das, was man gerade erlebt, unverständlich und nicht mitteilbar ist: nur so kommt einem das Entsetzen sinnvoll und wirklich vor. Darauf angesprochen, langweilt man sich sofort wieder, und alles wird auf einmal wieder gegenstandslos. Und doch erzähle ich ab und zu sinnlos Leuten vom Selbstmord meiner Mutter und ärgere mich, wenn sie dazu etwas zu bemerken wagen. Am liebsten würde ich dann nämlich sofort abgelenkt und mit irgend etwas gehänselt werden.

Wie in seinem letzten Film James Bond einmal gefragt wurde, ob sein Gegner, den er gerade über ein Treppengeländer geworfen hatte, *tot* sei, und «Na hoffentlich!» sagte, habe ich zum Beispiel erleichtert lachen müssen. Witze über das Sterben und Totsein machen mir gar nichts aus, ich fühle mich sogar wohl dabei.

Die Schreckensmomente sind auch immer nur ganz kurz, eher Unwirklichkeitsgefühle als Schreckensmomente, Augenblicke später verschließt sich alles wieder, und wenn man dann in Gesellschaft ist, versucht man sofort, besonders geistesgegenwärtig auf den anderen einzugehen, als sei man gerade unhöflich zu ihm gewesen.

Seit ich übrigens zu schreiben angefangen habe, scheinen mir diese Zustände, wahrscheinlich gerade dadurch, daß ich sie möglichst genau zu beschreiben versuche, entrückt und vergangen zu sein. Indem ich sie beschreibe, fange ich schon an, mich an sie zu erinnern, als an eine abgeschlossene Periode meines Lebens, und die Anstrengung, mich zu erinnern und zu formulieren, beansprucht mich so, daß mir die kurzen Tagträume der letzten Wochen schon fremd geworden sind. Hin und wieder hatte ich eben «Zustände»: die tagtäglichen Vorstellungen, ohnedies nur die zum zigsten Mal hergeleierten Wiederholungen jahre- und jahrzehntealter *Anfangs*vorstellungen, wichen plötzlich auseinander, und das Bewußtsein schmerzte, so leer war es darin auf einmal geworden.

Das ist jetzt vorbei, jetzt habe ich diese Zustände nicht mehr. Wenn ich schreibe, schreibe ich notwendig von früher, von etwas Ausgestandenem, zumindest für die Zeit des Schreibens. Ich beschäftige mich literarisch, wie auch sonst, veräußerlicht und versachlicht zu einer Erinnerungs- und Formuliermaschine. Und ich schreibe die Geschichte meiner Mutter, einmal, weil ich von ihr und wie es zu ihrem Tod kam mehr zu wissen glaube als irgendein fremder Interviewer, der diesen interessanten Selbstmordfall mit einer religiösen, individualpsychologischen oder soziologischen Traumdeutungstabelle wahrscheinlich mühelos auflösen könnte, dann im eigenen Interesse, weil ich auflebe, wenn mir etwas zu tun gibt und schließlich, weil ich diesen FREITOD geradeso wie irgendein außenstehender Interviewer, wenn auch auf andre Weise, zu einem Fall machen möchte.

Natürlich sind alle diese Begründungen ganz beliebig und durch andre, gleich beliebige, ersetzbar. Da waren eben kurze Momente der äußersten Sprachlosigkeit und das Bedürfnis, sie zu formulieren – die gleichen Anlässe zum Schreiben wie seit jeher.

Als ich zur Beerdigung kam, fand ich im Geldtäschchen meiner Mutter noch einen Briefaufgabeschein mit der Nummer 432. Sie hatte mir noch am Freitagabend, bevor sie nach Hause ging und die Tabletten nahm, einen eingeschriebenen Brief mit einer Testamentsdurchschrift nach Frankfurt geschickt. (Warum aber auch EXPRESS?) Am Montag war ich im selben Postamt, um zu telefonieren. Es war zweieinhalb Tage nach ihrem Tod, und ich sah vor dem Postbeamten die gelbe Rolle mit den Einschreibeetiketts liegen: inzwischen waren neun weitere eingeschriebene Briefe abgeschickt worden, die nächste Nummer war jetzt die *442*, und dieses Bild war der Zahl, die ich im Kopf hatte, so ähnlich, daß ich auf den ersten Blick durcheinanderkam und ganz kurz alles für ungültig hielt. Die Lust, jemandem davon zu erzählen, heiterte mich richtig auf. Es war ja so ein heller Tag; der Schnee; wir aßen

Leberknödelsuppe; «es begann mit . . .»: wenn man so zu erzählen anfangen würde, wäre alles wie erfunden, man würde den Zuhörer oder den Leser nicht zu einer privaten Teilnahme erpressen, sondern ihm eben nur eine recht phantastische Geschichte vortragen.

Es begann also damit, daß meine Mutter vor über fünfzig Jahren im gleichen Ort geboren wurde, in dem sie dann auch gestorben ist. Was von der Gegend nutzbar war, gehörte damals der Kirche oder adeligen Grundbesitzern; ein Teil davon war an die Bevölkerung verpachtet, die vor allem aus Handwerkern und kleinen Bauern bestand. Die allgemeine Mittellosigkeit war so groß, daß Kleinbesitz an Grundstücken noch ganz selten war. Praktisch herrschten noch die Zustände von vor 1848, gerade, daß die formelle Leibeigenschaft aufgehoben war. Mein Großvater – er lebt noch und ist heute sechsundachtzig Jahre alt – war Zimmermann und bearbeitete daneben mit Hilfe seiner Frau ein paar Äcker und Wiesen, für die er einen jährlichen Pachtzins ablieferte. Er ist slowenischer Abstammung und unehelich geboren, wie damals die meisten Kinder der kleinbäuerlichen Bewohner, die, längst geschlechtsreif, zum Heiraten keine Mittel und zur Eheführung keine Räumlichkeiten hatten. Seine Mutter wenigstens war die Tochter eines recht wohlhabenden Bauern, bei dem sein Vater, für ihn nicht mehr als «der Erzeuger», als Knecht hauste. Immerhin bekam seine Mutter auf diese Weise die Mittel zum Kauf eines kleinen Anwesens.

Nach Generationen von besitzlosen Knechtsgestalten mit lückenhaft ausgefüllten Taufscheinen, in fremden Kammern geboren und gestorben, kaum zu beerben, weil sie mit der einzigen Habe, dem Feiertagsanzug, ins Grab gelegt wurden, wuchs so der Großvater als erster in einer Umgebung auf, in der er sich auch wirklich zu Hause fühlen konnte, ohne gegen tägliche Arbeitsleistung nur geduldet zu sein.

Zur Verteidigung der wirtschaftlichen Grundsätze der westlichen Welt war vor kurzem im Wirtschaftsteil einer Zeitung zu lesen, daß Eigentum VERDINGLICHTE FREIHEIT sei. Für meinen Großvater damals, als dem ersten Eigentümer, wenigstens von unbeweglichem Besitz, in einer Serie von Mittellosen und so auch Machtlosen, traf das vielleicht wirklich noch zu: das Bewußtsein, etwas zu besitzen, war so befreiend, daß nach generationenlanger Willenlosigkeit sich plötzlich ein Wille bilden konnte: noch freier zu werden, und das hieß nur, und für den Großvater in seiner Situation sicher zu Recht: den Besitz zu vergrößern.

Der Anfangsbesitz war freilich so klein, daß man fast seine ganze Arbeitskraft brauchte, um ihn auch nur zu erhalten. So blieb die einzige Möglichkeit der ehrgeizigen Kleinbesitzer: das Sparen.

Mein Großvater sparte also, bis er in der Inflation der zwanziger Jahre das Ersparte wieder verlor. Dann fing er wieder zu sparen an, nicht nur, indem er übriges Geld aufeinanderlegte, sondern vor allem auch, indem er die eigenen Bedürfnisse unterdrückte und diese gespenstische Bedürfnislosigkeit auch seinen Kindern zutraute; seine Frau, als Frau, hatte von Geburt an ohnehin von etwas anderem nicht einmal träumen können.

Er sparte immer weiter, bis die Kinder für Heirat oder Berufsausbildung eine AUSSTATTUNG brauchen würden. Das Ersparte schon vorher für ihre AUSBILDUNG zu verwenden, ein solcher Gedanke konnte ihm, vor allem, was seine Töchter betraf, wie naturgemäß gar nicht kommen. Und noch in den Söhnen waren die jahrhundertealten Alpträume der Habenichtse, die überall nur in der Fremde waren, so eingefleischt, daß einer von ihnen, der mehr zufällig als geplant eine Freistelle auf dem Gymnasium bekommen hatte, die unheimische Umgebung schon nach ein paar Tagen nicht mehr aushielt, zu Fuß in der Nacht die vierzig Kilometer von der Landeshauptstadt nach Hause ging und vor dem Haus – es war ein Samstag, an dem üblicherweise Haus und Hof sauber gemacht wurden – sofort ohne ein Wort den Hof zu kehren anfing; das Geräusch, das er mit dem Besen machte, in der Morgendämmerung, war ja Zeichen genug. Als Tischler sei er dann sehr tüchtig und auch zufrieden gewesen.

Er und sein ältester Bruder sind im Zweiten Weltkrieg bald umgekommen. Der Großvater hatte inzwischen weitergespart und das Ersparte in der Arbeitslosigkeit der dreißiger Jahre von neuem verloren. Er sparte, und das hieß: er trank nicht und rauchte nicht; spielte kaum. Das einzige Spiel, das er sich erlaubte, war das sonntägliche Kartenspiel; aber auch das Geld, das er dabei gewann – und er spielte so vernünftig, daß er fast immer der Gewinner war –, war Spargeld, höchstens schnippte er seinen Kindern eine kleine Münze davon zu. Nach dem Krieg fing er wieder zu sparen an und hat, als Staatsrentner, bis heute nicht damit aufgehört.

Der überlebende Sohn, als Zimmermeister, der immerhin zwanzig Arbeiter beschäftigt, braucht nicht mehr zu sparen: er investiert; und das heißt auch, er *kann* trinken und spielen, das gehört sich sogar so. Im Gegensatz zu seinem ein Lebtag lang sprachlosen, allem abgeschworenen Vater hat er damit wenigstens eine Art Sprache gefunden, wenn er diese auch nur benutzt, als Gemeinderat eine von großer Zukunft mittels großer Vergangenheit schwärmende weltvergessene kleine Partei zu vertreten.

Als Frau in diese Umstände geboren zu werden, ist von vornherein schon tödlich gewesen. Man kann es aber auch beruhigend nennen: jedenfalls keine Zukunftsangst. Die Wahrsagerinnen auf den Kirchtagen lasen nur den Burschen ernsthaft die Zukunft aus den Händen; bei den Frauen war diese Zukunft ohnehin nichts als ein Witz.

Keine Möglichkeit, alles schon vorgesehen: kleine Schäkereien, ein Kichern, eine kurze Fassungslosigkeit, dann zum ersten Mal die fremde, gefaßte Miene, mit der man schon wieder abzuhausen begann, die ersten Kinder, ein bißchen noch Dabeisein nach dem Hantieren in der Küche, von Anfang an Überhörtwerden, selber immer mehr Weghören, Selbstgespräche, dann schlecht auf den Beinen, Krampfadern, nur noch ein Murmeln im Schlaf, Unterleibskrebs, und mit dem Tod ist die Vorsehung schließlich erfüllt. So hießen ja schon die Stationen eines Kinderspiels, das in der Gegend von den Mädchen viel gespielt wurde: Müde/Matt/Krank/Schwerkrank/Tot.

Meine Mutter war das vorletzte von fünf Kindern. In der Schule erwies sie sich als klug, die Lehrer schrieben ihr die bestmöglichen Zeugnisse, lobten vor allem die saubere Schrift, und dann waren die Schuljahre auch schon vorbei. Das Lernen war nur ein Kinderspiel gewesen, nach erfüllter Schulpflicht, mit dem Erwachsenwerden, wurde es unnötig. Die Frauen gewöhnten sich nun zu Hause an die künftige Häuslichkeit.

Keine Angst, außer die kreatürliche im Dunkeln und im Gewitter; nur Wechsel zwischen Wärme und Kälte, Nässe und Trockenheit, Behaglichkeit und Unbehagen.

Die Zeit verging zwischen den kirchlichen Festen, Ohrfeigen für einen heimlichen Tanzbodenbesuch, Neid auf die Brüder, Freude am Singen im Chor. Was in der Welt sonst passierte, blieb schleierhaft; es wurden keine Zeitungen gelesen als das Sonntagsblatt der Diözese und darin nur der Fortsetzungsroman.

Die Sonntage: das gekochte Rindfleisch mit der Meerrettichsoße, das Kartenspiel, das demütige Dabeihocken der Frauen, ein Foto der Familie mit dem ersten Radioapparat. Meine Mutter hatte ein übermütiges Wesen, stützte auf den Fotos die Hände in die Hüften oder legte einen Arm um die Schulter des kleineren Bruders. Sie lachte immer und schien gar nicht anders zu können.

Regen – Sonne, draußen – drinnen: die weiblichen Gefühle wurden sehr wetterabhängig, weil «Draußen» fast immer nur der Hof sein durfte und «Drinnen» ausnahmslos das eigene Haus ohne eigenes Zimmer.

Das Klima in dieser Gegend schwankt sehr: kalte Winter und schwüle Sommer, aber bei Sonnenuntergang oder auch nur im Laubschatten fing man zu frösteln an. Viel Regen; schon Anfang September oft tagelang nasser Nebel vor den viel zu kleinen Fenstern, die auch heute kaum größer gebaut werden; Wassertropfen auf den Wäscheleinen, Kröten, die vor einem im Finstern über den Weg sprangen, Mücken, Insekten, Nachtfalter sogar am Tag, unter jedem Scheit in der Holzhütte Würmer und Asseln: davon mußte man abhängig werden, anderes gab es ja nicht. Selten wunschlos und irgendwie glücklich, meistens wunschlos und ein bißchen unglücklich.

Keine Vergleichsmöglichkeiten zu einer anderen Lebensform: auch keine Bedürftigkeit mehr?

Es fing damit an, daß meine Mutter plötzlich Lust zu etwas bekam: sie wollte lernen; denn beim Lernen damals als Kind hatte sie etwas von sich selber gefühlt. Es war gewesen, wie wenn man sagt: «Ich fühle mich.» Zum ersten Mal ein Wunsch, und er wurde auch ausgesprochen, immer wieder, wurde endlich zur fixen Idee. Meine Mutter erzählte, sie habe den Großvater «gebettelt», etwas lernen zu dürfen. Aber das kam nicht in Frage: Handbewegungen genügten, um das abzutun; man winkte ab, es war undenkbar.

Immerhin gab es in der Bevölkerung eine überlieferte Achtung vor den vollendeten Tatsachen: eine Schwangerschaft, der Krieg, der Staat, das Brauchtum und der Tod. Als meine Mutter einfach von zu Hause wegging, mit fünfzehn oder sechzehn Jahren, und in einem Hotel am See kochen lernte, ließ der Großvater ihr den Willen, *weil sie nun schon einmal weggegangen war;* außerdem war beim Kochen wenig zu lernen.

Aber es gab schon keine andere Möglichkeit mehr: Abwaschhilfe, Stubenmädchen, Beiköchin, Hauptköchin. «Gegessen wird immer werden.» Auf den Fotos ein gerötetes Gesicht, glänzende Wangen, in schüchterne ernste Freundinnen eingehängt, die von ihr mitgezogen wurden; selbstbewußte Heiterkeit: «Mir kann nichts mehr passieren!»; eine geheimnislose, überschwengliche Lust zur Geselligkeit.

Das Stadtleben: kurze Kleider («Fähnchen»), Schuhe mit hohen Absätzen, Wasserwellen und Ohrklipse, die unbekümmerte Lebenslust. Sogar ein Aufenthalt im Ausland!, als Stubenmädchen im Schwarzwald, viele VEREHRER, keiner ERHÖRT! Ausgehen, tanzen, sich unterhalten, lustig sein: die Angst vor der Sexualität wurde so überspielt; «es gefiel mir auch keiner». Die Arbeit, das Vergnügen; schwer ums Herz, leicht ums Herz, Hitler hatte im Radio eine angenehme Stimme.

Das Heimweh derer, die sich nichts leisten können: zurück

im Hotel am See, «jetzt mache ich schon die Buchhaltung», lobende Zeugnisse: «Fräulein ... hat sich ... als anstellig und gelehrig erwiesen. Ihr Fleiß und ihr offenes, fröhliches Wesen machen es uns schwer ... Sie verläßt unser Haus auf eigenen Wunsch.» Bootsfahrten, durchtanzte Nächte, keine Müdigkeit.

Am 10. April 1938: das deutsche Ja! «Um 16 Uhr 15 Minuten traf nach triumphaler Fahrt durch die Straßen Klagenfurts unter den Klängen des Badenweiler Marsches der Führer ein. Der Jubel der Massen schien keine Grenzen zu kennen. Im bereits eisfreien Wörthersee spiegelten sich die Tausende von Hakenkreuzfahnen der Kurorte und Sommerfrischen. Die Maschinen des Altreiches und unsere heimischen Flugzeuge flogen mit den Wolken um die Wette.»

In den Zeitungsannoncen wurden Abstimmungszeichen und Fahnen aus Seide oder nur Papier angeboten. Die Fußballmannschaften verabschiedeten sich nach Spielende mit dem vorschriftsmäßig ausgebrachten «Sieg Heil!». Die Kraftfahrzeuge wurden statt «A» mit dem Kennzeichen «D» versehen. Im Radio 6.15 Befehlsdurchgabe, 6.35 Der Spruch, 6.40 Turnen, 20.00 Richard-Wagner-Konzert, bis Mitternacht Unterhaltung und Tanz vom Reichssender Königsberg.

«So muß dein Stimmzettel am 10. April aussehen: der *größere* Kreis unter dem Wort JA ist mit *kräftigen* Strichen zu durchkreuzen.»

Gerade aus der Haft entlassene rückfällig gewordene Diebe überführten sich selber, indem sie angaben, die fraglichen Sachen in Kaufhäusern gekauft zu haben, die, weil sie Juden gehörten, INZWISCHEN GAR NICHT MEHR BESTANDEN.

Kundgebungen mit Fackelzügen und Feierstunden; die mit neuen Hoheitszeichen versehenen Gebäude bekamen STIRNSEITEN und GRÜSSTEN; die Wälder und die Berggipfel SCHMÜCKTEN SICH; der ländlichen Bevölkerung wurden die geschichtlichen Ereignisse als Naturschauspiel vorgestellt.

«Wir waren ziemlich aufgeregt», erzählte die Mutter. Zum ersten Mal gab es Gemeinschaftserlebnisse. Selbst die werktägliche Langeweile wurde festtäglich stimmungsvoll, «bis in die späten Nachtstunden hinein». Endlich einmal zeigte sich für alles bis dahin Unbegreifliche und Fremde ein großer Zusammenhang: es ordnete sich in eine Beziehung zueinander, und selbst das befremdend automatische Arbeiten wurde sinnvoll, als Fest. Die Bewegungen, die man dabei vollführte, montierten sich dadurch, daß man sie im Bewußtsein gleichzeitig von unzähligen anderen ausgeführt sah, zu einem sportlichen Rhythmus – und das Leben bekam damit eine Form, in der man sich gut aufgehoben und doch frei fühlte.

Der Rhythmus wurde existentiell: als Ritual. «Gemeinnutz geht vor Eigennutz, Gemeinsinn geht vor Eigensinn.» So war man überall zu Hause, es gab kein Heimweh mehr. Viele Adressen auf den Rückseiten der Fotos, ein Notizbuch wurde erstmals angeschafft (oder geschenkt?): auf einmal waren so viele Leute Bekannte von einem, und es ereignete sich so viel, daß man etwas VERGESSEN konnte. Immer hatte sie auf etwas stolz sein wollen; weil nun alles, was man tat, irgendwie wichtig war, wurde sie wirklich stolz, nicht auf etwas Bestimmtes, sondern allgemein stolz, als Haltung, und als Ausdruck eines endlich erreichten Lebensgefühls; und diesen vagen Stolz wollte sie nicht mehr aufgeben.

Für Politik interessierte sie sich immer noch nicht: das, was sich so augenfällig abspielte, war für sie alles andere – eine Maskerade, eine UFA-Wochenschau («Große Aktualitätenschau – Zwei Tonwochen!»), ein weltlicher Kirchtag. «Politik» war doch etwas Unsinnliches, Abstraktes, also kein Kostümfest, kein Reigen, keine Trachtenkapelle, jedenfalls nichts, was SICHTBAR wurde. Wohin man schaute, Gepränge, und «Politik»: war was? – ein Wort, das kein Begriff war, weil es einem schon in den Schulbüchern, wie alle politischen Begriffe, ohne jede Beziehung zu etwas Handgreiflichem, Reellem, eben nur als Merkwort oder, wenn bildhaft, dann als menschenloses Sinnbild eingetrichtert worden war: die Unterdrückung als Kette oder Stiefelabsatz, die Freiheit als Berggipfel, das Wirtschaftssystem als beruhigend rauchender Fabrikschlot und als Feierabendpfeife, und das Gesellschaftssystem als Stufenleiter mit «Kaiser – König – Edelmann /

Bürger – Bauer – Leinenweber / Tischler – Bettler – Totengräber»: ein Spiel, das im übrigen nur in den kinderreichen Familien der Bauern, Tischler und Leinenweber vollständig nachgespielt werden konnte.

Robert Walser
Das Grab der Mutter

An einem Sonntag, gegen Abend, ging ich zum Friedhof, der nur wenige Schritte von dem Ort entfernt liegt, wo ich wohne. Es hatte kurz vorher geregnet, es war daher alles noch feucht, der Weg, die Bäume. Ich kam in den Totenhof hinein zu den alten, stillen, heiligen Gräbern, und hier empfing mich wie mit süßen, lieben, keuschen Armen ein so schönes, frisches Grün, wie ich es nie gesehen. Leise schritt ich auf dem kiesbelegten Wege vorwärts. Es war alles so still. Kein Blatt bewegte sich, nichts regte und rührte sich. Es war, als lausche alles. Wie wenn das Grün die ringsverbreitete Feierlichkeit empfinde und über das uralte und immer wieder junge Rätsel vom Tod und vom Leben in ein langes und tiefes Sinnen versunken sei, hing es und lag es da in seiner feuchten, wunderbaren Schönheit. Ich habe nie so etwas gesehen. Gewaltig mußte es mich ergreifen, zu sehen, wie der Ort des ernsten Todes und des Schweigens für immer so süß, so grün, so warm war. Kein Mensch außer mir ließ sich erblicken. Außer dem Grün und den Grabsteinen war nichts da. Ich wagte kaum zu atmen in all dieser Lautlosigkeit, und mein Schritt kam mir frech und unzart vor mitten in all dem heiligen, ernsten und zarten Schweigen. Unendlich freundlich und lieblich hing das reiche Grün eines Akazienbaumes über ein Grab herab, bei dem ich stehenblieb. Es war das Grab meiner Mutter. Da schien alles nun zu flüstern und zu lispeln, zu reden und zu deuten. Das lebendige Bild der Lieben und der Verehrten stieg mit seinem Gesicht und mit des Gesichtes edlem Ausdruck sanft und schleierhaft hinauf aus des grünen, stillen Grabes unfaßbarer Tiefe. Lange stand ich da. Doch nicht traurig. Auch ich und du, wir, wir alle kommen einst dahin, wo alles, alles still ist und beschlossen ist und alles aufhört und alles sich auflösen muß zu einem Schweigen.

Margaret Atwood
Das Leben schenken

Aber wer schenkt es? Und wem wird es geschenkt? Es fühlt sich jedenfalls nicht wie ein Schenken an, was auf ein Fließen hindeutet, ein sanftes Übergehen, keinen Zwang. Doch hier ist nur dürftige Sanftheit, es ist zu anstrengend, der Bauch wie eine geballte Faust, das Pressen, das schwere, schleppende Arbeiten des Herzens, jeder Muskel im Körper gespannt und in Bewegung wie in der Zeitlupenaufnahme eines Hochsprungs, in der der gesichtslose Körper nach oben segelt, sich dreht, einen Moment in der Luft hängt, und dann – zurück zur normalen Geschwindigkeit – der Sturz, der Drang nach unten, das Ergebnis. Vielleicht ist der Ausdruck von jemandem erdacht, der nur das Ergebnis sah: in diesem Fall die aufgereihten Säuglinge, denen die Geburt zugestoßen ist, die wie säuberliche Pakete in ihren perfekt gewickelten Tüchern liegen, rosa oder hellblau, deren Namensschildchen an ihren durchsichtigen Plastikbettchen kleben, hinter dem Spiegelglasfenster.

Niemand sagte je: *den Tod schenken*, obwohl beides, Geborenwerden und Sterben, in mancher Hinsicht ähnlich ist, beides Ereignisse, keine Gegenstände. Und entbinden, diese Handlung, die der Arzt nach allgemeiner Vorstellung durchführt: Wer entbindet wen? Ist es die Mutter, die entbunden wird, wie ein Gefangener, der freigelassen wird? Sicher nicht; noch wird das Kind von der Mutter entbunden wie von einer lästigen Pflicht. Wie kann man Geber und Nehmer des Lebens zugleich sein? War jemand gefangen, wird jemand befreit? So die Sprache, die in archaischen Zungen etwas raunt, ein weiterer Sachverhalt, der neu benannt zu werden verdient.

Allerdings nicht von mir. Dies sind die einzigen Worte, die ich habe, ich sitze damit fest, sitze in ihnen fest. (Jenes Bild von den Teerschichten, das alte Gemälde im Royal Ontario Museum, im zweiten Stock, Nordflügel, wie es haftet. Werde ich ausbrechen, oder werde ich hineingesogen, versteinert werden, ein Säbelzahntiger oder ein schwerfälliger Brontosaurus, der sich zu weit vorgewagt hat? Worte kräuseln sich zu meinen Füßen, schwarz, träge, tödlich. Laßt es mich noch einmal versuchen, bevor die Sonne mich erreicht, bevor ich verhungere oder ertrinke, solange ich kann. Es ist schließlich nur ein Gemälde, es ist nur eine Metapher. Seht, ich kann sprechen, ich sitze nicht in der Falle, und ihr für euren Teil könnt verstehen. So werden wir denn fortfahren, als gäbe es keine Probleme mit der Sprache.)

Diese Geschichte über das Lebenschenken handelt nicht von mir. Um Sie davon zu überzeugen, sollte ich Ihnen vielleicht erzählen, was ich heute früh getan habe, bevor ich mich an diesen Schreibtisch setzte – eine Tür auf zwei Aktenschränken, Radio links, Kalender rechts, diese Geräte, mit deren Hilfe ich mich in der Zeit orte. Ich bin um zwanzig vor sieben aufgestanden und bin auf halbem Weg die Treppe hinunter meiner Tochter begegnet, die heraufkam, selbständig, wie sie glaubte, tatsächlich aber in den Armen ihres Vaters. Wir begrüßten einander mit Umarmungen und Lächeln; dann spielten wir mit dem Wecker und der Wärmflasche, ein Ritual, das wir nur an den Tagen durchexerzieren, an denen ihr Vater das Haus früh verlassen muß, um in die Stadt zu fahren. Dieses Ritual dient dazu, mir die Illusion zu geben, daß ich ausschlafen kann. Als sie endlich beschloß, daß es Zeit für mich zum Aufstehen sei, fing sie an, mich an den Haaren zu zerren. Ich zog mich an, während sie die Badezimmerwaage erkundete und den mysteriösen weißen Altar der Toilette. Ich ging mit ihr nach unten, und wir kämpften den üblichen Kampf um ihre Kleider. Sie trägt schon winzige Jeans, winzige T-Shirts. Danach aß sie allein: Orange, Banane, Brötchen, Haferbrei.

Dann gingen wir hinaus auf die Sonnenveranda, wo wir den Hund, die Katzen und die Vögel, Blauhäher und Goldzeisige um diese Jahreszeit, nämlich Winter, von neuem und an ihren Namen erkannten. Sie legt die Finger auf meine Lippen, während ich diese Worte ausspreche; sie hat noch nicht das Geheimnis gelernt, sie selbst zu formen. Ich warte auf ihr erstes Wort: Bestimmt wird es erstaunlich sein, etwas, was noch nie gesagt worden ist. Aber wenn dem so ist, hat sie es vielleicht schon gesagt, und ich habe es in meinem Eingefangensein, meiner Sucht nach dem Gewohnten, nicht gehört.

In ihrem Ställchen machte ich den ersten erschreckenden Fund des Tages. Es war eine kleine nackte Frau, aus jenem weichen Plastikmaterial, aus dem auch wippende Spinnen und Eidechsen und die anderen Dinge hergestellt sind, die man sich ins Autofenster hängt. Meine Tochter hatte sie von einer Bekannten bekommen, einer Frau, die Requisiten für Filme herstellt, sie sollte ursprünglich als Requisit dienen, wurde dann aber doch nicht benutzt. Das Baby liebte sie und krabbelte auf dem Boden und hielt sie dabei im Mund wie ein Hund, der einen Knochen herumträgt, wobei der Kopf auf der einen Seite, die Füße auf der anderen heraussahen. Sie schien kaubar und harmlos, aber neulich sah ich, daß das Baby mit seinen neuen Zähnen einen Spalt in ihren Körper gebissen hatte. Ich warf die Frau in den Pappkarton, in dem ich Spielzeug aufbewahre.

Aber heute morgen war sie wieder im Ställchen, und die Füße fehlten. Das Kind muß sie verschluckt haben, und ich machte mir Sorgen, ob das Plastik sich im Magen auflöst oder nicht und ob es giftig ist. Früher oder später, so wußte ich, würde ich im Inhalt ihrer Windel, die ich mit dem üblichen Ausmaß an mütterlicher Grübelei untersuche, zwei kleine rosa Plastikfüße finden. Ich nahm die Puppe weg, und später, während das Kind immer noch dem Hund vor dem Fenster zusang, warf ich sie in den Abfall. Mir steht der Sinn nicht danach, in den Wegwerfwindeln meiner Tochter auch noch winzige weibliche Arme, Brüste, einen Kopf zu finden, teilweise von unverdauten Karotten und Rosinenschalen bedeckt, wie Relikte eines grausigen und wahnwitzigen Mordes.

Jetzt macht sie ihr Schläfchen, und ich schreibe diese Geschichte. Aus dem, was ich gesagt habe, können Sie entnehmen, daß mein Leben (trotz jener gelegentlichen Überraschungen, Erinnerungen an eine andere Welt) ruhig und ordentlich ist, durchflutet von jenem warmen, rötlichen Licht, jenen wohlgesetzten blauen Glanzlichtern und reflektierenden Oberflächen (Spiegeln, Tellern, rechteckigen Fensterscheiben), die man sich der holländischen Genremalerei zugehörig vorstellt; und wie jene ist es realistisch im Detail und eine Spur sentimental. Oder zumindest hat es eine Aura von Sentimentalität. (Schon erlebe ich Augenblicke stummen Grams über jene Babykleidungsstücke meiner Tochter, die ihr zu klein geworden sind. Ich werde eine Bewahrerin von Haaren sein, ich werde Dinge in Koffern sammeln, ich werde über Fotos weinen.) Doch vor allem ist es stabil, alles hier hat Stabilität. Nichts mehr von jenen Lichtlachen, jenen Schichten, nebelnden Wirkungen von Wolken, Turnerschen Sonnenuntergängen, unbestimmten Ängsten, den Ungreifbarkeiten, mit denen Jeanie sich zu befassen pflegte.

Ich nenne diese Frau Jeanie, nach dem Lied. Ich kann mich sonst an nichts von dem Lied erinnern, nur an den Titel. Der springende Punkt (in der Sprache gibt es nämlich immer diese «Punkte», diese Reflexionen; sie sind es, die die Sprache so fett und klebrig machen, sie sind der Grund, warum so viele unter ihrer dunklen und glänzenden Oberfläche verschwunden sind, warum man niemals versuchen sollte, sein eigenes Spiegelbild darin zu sehen; du wirst dich zu weit vorbeugen, eine Strähne deines Haares wird hineinfallen und vergoldet herauskommen, und im Glauben, daß das Gold bis ganz nach unten reicht, wirst du selbst nachfolgen, in jene ausgestreckten Arme gleiten, auf den Mund zu, von dem du glaubst, daß er sich öffnet, um deinen Namen auszusprechen, aber stattdessen, eben bevor sich deine Ohren mit dem reinen Klang füllen, wird er ein Wort bilden, das du nie zuvor gehört hast . . .).

Der springende Punkt für mich ist das Haar. Mein Haar ist nicht hellbraun, aber Jeanies Haar war es. Das ist der eine Unterschied zwischen uns. Der andere Punkt ist das Träumen, denn Jeanie ist nicht wirklich in der gleichen Weise, wie ich wirklich bin. Aber in der Zwischenzeit, und damit meine ich Ihre Zeit, haben wir beide das gleiche Maß an Realität, sind wir gleich: Geister, Echos, Nachhall in Ihrem Gehirn. Im Augenblick jedoch ist Jeanie für mich, wie ich eines Tages für Sie sein werde. Sie ist also wirklich genug.

Jeanie ist auf dem Weg zur Klinik, um Leben zu schenken, um entbunden zu werden. Sie betreibt keine Haarspaltereien über diese Ausdrücke. Sie sitzt auf dem Rücksitz des Autos, mit geschlossenen Augen, den Mantel wie eine Decke über sich gebreitet. Sie macht ihre Atemübungen und mißt ihre Wehen mit einer Stoppuhr. Sie ist seit halb drei Uhr morgens auf, hat um diese Zeit ein Bad genommen und etwas Limonengrütze gegessen, und jetzt ist es beinah zehn. Sie hat gelernt, zwischen den langsamen Atemzügen zu zählen (von eins bis zehn, während sie einatmet, von zehn bis eins, während sie ausatmet), Zahlen, die sie tatsächlich vor sich sieht, während sie sie stumm artikuliert. Jede Zahl hat eine andere Farbe und, wenn sie sich sehr stark konzentriert, einen anderen Schrifttyp. Die Zahlen reichen von einfachen römischen bis zu verzierten Zirkuszahlen, rot mit goldenem Filigran und Punkten. Dies ist eine Raffinesse, die in keinem der zahlreichen Bücher, die sie zum Thema gelesen hat, erwähnt wurde. Jeanie ist eine begeisterte Handbuchanhängerin. Sie besitzt mindestens zwei Regale voller Bücher, die alles vom Bau von Küchenschränken über Autoreparaturen bis zum Selbsträuchern von Schinken abhandeln. Sie tut nicht viel dieser Dinge, aber einige tut sie, und in ihrem Koffer befindet sich neben einem Waschlappen, einer Packung Zitronendrops, einer Brille, einer Wärmflasche, etwas Talkumpuder und einer Papiertüte eben das Buch, das all diese Dinge mitzunehmen empfahl.

(Inzwischen denken Sie vielleicht, ich hätte Jeanie erfunden, um selbst von diesen Erlebnissen Abstand zu bekommen. Nichts könnte weiter von der Wahrheit entfernt sein. Ich versuche vielmehr, mich selbst näher an etwas heranzubringen, was die Zeit schon entfernt hat. Was Jeanie angeht, so ist meine Absicht einfach: Ich bringe sie zurück ins Leben.)

Zwei weitere Menschen sitzen mit Jeanie im Auto. Der eine ist ein Mann, den ich einfachheitshalber A. nennen will. A. fährt. Wenn Jeanie am Ende jeder Wehe die Augen öffnet, sieht sie die Rückseite seines leicht kahl werdenden Kopfes und seine beruhigenden Schultern. A. fährt gut und nicht zu schnell. Von Zeit zu Zeit fragt er sie, wie es ihr geht, und sie sagt ihm, wie lange die Wehen dauern und wie lange Zeit dazwischenliegt. Als sie anhalten, um zu tanken, holt er für beide einen Styroporbecher mit Kaffee. Monatelang hat er ihr bei den Atemübungen geholfen, die Hand auf ihr Knie gedrückt wie von dem Buch empfohlen, und er wird bei der Entbindung dabeisein. (Vielleicht wird ihm das Leben gegeben werden, im selben Sinne, wie eine Vorstellung gegeben wird.) Gemeinsam haben sie die Wochenstation besichtigt, in Gesellschaft einer kleinen Gruppe anderer Paare wie sie: je eine dünne, fürsorgliche Person und eine langsame, knollige. Man hat ihnen die Zimmer gezeigt, Mehrbettzimmer und Privatzimmer, die Sitzbäder, den Kreißsaal, der den Eindruck machte, weiß zu sein. Die Schwester hatte hellbraune Haut und geschmeidige Hüften und Ellbogen; sie lachte viel, während sie Fragen beantwortete.

«Zuerst bekommen Sie einen Einlauf. Sie wissen doch, was das ist? Da wird ein Wasserschlauch genommen und Ihnen ins Hinterteil gesteckt. So, die Herren müssen das hier anziehen – und die hier, über Ihre Schuhe. Und diese Mützen, diese hier für die Langhaarigen und diese für Leute mit kurzem Haar.»

«Und was ist mit denen ohne Haar?» fragt A.

Die Schwester schaut zu seinem Kopf auf und lacht. «Ach, Sie haben ja noch welches», sagte sie. «Wenn Sie noch etwas wissen wollen, fragen Sie nur.»

Sie haben auch einen Film angesehen, der in der Klinik gedreht worden ist, einen Farbfilm darüber, wie eine Frau einem – kann das ein Kind sein? – das Leben schenkt. «Nicht alle Babys sind bei der Geburt so groß», sagt die australische Schwester, die den Film vorführt. Trotzdem sieht das Publikum, dessen eine Hälfte schwanger ist, nicht sehr entspannt aus, als die Lichter angehen. («Wenn du die Bilder nicht magst», hat eine Freundin von Jeanie zu ihr gesagt, «kannst du ja immer noch die Augen zumachen.») Es ist nicht so sehr das Blut als vielmehr das bräunlichrote Desinfektionsmittel, das ihr zu schaffen macht. «Ich habe beschlossen, die ganze Sache abzublasen», sagt sie zu A. und lächelt, um zu zeigen, daß es ein Witz ist. Er umarmt sie und sagt: «Es wird schon alles gut werden.»

Und das weiß sie auch. Alles wird gut werden. Aber noch eine andere Frau sitzt im Auto. Sie sitzt auf dem Vordersitz, und sie hat sich weder umgedreht noch in sonst irgendeiner Weise Jeanie zur Kenntnis genommen. Wie Jeanie fährt auch sie in die Klinik. Auch sie ist schwanger. Sie fährt jedoch nicht in die Klinik, um Leben zu schenken, weil das Wort, die Wörter, ihrer Erfahrung zu fremd sind, der Erfahrung, die sie machen wird, um überhaupt dafür benutzt werden zu können. Sie trägt einen Stoffmantel mit rotbraunen und dunkelbraunen Karos, und sie hat ein Tuch um die Haare gebunden. Jeanie hat sie schon früher gesehen, aber sie weiß wenig von ihr, außer daß sie eine Frau ist, die nicht schwanger werden wollte, die nicht beschlossen hat, sich selbst so zu teilen, die sich für keine dieser Nervenproben, dieser Initiationen entschlossen hat. Es würde nichts nützen, ihr zu sagen, daß alles gut werden wird. Das Wort für ungewollten Geschlechtsverkehr ist Vergewaltigung, aber es gibt kein Wort in der Sprache für das, was dieser Frau zustoßen wird.

Jeanie hat diese Frau von Zeit zu Zeit während ihrer ganzen Schwangerschaft gesehen, immer in demselben Mantel, immer mit demselben Kopftuch. Natürlicherweise hat die Tatsache, daß sie selbst schwanger war, sie aufmerksamer für andere schwangere Frauen gemacht, und sie hat sie beobachtet, sie heimlich gemustert, jedesmal wenn sie eine gesehen hat. Aber nicht jede andere schwangere Frau ist diese Frau. Sie hat beispielsweise nicht an Jeanies geburtsvorbereitenden Kursen in der Klinik teilgenommen, wo die Frauen alle jung waren, jünger als Jeanie.

«Wie viele wollen stillen?» fragt die australische Schwester mit den kräftigen Schultern.

Alle Hände außer einer schießen hoch. Eine moderne Gruppe, die neue Generation, und die eine einsame Flaschennährerin, die möglicherweise (wer weiß?) etwas an der Brust hat, schämt sich. Die anderen sehen höflich weg. Am liebsten scheinen sie über die Unterschiede zwischen der einen und der anderen Art von Wegwerfwindeln diskutieren zu wollen. Manchmal liegen sie auf Matten und drücken einander die Hände, Wehen simulierend und die Atemzüge zählend. Alles ist voller Hoffnung. Die australische Schwester empfiehlt ihnen, nicht allein in die Badewanne und wieder hinauszusteigen. Am Ende einer Stunde bekommt jede ein Glas Apfelsaft.

Nur eine Frau ist in dem Kurs, die schon geboren hat. Sie ist hier, sagt sie, um dafür zu sorgen, daß sie diesmal eine Spritze bekommt. Das letztemal ist es verträdelt worden, und sie hat Höllenqualen ausgestanden. Die anderen sehen sie mit milder Mißbilligung an. *Sie* jammern nicht nach Spritzen, sie beabsichtigen nicht, Höllenqualen auszustehen. Die Höllenqualen kommen von der falschen Einstellung, meinen sie. Die Bücher sprechen von *Unbehagen.*

«Das ist kein Unbehagen, Kindchen, das sind Schmerzen!» sagt die Frau.

Die anderen lächeln beklommen, und die Unterhaltung gleitet wieder zu den Wegwerfwindeln ab.

Die vitamingestärkte, gewissenhafte, belesene Jeanie, der es gelungen ist, Morgenerbrechen, Krampfadern, Schwangerschaftsstreifen, Blutvergiftung und Depressionen zu vermeiden, die keine Gelüste gehabt hat, kein Verschwimmen vor den Augen – warum wird sie denn von dieser anderen verfolgt? Zuerst war es nur ein kurzer Blick hier und da, in der Kinderkleidungsabteilung im Untergeschoß von Simpson's, in der Supermarktschlange, an Straßenecken, an denen sie in A.s Auto vorbeiglitt: das verhärmte Gesicht, der aufgeblähte Leib, das Kopftuch, das das zu spärliche Haar nach hinten hielt. Jedenfalls war es Jeanie, die sie sah, nicht umgekehrt. Falls sie wußte, daß sie Jeanie verfolgte, gab sie es durch kein Zeichen zu verstehen.

Während Jeanie diesem Tag immer näher gekommen ist, dem unbekannten Tag, an dem sie gebären wird, während die Zeit um sie herum sich verdichtet hat, so daß sie zu etwas wurde, wodurch man sich hindurcharbeiten muß, eine Art Matsch, nasse Erde unter dem Fuß, hat sie diese Frau immer öfter gesehen, wenn auch immer aus einiger Entfernung. Je nach Licht ist sie abwechselnd als junges Mädchen von vielleicht zwanzig und dann als ältere Frau von vierzig oder fünfundvierzig erschienen, aber für Jeanie gab es niemals einen Zweifel darüber, daß es dieselbe Frau war. Es fiel ihr nicht einmal ein, daß diese Frau nicht im üblichen Sinne wirklich war (vielleicht war sie es ursprünglich beim ersten oder zweiten Anblick, wie die Stimme, die ein Echo hervorruft, wirklich ist), bis A. auf der Fahrt zur Klinik an einer roten Ampel anhielt und die Frau, die mit einer braunen Papiertüte im Arm an der Ecke gestanden hatte, einfach die Beifahrertür des Autos öffnete und einstieg. A. reagierte nicht, und Jeanie hütet sich, etwas zu sagen. Sie ist sich darüber im klaren, daß die Frau nicht wirklich da ist, Jeanie ist nicht verrückt. Sie könnte die Frau sogar verschwinden lassen, wenn sie die Augen weiter aufrisse, hinstarrte, aber nur die Gestalt würde verschwinden, nicht das Gefühl. Jeanie hat nicht direkt Angst vor dieser Frau. Sie hat Angst um sie.

Als sie die Klinik erreichen, steigt die Frau aus dem Auto und ist schon durch den Eingang, bis A. herumgekommen ist, um Jeanie aus dem Rücksitz zu helfen. In der Eingangshalle ist sie nirgends zu sehen. Jeanie durchläuft die üblichen Aufnahmeformalitäten, unbeschattet.

Während der Nacht hat es eine Epidemie von Neugeborenen gegeben, und die Wochenstation ist überfüllt. Jeanie wartet hinter einem Wandschirm auf ihr Zimmer. In der Nähe schreit jemand, schreit und murmelt zwischen den Schreien in einer, wie es sich anhört, fremden Sprache. Portugiesisch, denkt Jeanie. Sie sagt sich, daß es bei ihnen anders ist, sie müssen schreien, sie werden für komisch gehalten, wenn sie nicht schreien, es ist ein notwendiger Teil des Gebärens. Trotzdem weiß sie, daß die schreiende Frau die andere Frau ist und daß sie vor Schmerz schreit. Jeanie horcht auf die andere Stimme, auch die einer Frau, tröstend, beruhigend: ihre Mutter? Eine Krankenschwester?

A. kommt, und sie sitzen unbehaglich da und hören die Schreie. Schließlich wird nach Jeanie geschickt, und sie geht zur Vorbereitung. Prüfungsvorbereitung, denkt sie. Sie zieht ihre Kleider aus – wann wird sie sie wiedersehen? – und zieht das Kliniknachthemd an. Sie wird untersucht, bekommt ein Namensschild ums Handgelenk und einen Einlauf. Sie sagt der Krankenschwester, daß sie kein Demerol bekommen darf, weil sie allergisch darauf ist, und die Schwester schreibt es auf. Jeanie weiß nicht, ob das stimmt oder nicht, aber sie möchte kein Demerol, sie hat ihre Bücher gut gelesen. Sie beabsichtigt, um ihr Schamhaar zu kämpfen – bestimmt wird sie ihre Kraft verlieren, wenn es ganz abrasiert wird –, aber es stellt sich heraus, daß die Schwester gar kein Prinzip daraus macht. Man sagt ihr, daß ihre Wehen noch nicht weit genug sind, um ernst genommen zu werden, sie kann sogar noch Mittag essen. Sie zieht ihren Morgenmantel an und kehrt zu A. in das eben freigemachte Zimmer zurück, ißt etwas Tomatensuppe und ein Kalbskotelett und beschließt, ein bißchen zu schlafen, während A. Einkäufe machen geht.

Jeanie wacht auf, als A. zurückkommt. Er hat eine Zeitung mitgebracht, ein paar Krimis für Jeanie und eine Flasche Whisky für sich. A. liest Zeitung und trinkt Whisky, und Jeanie liest *Poirots frühe Fälle.* Es gibt keinen Zusammenhang zwischen Poirot und ihren Wehen, die jetzt stärker werden, außer vielleicht der Eierform von Poirots Kopf und den Kürbissen, die er bekanntlich an nassen Wollsträngen (Plazenten, Nabelschnüren?) zieht. Sie ist froh, daß die Geschichten kurz sind; sie geht jetzt zwischen den Wehen im Zimmer herum. Mittag zu essen war eindeutig ein Fehler.

«Ich glaube, ich habe Kreuzwehen», sagt sie zu A. Sie holen das Handbuch heraus und lesen die Anweisungen dafür. Es ist praktisch, daß alles einen Namen hat. Jeanie kniet sich aufs Bett und legt die Stirn auf die Arme, während A. ihr den Rükken reibt. A. gießt sich noch einen Whisky ein, in das Klinikglas. Die Schwester, in Rosa, kommt, schaut, fragt nach den Zeiten und geht wieder fort. Jeanie fängt an zu schwitzen. Sie schafft nur etwa eine halbe Seite Poirot, dann muß sie wieder ins Bett steigen und anfangen zu atmen und die farbigen Zahlen zu durchlaufen.

Als die Schwester zurückkommt, bringt sie einen Rollstuhl mit. Es ist Zeit, nach unten ins Wehenzimmer zu gehen, sagt sie. Jeanie kommt sich im Rollstuhl dumm vor. Sie hält sich die Bauersfrauen vor, die auf dem Feld Kinder bekommen, Inderinnen, die sie beim Lastenschleppen bekommen, ohne viel Aufhebens. Sie fühlt sich ausgepumpt. Die Klinik will jedenfalls, daß sie gefahren wird, und angesichts der Tatsache, daß die Schwester winzig ist, ist es vielleicht ganz gut so. Was ist, wenn Jeanie doch zusammenklappt? Trotz all ihrer couragierten Reden? Ein Bild der winzigen rosa Krankenschwester, ameisenhaft, die große Jeanie durch die Korridore wälzend, sie dahinrollend wie einen schweren Strandball.

Als sie am Anmeldeschalter vorbeikommen, wird eine mit einem Tuch zugedeckte Frau auf einem Operationstisch vorbeigerollt. Ihre Augen sind geschlossen, und aus einer Flasche tropft etwas durch einen Schlauch in ihren Arm. Etwas ist nicht in Ordnung. Jeanie sieht sich um – sie glaubt, daß es die andere Frau war –, aber der zugedeckte Tisch wird jetzt von dem Schalter verdeckt.

In dem dämmrigen Wehenzimmer zieht Jeanie ihren Morgenmantel aus, und die Schwester hilft ihr auf das Bett. A. bringt ihren Koffer, der eigentlich kein Koffer ist, sondern ein kleiner Bordcase; die Bedeutung dieser Tatsache ist Jeanie nicht entgangen, und in der Tat hat sie jetzt ähnlich beklommene Gefühle wie die, die sie mit Flugzeugen verbindet, die Furcht vor einem Absturz eingeschlossen. Sie packt ihre Zitronendrops, ihre Brille, ihren Waschlappen und die anderen Dinge aus, von denen sie glaubt, daß sie sie brauchen wird. Sie nimmt die Kontaktlinsen heraus und legt sie in ihr Döschen und erinnert A. daran, daß sie nicht verlorengehen dürfen. Jetzt ist sie fast blind.

Etwas ist noch in ihrer Tasche, was sie nicht herausnimmt. Es ist ein Talisman, den sie vor mehreren Jahren als Souvenir von einer vielreisenden Freundin bekommen hat. Es ist ein abgerundetes Rechteck aus undurchsichtigem blauen Glas mit vier gelbweißen augenähnlichen Formen darauf. In der Türkei, hat ihre Freundin ihr erzählt, hängt man sie den Maultieren um, als Schutz gegen den bösen Blick. Jeanie weiß, daß dieser Talisman bei ihr wahrscheinlich nicht wirken wird, sie ist weder eine Türkin noch ein Maultier, aber es gibt ihr ein sichereres Gefühl, ihn bei sich im Zimmer zu haben. Sie hatte vorgehabt, ihn während der schwersten Phase der Geburt in der Hand zu halten, aber irgendwie ist keine Zeit mehr, Pläne wie diesen auszuführen.

Eine alte Frau, eine dicke alte Frau, ganz grün angezogen, kommt ins Zimmer und setzt sich neben Jeanie. Sie sagt zu A., der an Jeanies anderer Seite sitzt: «Das ist eine gute Uhr. Uhren wie die werden gar nicht mehr hergestellt.» Sie meint seine goldene Taschenuhr, eine seiner wenigen Extravaganzen, die auf dem Nachttisch liegt. Dann legt sie ihre Hand auf Jeanies Bauch, um die Wehen zu fühlen. «Das ist gut», sagt sie; sie hat einen schwedischen oder deutschen Akzent. »Das nenne ich eine Wehe. Vorher war es ja gar nichts.» Jeanie kann sich nicht erinnern, sie vorher schon einmal gesehen zu haben. «Gut. Gut.»

«Wann wird es kommen?» fragt Jeanie, als sie wieder sprechen kann, als sie nicht mehr zählt.

Die alte Frau lacht. Zweifellos hat dieses Lachen, haben diese Stammeshände schon über Tausende von Betten, Tausende von Küchentischen den Vorsitz geführt . . . «Noch lange nicht», sagt sie. «Acht, zehn Stunden.»

«Aber ich *mach'* das doch schon zwölf Stunden», sagt Jeanie.

«Keine starken Wehen», sagt die Frau. «Nicht gut, wie diese.»

Jeanie richtet sich innerlich auf das lange Warten ein. Im Augenblick weiß sie nicht mehr, warum sie überhaupt ein Kind bekommen wollte. Diese Entscheidung wurde von jemand anderem getroffen, dessen Motive jetzt unklar sind. Sie erinnert sich an die Art, wie Frauen, die schon Kinder bekommen hatten, einander anzulächeln pflegten, geheimnisvoll, als wüßten sie etwas, was sie nicht wußte, die Art, wie sie sie beiläufig aus ihrem Bezugsrahmen ausschlossen. Worin bestand das Wissen, das Geheimnis, oder war ein Kind zu bekommen wirklich nicht unerklärlicher, als einen Autounfall oder einen Orgasmus zu haben? (Doch auch diese waren unbeschreiblich, Ereignisse des Körpers, sie alle; warum sollte der Geist sich quälen, mit dem Versuch, eine Sprache dafür zu finden?) Sie hat sich geschworen, sie wird das niemals einer Frau ohne Kinder antun, sich an diesen Parolen und diesem Ausschließen zu beteiligen. Sie ist alt genug, sie hat genügend Jahre davon erlebt, um es ermüdend und grausam zu finden.

Aber – und dies ist der Teil von Jeanie, der zu dem in ihrer Tasche versteckten Talisman paßt, nicht zu dem Teil, der Küchenschränke schreinern und Schinken räuchern möchte – heimlich hofft sie auf etwas Geheimnisvolles. Etwas, was mehr ist als dies, etwas anderes, eine Vision. Schließlich riskiert sie ihr Leben, obwohl es nicht sehr wahrscheinlich ist, daß sie sterben wird. Immerhin, einige Frauen tun es. Innere Blutungen, Schock, Herzversagen, ein Verschulden anderer, einer Krankenschwester, eines Arztes. Sie verdient eine Vision, sie verdient, etwas mit zurückbringen zu dürfen von diesem finsteren Ort, zu dem sie sich jetzt so schnell hinunterbewegt.

Einen Augenblick lang denkt sie an die andere Frau. Auch deren Motive sind unklar. Warum will sie kein Kind bekommen? Ist sie vergewaltigt worden, hat sie schon zehn andere Kinder, ist sie am Verhungern? Warum hat sie nicht abgetrieben? Jeanie weiß es nicht, und eigentlich spielt es auch keine Rolle mehr, warum. Laß das Daumenhalten, denkt Jeanie an sie gerichtet. Ihr Gesicht, von Schmerz und Schrecken entstellt, schwimmt kurz hinter Jeanies Augen, bevor auch es weggleitet.

Jeanie versucht, hinunter zu dem Kind zu dringen, wie sie es schon oft zuvor getan hat, Wellen von Liebe, Farbe, Musik auszustrahlen, hinunter, durch ihre Arterien zu ihm, aber sie stellt fest, daß sie es nicht mehr kann. Sie kann das Kind nicht mehr als Kind fühlen, mit stoßenden, tretenden, sich drehenden Armen und Beinen. Es hat sich gesammelt, es ist eine harte Kugel, es hat jetzt keine Zeit, ihr zuzuhören. Sie ist dankbar dafür, denn sie ist ohnehin nicht sicher, wie gut die

Botschaft sein würde. Sie hat auch keine Kontrolle mehr über die Zahlen, sie kann sie nicht mehr sehen, obwohl sie mechanisch zu zählen fortfährt. Sie merkt, daß sie für das Falsche geübt hat. A., der gegen ihr Knie preßte, war gar nichts, sie hätte hierfür üben sollen, was immer dies ist.

«Mach langsamer», sagt A. Sie liegt jetzt auf der Seite, er hält ihre Hand. «Mach ganz langsam.»

«Ich kann nicht, ich kann es nicht, ich kann das nicht.»

«Doch, du kannst es.»

«Wird das bei mir auch so klingen?»

«Wie?» fragt A. Vielleicht hat er es nicht gehört; es ist die andere Frau, im Zimmer nebenan oder im übernächsten Zimmer. Sie schreit und weint, schreit und weint. Während sie weint, sagt sie immer, immer wieder: «Es tut weh. Es tut weh.»

«Nein, das wird es nicht», sagt er. Also ist da doch jemand.

Eine Ärztin kommt herein, nicht ihre Ärztin. Sie wollen, daß sie sich auf den Rücken umdreht.

«Ich kann nicht», sagt sie. «Ich mag es so nicht.» Die Geräusche sind zurückgegangen, sie hat Schwierigkeiten, sie zu verstehen. Sie dreht sich um, und die Ärztin tastet mit ihrer gummibehandschuhten Hand. Etwas Nasses, Heißes fließt über ihre Schenkel.

«Sie war gerade im Begriff zu platzen», sagt die Ärztin. «Ich brauchte sie nur noch zu berühren. Vier Zentimeter», sagt sie zu A.

«Nur vier?» sagt Jeanie. Sie fühlt sich betrogen, sie können nicht recht haben. Die Ärztin sagt, ihre Ärztin wird rechtzeitig gerufen werden. Jeanie ist empört über sie. Sie haben nicht verstanden, aber es ist zu spät, es zu sagen, und sie schlüpft zurück an den dunklen Ort, der nicht die Hölle ist, der eher wie ein Drinsein ist, ein Versuch herauszukommen. *Raus,* sagt sie oder denkt es. Dann schwebt sie, die Zahlen sind fort, wenn jemand sie heißen würde aufzustehen, aus dem Zimmer zu gehen, einen Kopfstand zu machen, würde sie es tun. Jede Minute kommt sie wieder hoch, ringt nach Luft.

«Du atmest zu schnell», sagt A. «Mach langsamer.» Er reibt ihr jetzt den Rücken fest, und sie nimmt seine Hand und schiebt sie böse weiter nach unten, an die richtige Stelle, die nicht mehr die richtige Stelle ist, sobald seine Hand da ist. Sie erinnert sich an eine Geschichte, die sie einmal gelesen hat, von den Nazis, die jüdischen Frauen während der Wehen die Beine zusammengebunden haben. Sie hat früher nie richtig verstanden, wie das einen umbringen kann.

Eine Schwester kommt mit einer Spritze. «Ich will das nicht», sagt Jeanie.

«Seien Sie nicht so streng mit sich», sagt die Schwester. «Solche Schmerzen brauchen Sie nicht auszuhalten.» *Welche Schmerzen?* denkt Jeanie. Wenn kein Schmerz da ist, spürt sie nichts, wenn Schmerz da ist, spürt sie nichts, weil es kein *sie* gibt. Dies ist endlich das Verschwinden der Sprache. *Man weiß nachher nichts mehr davon,* haben ihr fast alle gesagt.

Jeanie kommt aus einer Wehe, tastet nach Kontrolle. «Wird das dem Kind schaden?» fragt sie.

«Es ist ein mildes Schmerzmittel», sagt die Ärztin. «Wir lassen nichts zu, was dem Kind schaden könnte.» Jeanie glaubt es nicht. Trotzdem wird sie gespritzt, und die Ärztin hat recht, es ist sehr mild, es scheint Jeanie nämlich überhaupt nichts zu nützen, obwohl A. ihr später erzählt, daß sie zwischen den Wehen kurz geschlafen hat.

Plötzlich setzt sie sich kerzengerade auf. Sie ist hellwach und klar. «Du mußt jetzt sofort klingeln», sagt sie. «Das Kind kommt!»

A. glaubt ihr offenbar nicht. «Ich spür' es, ich spüre den Kopf», sagt sie. A. drückt den Knopf der Bereitschaftsklingel. Eine Schwester kommt und untersucht sie, und jetzt passiert alles zu schnell, keiner ist bereit. Sie machen sich auf den Weg, den Flur entlang, die Schwester rollt das Bett. Jeanie fühlt sich gut. Sie beobachtet die Korridore, alle Ränder sind schattenhaft, weil sie ihre Brille nicht aufhat. Sie hofft, A. wird daran denken, sie mitzubringen. Sie kommen an einer anderen Ärztin vorbei.

«Werde ich gebraucht?» fragt sie.

«Nein, nein», antwortet die Schwester munter. «Natürliche Geburt.»

Jeanie wird klar, daß diese Frau die Anästhesistin gewesen sein muß. «Was?» sagt sie, aber jetzt ist es zu spät, sie sind in dem Saal selbst, all diese glänzenden Flächen, röhrenförmige, seltsame Apparaturen, wie in einem Science-Fiction-Film, und die Schwester weist sie an, auf den Entbindungstisch zu steigen. Keiner sonst ist im Zimmer.

«Sie sind wohl verrückt», sagt Jeanie.

«Nicht pressen», sagt die Schwester.

«Was soll das denn?» sagt Jeanie. Es ist absurd. Warum soll sie warten, warum soll das Baby auf sie warten, nur weil sie zu spät dran sind?

«Atmen Sie durch den Mund», sagt die Schwester. «Hecheln», und endlich erinnert sich Jeanie daran, wie es geht. Als die Wehe vorbei ist, benutzt sie den Arm der Schwester als Hebel und schiebt sich hinüber auf den Tisch.

Von irgendwoher taucht ihre Ärztin auf, die schon ihren Arztkittel anhat und noch mehr wie Mary Poppins aussieht als gewöhnlich, und Jeanie sagt: «Ich wette, Sie haben mich nicht so früh erwartet!» Das Baby wird jetzt geboren, zu dem Zeitpunkt, den Jeanie vorausgesagt hat, obwohl die Ärztin noch vor drei Tagen gesagt hat, es würde mindestens noch eine Woche dauern, und das gibt Jeanie ein triumphierendes und selbstzufriedenes Gefühl. Dabei hat sie es nicht gewußt, sie hatte der Ärztin geglaubt.

Sie wird mit einem grünen Tischtuch zugedeckt, sie brauchen viel zu lang, sie hat das Gefühl, sie muß das Kind jetzt herauspressen, noch bevor sie bereit sind. A. ist da, in der Nähe ihres Kopfes, in Gewänder, Mützen, Masken gehüllt. Er hat ihre Brille vergessen. «Jetzt pressen!» sagt die Ärztin. Jeanie klammert mit den Händen, beißt die Zähne zusammen, das Gesicht, den ganzen Körper, ein Zähnefletschen, ein grimmiges Lächeln, das Kind ist riesig, ein Stein, ein Brocken, ihre Knochen schließen sich auf, und einmal, zweimal, beim drittenmal öffnet sie sich wie ein Vogelkäfig, der langsam sein Inneres nach außen kehrt. Eine Pause; ein nasses Kätzchen rutscht zwischen ihre Beine. «Warum schauen Sie nicht her?» sagt die Ärztin, aber Jeanie hat noch immer die Augen geschlossen. Keine Brille, sie hätte sowieso nichts sehen können. «Warum schauen Sie nicht her?» sagt die Ärztin noch einmal.

Jeanie öffnet die Augen. Sie sieht das Baby, das neben sie gefahren worden ist und dessen erschreckendes Geburtsrot schon verblaßt. *Ein gutes Baby*, denkt sie und meint es, wie die alte Frau es gemeint hat: *eine gute Uhr*, gut gearbeitet, solide. Das Baby schreit nicht; es blinzelt in das neue Licht. Das Leben ist nichts, was ihm geschenkt worden ist, noch hat es das Leben entgegengenommen. Es war nur etwas, was geschehen ist, damit sie einander so begrüßen können. Die Schwester fädelt Buchstabenperlen für den Namen auf. Als das Baby gewickelt und neben Jeanie gelegt worden ist, schläft es ein.

Und die Vision? Es hat keine gegeben. Jeanie ist sich keines besonderen Wissens bewußt; schon vergißt sie, wie es gewesen ist. Sie ist müde, und ihr ist sehr kalt; sie zittert und bittet um eine weitere Decke. A. kommt mit ihr zurück ins Zimmer; ihre Kleider sind noch da. Alles ist still, die andere Frau schreit nicht mehr. Etwas ist ihr zugestoßen, das weiß Jeanie, ist sie tot? Ist das Kind tot? Vielleicht ist sie einer jener Fälle (und wie kann Jeanie selber sicher sein, daß sie nicht auch dazugehören wird), die in eine Nachgeburtsdepression verfallen und nie mehr davon loskommen.

«Siehst du, es war kein Grund zur Angst», sagt A., bevor er geht. Aber er hat nicht recht gehabt.

Am nächsten Morgen wacht Jeanie auf, als es hell ist. Man hat sie gewarnt, nicht ohne Hilfe einer Schwester zum erstenmal aufzustehen, aber sie beschließt, es trotzdem zu tun (Bäuerin auf dem Feld! Inderin beim Lastentragen!). Sie steht noch unter der Wirkung des Adrenalins; sie ist auch schwächer, als sie gedacht hat, aber sie möchte so gern aus dem Fenster sehen. Sie hat das Gefühl, zu lange drinnen gewesen zu sein, sie möchte die Sonne aufgehen sehen. Wenn sie so früh wach ist, fühlt sie sich immer ein wenig unwirklich, ein wenig immateriell, als sei sie teilweise durchsichtig, teilweise tot.

(So ist doch schließlich mir das Leben geschenkt worden, Jeanie hat es mir geschenkt, ich bin das Ergebnis. Wie würde sie sie finden? Würde sie sich freuen?)

Das Fenster besteht aus zwei Scheiben mit einer Jalousie dazwischen; sie dreht sich mit Hilfe eines Knopfes an der Seite. Jeanie hat noch nie ein solches Fenster gesehen. Sie schließt und öffnet die Jalousie mehrere Male. Dann läßt sie sie offen und schaut hinaus.

Das einzige, was sie von dem Fenster aus sieht, ist ein Gebäude. Es ist ein altes Steingebäude, schwer und viktorianisch, mit einem grün oxydierten Kupferdach. Es ist fest, hart, von Ruß geschwärzt, streng, bleiern. Aber während sie dieses so alte und anscheinend unveränderbare Gebäude betrachtet, sieht sie, daß es aus Wasser ist. Wasser und einer dünnen, geleeartigen Substanz. Licht fließt von hinten hindurch (die Sonne geht auf), das Gebäude ist so dünn, so zerbrechlich, daß es im leichten Frühwind zittert. Jeanie begreift: Wenn das Gebäude so ist (eine Berührung könnte es zerstören, ein Kräuseln der Erde, warum hat es keiner bemerkt, es gegen Unfälle geschützt?), dann muß der Rest der Welt auch so sein, die ganze Erde, die Felsen, Menschen, Bäume, alles muß geschützt werden, umsorgt, gepflegt. Die Riesigkeit dieser Aufgabe überwältigt sie; sie wird dem niemals gewachsen sein, und was wird dann geschehen?

Jeanie hört Schritte im Gang vor ihrer Tür. Sie denkt, es muß dic andere Frau sein, in ihrem braun und kastanienbraun karierten Mantel, mit ihrer Papiertüte in der Hand, die die Klinik verläßt, jetzt, wo ihre Arbeit getan ist. Sie hat Jeanie wohlbehalten durchgebracht, sie muß jetzt gehen, um die Straßen der Stadt nach ihrem nächsten Fall abzusuchen. Aber die Tür geht auf, es ist nur eine Schwester, die gerade recht kommt, um Jeanie aufzufangen, als sie zu Boden sinkt, sich noch an der Kante der Klimaanlage festhält. Die Schwester schimpft mit ihr, daß sie so früh aufgestanden ist.

Danach wird das kleine Mädchen hereingebracht, fest, solide, zusammengepackt wie ein Apfel. Jeanie untersucht sie, sie ist vollständig, und in den Tagen, die folgen, wird Jeanie selbst mit neuen Worten überspült, ihr Haar wird langsam dunkel, sie hört auf zu sein, was sie war, und wird allmählich durch jemand anderen ersetzt.

Autoren- und Quellenverzeichnis

Sibilla Aleramo, 1876–1960, entwickelte in ihrem autobiographischen Roman «Una donna» von 1906 ein politisches Konzept sozialen Zusammenlebens.
Geschichte einer Frau 38
Aus: Una donna. Geschichte einer Frau, S. 36–41, Frankfurt 1976. Mit freundlicher Genehmigung des Verlags Neue Kritik, Frankfurt. Übersetzung: Michaela Wunderle.

Margaret Atwood, 1939 in Ottawa geboren, schrieb die Romane «Lady Orakel», «Die eßbare Frau» u. a.
Das Leben schenken 272
Aus: Unter Glas. Erzählungen, S. 273–291, Düsseldorf 1986. Deutsch von Helga Pfertsch. Mit freundlicher Genehmigung des Claassen Verlags, Düsseldorf.

Tschingis Aitmatow, 1928 geboren, ist nicht nur in der Sowjetunion ein viel gelesener Schriftsteller; seine Novelle «Dshamila» nennt Louis Aragon eine der schönsten Liebesgeschichten der Welt. In «Der Weg des Schnitters» berichtet Aitmatow vom Alltag kleiner Leute: Die Geschichte der Landarbeiterin Tolgonai, ihre Liebe zu ihrem Mann und ihren vier Söhnen, die sie dem Feld, «Mutter Erde», erzählt.
Der Weg des Schnitters 209
Aus: Der Weg des Schnitters, S. 63–79, München 1985. Mit freundlicher Genehmigung des Weismann Verlages, München. Übersetzung: Ursula Röhrig.

Mariama Bâ, geboren 1929 in Dakar, Senegal, als Tochter eines Politikers. Mariama Bâ starb 1981, nachdem sie ihren zweiten Roman «Der scharlachrote Gesang» veröffentlicht hatte.
Das ist nun einmal das Los der Mütter 172
Aus: Ein so langer Brief, S. 94–106, Berlin 1983. Mit freundlicher Genehmigung des Ullstein Verlages, Berlin. Übersetzung: Irmgard Rathke.

Simone de Beauvoir, eine der führenden Gestalten des französischen Existentialismus, wurde 1908 in Paris geboren. In ihren «Memoiren einer Tochter aus gutem Hause» erzählt sie schlicht und intelligent ihre eigne Geschichte. Simone de Beauvoir starb 1986.

Memoiren einer Tochter aus gutem Hause 70
Aus: Memoiren einer Tochter aus gutem Hause, S. 37–41, Reinbek o. J. Mit freundlicher Genehmigung des Rowohlt Verlages, Reinbek. Übersetzung: Eva Rechel-Mertens.

Walter Benjamin, 1892–1940, schrieb als Denker und Essayist keine umfangreichen Werke, sondern vertraute der Spontaneität seines Denkens und seiner Orientierung am Konkreten. Dem entspricht auch die Intensität und präzise Bewußtheit der «Berliner Kindheit um Neunzehnhundert».
Berliner Kindheit um Neunzehnhundert 34
Aus: Berliner Kindheit um 1900, S. 83–86, Frankfurt 1975. Mit freundlicher Genehmigung des Suhrkamp Verlages, Frankfurt.

Barbara Bronnen, 1938 in Berlin geboren, hat sich in ihren Romanen wiederholt mit dem Bild der Mutter auseinandergesetzt: in «Die Tochter» ebenso wie in «Die Überzählige». Der hier abgedruckte Ausschnitt stammt aus einem noch unveröffentlichten Manuskript.
Meine Mutter und das Meer 145

Albert Cohen, 1895 als Sohn einer jüdischen Familie russischer Herkunft in Korfu geboren, wurde bei uns durch den Roman «Die Schöne des Herrn» bekannt. Cohen starb 1981 in Genf.
Das Buch meiner Mutter 196
Aus: Das Buch meiner Mutter, S. 58–74, Stuttgart 1984. Mit freundlicher Genehmigung des Klett-Cotta Verlages, Stuttgart. Übersetzung: Lilly von Sauter.

Marie von Ebner-Eschenbach, 1830–1916, wurde als Tochter des Freiheitskämpfers Major Graf Dubsky und einer bürgerlichen Mutter auf dem väterlichen Gut Zdislawitz geboren und begründete ihren Ruhm mit zahlreichen Erzählungen und Novellen.
Die Totenwacht 223
Aus: Erzählungen, S. 301–320, München 1958.

Oriana Fallaci, 1929 in Florenz geboren, stammt aus einer Journalistenfamilie. Bereits mit 17 Jahren schrieb sie ihre ersten Artikel in der Kriminalrubrik einer Tageszeitung. Heute zählt sie zu den engagiertesten und profiliertesten Journalistinnen Europas und ist eine weltweit anerkannte Autorin.
Brief an ein nie geborenes Kind 13
Aus: Brief an ein nie geborenes Kind, S. 7–15, Frankfurt 1977. Mit freundlicher Genehmigung des S. Fischer Verlages, Frankfurt. Übersetzung: Heinz Riedt.

Oskar Maria Graf, 1894–1967, war der Sohn eines Bäckers und einer Bauerntochter. Im Roman «Das Leben meiner Mutter» schildert er das Lebensbild einer einfachen Frau.
Die Entdeckung der Mutter 77
Aus: Das Leben meiner Mutter, S. 75–85, München o. J. Mit freundlicher Genehmigung des Süddeutschen Verlages.

Peter Handke, 1942 in Kärnten geboren, gibt uns in seiner Erzählung «Wunschloses Unglück» kein abgeschlossenes Bild seiner Mutter, vielmehr arbeitet er mit Übereinstimmungen und Widersprüchlichkeiten und «vergleicht den allgemeinen Formelvorrat für die Biographie eines Frauenlebens satzweise mit dem besonderen Leben» seiner Mutter.
Wunschloses Unglück 260
Aus: Wunschloses Unglück, S. 7–25, Frankfurt 1984. Mit freundlicher Genehmigung des Suhrkamp Verlages, Frankfurt.

Yasushi Inoue, 1905 auf der Insel Hokkaido geboren, ist einer der berühmtesten japanischen Schriftsteller. Er veröffentlichte unter anderem den Roman «Die Eiswand» und «Das Jagdgewehr».
Meine Mutter 243
Aus: Meine Mutter. Erzählungen, S. 55–79, Frankfurt 1987. Mit freundlicher Genehmigung des Suhrkamp Verlages, Frankfurt. Übersetzung: Oscar Benl.

Marie Luise Kaschnitz, 1901 in Karlsruhe geboren, starb 1974 in Rom.
Das Bild der Mutter 112
Aus: Orte, Aufzeichnungen, S. 137, Frankfurt 1973. Mit freundlicher Genehmigung des Insel Verlages, Frankfurt.

Christian Graf von Krockow, 1927 in Pommern geboren, erzählt in seinem «Bericht aus Pommern 1944 bis 1947» die Geschichte seiner Schwester Libussa Fritz Krockow.
Die Stunde der Frauen 90
Aus: Die Reise nach Pommern, S. 99–112, Stuttgart 1987. Mit freundlicher Genehmigung der Deutschen Verlags-Anstalt, Stuttgart.

August Kühn, 1936 in München geboren, debütierte mit Prosa aus einem Münchner Arbeiterviertel.
Meine Mutter 1907 113
Aus: Meine Mutter 1907, S. 7–20, München 1986. Mit freundlicher Genehmigung des Schneekluth Verlages, München.

Jakov Lind, 1927 in Wien geboren, schrieb sein «Selbstporträt» mit 43 Jahren: die Geschichte von J. L., der als Jude in Wien aufwächst, einer Stadt, die er liebt und haßt.

Selbstporträt 135
Aus: Selbstporträt, S. 33–37, Frankfurt 1983. Mit freundlicher Genehmigung des S. Fischer Verlages, Frankfurt.

Waltraud Anna Mitgutsch, 1948 in Oberösterreich geboren, schrieb «Die Züchtigung», die Geschichte ihrer Kindheit, 1985.
Die Züchtigung 158
Aus: Die Züchtigung, S. 7–13, Düsseldorf 1985. Mit freundlicher Genehmigung des Claasen Verlages, Düsseldorf.

Marcel Proust, 1871 in Auteuil geboren, starb 1922 in Paris. Er stammte aus wohlhabendem Bürgerhaus und erfuhr die besondere Fürsorge seiner Mutter, da er seit seinem zehnten Lebensjahr an Asthma litt. Er zog sich fast ganz aus dem gesellschaftlichen Leben zurück, um «Auf der Suche nach der verlorenen Zeit» zu schreiben.
Brief an die Mutter 192
Aus: Briefwechsel mit der Mutter, S. 107 ff., Frankfurt 1970. Mit freundlicher Genehmigung des Suhrkamp Verlages, Frankfurt. Übersetzung: Eva Rechel-Mertens.

Fabrizia Ramondino, 1936 in Neapel geboren, studierte in Deutschland Sprachen und verdiente sich ihren Lebensunterhalt an der Berlitz School in München, seit 1957 lebt sie wieder in Italien. 1981 erschien ihr Roman «Althénopis», der mit dem Premio Napoli ausgezeichnet wurde; in deutscher Übersetzung erschien der Roman 1986.
Das Häuschen 44
Aus: Althénopis. Kosmos einer Kindheit, S. 49–74, Zürich 1986. Mit freundlicher Genehmigung des Arche Verlages, Zürich. Übersetzung: Maja Pflug.

Lou Andreas-Salome wurde 1861 in Petersburg geboren und starb 1937 in Göttingen; sie war die Tochter eines russischen Generals und verbrachte ihre Kindheit in Petersburg. In «Lebensrückblick» veröffentlichte sie den «Grundriß einiger Lebenserinnerungen».
Erleben an der Familie 127
Aus: Lebensrückblick, S. 50–58, Frankfurt o. J. Mit freundlicher Genehmigung des Insel Verlages, Frankfurt.

Saliha Scheinhardt, 1950 in der Türkei geboren, erzählt in ihrem ersten Roman ihre Kindheit in Anatolien.
Träne für Träne werde ich heimzahlen 165
Aus: Träne für Träne werde ich heimzahlen, S. 18–24, Reinbek o. J. Mit freundlicher Genehmigung des Rowohlt Verlages, Reinbek.

George Simenon, 1903 in Lüttich geboren, begann als Reporter und veröffentlichte seitdem über 200 Romane unter seinem Namen, dazu zahlreiche unter Pseudonym.

Aus: Brief an meine Mutter, S. 5–20, Zürich 1978. Mit freundlicher Genehmigung des Diogenes Verlages, Zürich. Übersetzung: Trude Fein.

KARIN STRUCK, 1947 in Schlagtow geboren, veröffentlichte u. a. «Klassenliebe», «Bitteres Wasser» und «Die Mutter».

Aus: Die Mutter, S. 83 ff., Frankfurt 1975. Mit freundlicher Genehmigung des Suhrkamp Verlages, Frankfurt.

ROBERT WALSER, 1878–1956, schrieb in rascher Folge die Romane «Geschwister Tanner», «Der Gehülfe» und «Jakob von Gunten».

Aus: Das Gesamtwerk, Bd. II, hrsg. v. Jochen Greven, S. 168 f., Genf 1966, Frankfurt 1978. Mit freundlicher Genehmigung des Suhrkamp Verlages, Frankfurt.

PETER WEISS, 1916 in Nowawes bei Berlin geboren, starb 1982 in Stockholm. Er ging den Weg der Selbsterforschung in «Abschied von den Eltern». Weiss schrieb u. a. auch Dramen wie Marat/Sade und die «Ermittlung», Essays und Gedichte.

Aus: Abschied von den Eltern, S. 45 ff., Frankfurt 1964. Mit freundlicher Genehmigung des Suhrkamp Verlages, Frankfurt.

GABRIELE WOHMANN, 1932 in Darmstadt geboren, beschreibt in ihrem Buch «Ausflug mit der Mutter» den Alltag ihrer Mutter, die nach dem Tod des Vaters allein war.

Aus: Ausflug mit der Mutter, S. 5–13, Darmstadt 1976. Mit freundlicher Genehmigung des Hermann Luchterhand Verlages, Darmstadt.

VIRGINIA WOOLF, 1882 als Tochter des Biographen und Literaten Sir Leslie Stephen in London geboren, schied 1941 freiwillig aus dem Leben. In ihren «Skizzierten Erinnerungen» mit dem Titel «Augenblicke» behandelt sie den Zeitraum ihrer Kindheit.

Aus: Augenblicke, S. 111–115, Frankfurt 1986. Mit freundlicher Genehmigung des S. Fischer Verlages, Frankfurt. Übersetzung: Elizabeth Gilbert.

Frauenfragen

Elisabeth Beck-Gernsheim
Die Kinderfrage
Frauen zwischen Kinderwunsch und Unabhängigkeit
1988. 193 Seiten. Paperback
Beck'sche Reihe Band 362

Sandra Scarr
Wenn Mütter arbeiten
Wie Kinder und Beruf sich verbinden lassen
Aus dem Englischen von Vivian Weigert
2. Auflage. 1988
294 Seiten. Paperback
Beck'sche Reihe Band 334

Susanne von Paczensky
Gemischte Gefühle
von Frauen, die ungewollt schwanger sind
2., durchgesehene Auflage. 1988
91 Seiten. Paperback
Beck'sche Reihe Band 343

Katharina Zara
Die Rechthaber
Aus der Männerwelt einer Anwaltskanzlei
2., durchgesehene Auflage. 1988
170 Seiten. Paperback
Beck'sche Reihe Band 353

Julia Onken
Feuerzeichenfrau
Ein Bericht über die Wechseljahre
3. Auflage. 1988
207 Seiten. Paperback
Beck'sche Reihe Band 352

Frauenhandlexikon
Stichworte zur Selbstbestimmung
In Zusammenarbeit mit 66 Autorinnen herausgegeben
von Johanna Beyer, Franziska Lamott und Birgit Meyer
1983. 359 Seiten mit 27 Abbildungen. Broschiert

Verlag C. H. Beck München

Herrad Schenk im Verlag C. H. Beck

Freie Liebe – Wilde Ehe

Über die allmähliche Auflösung der Ehe durch die Liebe
1987. 274 Seiten. Broschiert

„Was uns heute so selbstverständlich erscheint – einen Partner suchen, eine Beziehung aufbauen, zusammenleben oder auch nicht, Kinder haben oder auch nicht, zusammenbleiben oder auseinandergehen: All das ist Resultat einer langen Entwicklung und vieler Kämpfe, die insbesondere von Frauen geführt wurden. Die Lektüre von ‚Freie Liebe – wilde Ehe' ist nicht nur spannend und informativ, sondern macht deutlich, welche Freiheit wir Frauen heute endlich errungen haben. Um so wichtiger ist es, für deren Erhalt zu kämpfen. Herrad Schenks Buch leistet einen Beitrag dazu."

Süddeutsche Zeitung

Die feministische Herausforderung

150 Jahre Frauenbewegung in Deutschland
4. Auflage. 1988.
246 Seiten. Paperback
Beck'sche Reihe Band 213

„Texte von Herrad Schenk garantieren doppelten Genuß: man lernt etwas dazu und hat Freude an der Sprache. Ihre neue Arbeit über ‚150 Jahre Frauenbewegung in Deutschland' ist ein geglücktes Beispiel für den feministischen Ansatz, wissenschaftliche Erkenntnisse ‚frauenidentifiziert' darzustellen. Dies ist kein trocken-langweiliges Geschichtsbuch, obwohl alle historisch-wichtigen Aspekte vom Beginn des 19. Jahrhunderts bis in die Gegenwart behandelt werden ... Das persönliche Betroffensein, das das ganze Buch bestimmt, ermöglicht es der Leserin, beim Kennenlernen unterschiedlicher Ansätze ihre eigene Position zu erkennen oder zu bestimmen."

Eva Rühmkorf

Verlag C. H. Beck München